我在・生生世世

超越輪迴的靈性劇本，回歸自性本體以實踐人生目的

吳至青 博士——著

〈專文推薦〉

因緣果報，同修神聖人生目的

商業周刊創辦人／金惟純

出版社編輯告訴我，吳至青博士出新書，指定我寫序，我十分惶恐。因為本書涉獵的領域太廣，非我素養所能涵蓋，其實是沒資格寫序的。

幾經斟酌，最後篤定了：這篇序文，只能用另類的「現身說法」！

先交代我和作者的關係。遇見至青的時候，我二十二歲，她十九歲，是小我三屆的學妹。我們相戀七年後結婚，結婚四年後離異，各自嫁娶。其後有將近二十年的時間，她在美國行醫，我在台灣創辦《商業周刊》，疏於往來。十餘年前，至青變身為心靈導師，時常返台教學，在她的悉心引導下，我開始接觸了身心靈領域，最後放下了自己創辦的事業，投身人生學習，如今也變成了老師。

交代這一段關係，目的是透過我們的人生因緣，幫助讀者了解本書。因為本書的重點之一，是讓讀者釐清自己的人生目的，包括世俗人生目的、私人人生目的和神聖人生目的。而我和至青長達半世紀的關係，正好合適做為案例。

我和至青的「世俗人生目的」，是顯而易見的。我們初遇時，她貌美如花、氣質出眾，我則被謬讚為才子、學生領袖。我們的結合，被稱頌為「一對璧人」！在世俗眼中，可謂春風得意。但事後證明，世俗人生目的是經不起考驗的。

至於因果業力主導的「私人人生目的」，我對她一見鍾情，她也心無懸念，表示我們因緣甚深。但又為什麼不能長久做夫妻呢？其間有幾件事，我印象很深：

其一，我們結婚三年後，曾經很想要孩子，但一直各種意外流產，始終未能如願。後來各自嫁娶，有一天我牽著當時懷孕的妻子走在紐約街頭，迎面走來一對挺著大肚子的夫婦，赫然就是至青和她老公，當下不勝唏噓。

其二，我們決定分手當天，徹夜長談，彼此關懷，毫無怨尤，就像親人一樣。到了清晨，兩人感慨夫妻一場，沒想到如今結束，到底相處了多久呢？結果一翻日曆，驚出一身冷汗，居然是我們相識的同一天，整整十一年！

其三，和至青分手十餘年後，在一個學習場域中，我被問到：「在月黑風高的夜晚，處身於懸崖邊，踏錯一步就粉身碎骨……此時若有一人在你身邊，牽著你的手，你心中浮現的是誰？」我心中浮現的人，毫無懸念，就是至青！而那時，我們已經分手超過十年，而且毫無聯繫。

這些事，當初發生的時候，讓我頗為迷惑，弄不清我們到底是哪種緣分？如今對照本書的解讀，卻十分清晰。從因果業力的角度看，無論我和至青過去是什麼緣份，可能都彼此感受很深，但相欠不多，因此這輩子「始於一見鍾情、終於親情仍在」，在「私人人生目的」上，夫妻緣淺。

現在終於完全明白：「神聖人生目的」，才是我和至青今生最深的緣分所在！我們是約好今生一起來共修的！

初遇至青時，就覺得我們雖然相愛，卻活在不同的世界。她像天女下凡，處身俗世，無論情感或生活上，都頗難適應，一遇障礙，立即靈魂出竅，遁入未知的世界。在世俗追求上，她毫無概念，但在助人付出上，卻執著到無以撼動！就連我們初戀時的約會場所，不是少年監獄、就是老人院，可見一斑。至青是我此生遇過最純淨無邪、慈悲無我的靈魂！

在本書中提到的「神聖人生目的」，包括三項：提升「自我的」振動頻率，提升「別人的」振動頻率，提升「世界的」振動頻率。我完全可以見證，至青一生都在做這三件事，她就是這麼活的！

以我如今的理解，在我們初遇時，她的振動頻率就比我高太多，以至於魯鈍的我，在親密關係中無法相應共振。從世俗觀點看，至青一生受了不少苦，遠低於她的條件和努力所應得，但她始終甘之如飴。這麼多年來，我每隔一段時間見到她，都感知她的生命狀態又有精進，完全不受年齡或際遇的影響，唯一的解釋，就是她「自我的」振動頻率不斷提升！

至於提升「別人的」振動頻率，就更不在話下了，我自己就是那個被她提升了振動頻率的「別人」之一。分手十餘年後，她鍥而不捨，從美國回到台灣，用心提升我的振動頻率。而我也確實受到她的影響，走上一條不同的人生道路，如今仍致力於提升自己和別人的振動頻率。我相信，此生有緣遇見至青的人，振動頻率無有不提升者，包括此時此刻正在看這本書的你。

至於「提升世界的振動頻率」，就我記憶所及，一直是她的人生大事。還記得幾年前，她特別從美國打電話給我，說她最近忙於奔走世界各地，在歷史上殺戮戾氣特重的城市中，找尋適當地點，埋下一種改變生命能量的水晶體，請我引薦歷史學者一起參與。這就是我所認識的至青，每當她有事來找你，一定不是她自己的事，一定是別人的事，甚至是整個世界的事！

故事講完了。我想說的是：這本書的作者是一個很特別的人，而且她說的每一件事，都是她相信並且正在做的。這樣的人很少見，所以他們寫的書，一定要很當一回事的看！

看這本書的很大好處之一，是打破過去知識和經驗的限制。許多讀者一定會和我一樣，對書中部分內容好奇、卻無法納入原有認知系統。沒關係，你可以跟我一樣，把暫時無法消化的內容「存檔」，先吸收自己有感受並且可以實踐的部分，必將獲益無窮！

因為這本書，事關重大！

目錄

第一章

撰寫本書的因緣

第一節　緣起：造訪癌末病房的一席對話——死為何物，為何而生？

這本書不只為人類寫的，更為「非人類」而寫。更正確地說，這本書是應一些「非人類」的要求而寫。這句話似乎很聳人聽聞，更讓人丈二金剛摸不著頭腦，「非人類」意所何指？請容我稍後解釋，此刻我想從一個「人類」的故事開始講起……

二〇一八年五月初的某一天，我在廣州參加一個會議時，接到一位好久沒聯繫的學生亭玉發的訊息，問我是否還記得一個叫「葛瑞絲」的女孩？我當下心想：我知道的葛瑞絲就有十多個，不如寄張照片來吧！照片來了，原來是十年前曾上過好幾次我的「六日工作坊」的年輕學員，照片上還有一位可愛的約兩、三歲的小女孩。我問，這位年輕的媽媽怎麼了？亭玉說，她這幾天就要走了，復發的乳癌已迅速擴散到肝臟和骨髓，醫生說她最多活不過兩個月……

二〇一八年五月七號下午約三點，由亭玉帶路，我走進了位於臺北淡水的和信醫院（後來才知道和信醫院以專治癌症聞名）去探望這位臨終的葛瑞絲。在進入病房之前，我對亭玉說：「我今天要對葛瑞絲說些話，妳知道我一向『語不驚人死不休』，所以不管我說什麼，請不要太驚訝，更不要驚慌，因為這些情緒會影響當場的磁場和能量，而達不到幫助她的效果。」

病房裡擠滿了葛瑞絲娘家的家人，雖然人人面帶微笑，但房間裡瀰漫著一股說不出的悲傷氣氛，也許是知道我要和她說話，她的家人在二十分鐘之內漸漸散去，小女兒也由她的姐姐帶走，房間裡只剩下她和先生兩人。

中陰——走在危崖之上的契機

我首先「恭喜」她就要「死」了，接下來的十分鐘，我向她解釋為什麼「死」是一件值得恭喜的事：因為在醫生宣告她死亡之後約二十分鐘，她將會見到自己四個身體之中最美麗高貴的一個，我稱祂為「自性本體」。我說，如果妳有能力認得出祂並緊緊跟隨祂，恭喜妳，祂可以讓妳從人類所在的第三維度馬上跳躍到高階維度（至少第五以上的維度），這在佛教徒稱之為「即身成佛」，基督宗教則稱為「永生」——永遠與上帝在一起。

我對她稍微解釋「時空隧道」。我說，許多人在回溯瀕死體驗（Near-Death Experience）時，都會提到經過一個漆黑的隧道，之後會見到許多「明光」。我說，「妳也很可能會見到『明光』，在光之中，妳可能會見到家族裡的親人、或是妳生前所信仰的神，比如耶穌、阿彌陀佛、真主阿拉……，其實，那個『光』很可能就是在妳意識中乍現的『自性本體』，如果妳認不出祂，祂將瞬間消失。可惜的是，對大多數人來說，『光』根本就沒出現過，因為多數人生前從來不知道有『光』，死後怎麼可能認出？如果妳有幸認出祂來，請緊緊跟隨，並想辦法融入祂，與祂合而為一，就可以揚升到更高維度，那時就可以『還我本來面目』了。」

錯過了本來面目，怎麼辦？

我接著問葛瑞絲一個問題：如果妳認不出這個「自性本體」，妳知道接下來會遇到什麼人，經歷什麼情境嗎？答案是否定的，於是我告訴她：

第一，死後的路途艱險多難，她的當務之急便是：用全副心力和所有的時間來學習如何應對死後的情境。人類為什麼會有「恐懼」的情緒？因為對沒有思想準備的「突發」情境的「不理解」，情境越「突發」或人越「不理解」，恐懼的程度就越高，如果她生前學習了越多「知識」或應對之策，死後面對恐怖情境的恐懼就越少，恐懼越少就越鎮定，越鎮定則越多機會見到光明。

第二，她必須馬上學習「放下」（Let Go），當下的她已沒有時間為「捨不得」而哭泣，如果她真希望將來還是能夠見到任何親人……，有兩個方法：

一是任由自己「捨不得」的情緒（或意識）繼續發展，由於慈悲的宇宙永遠讓每一個人心想事成，於是她將如願以償地在某個下一世見到親人，這個親人假設是她最捨不得的三歲小女兒，小女兒由於受她「捨不得」的牽引，於是在某一世又與她成為一家親，但是，這種情況下結合的家人，彼此發展的的關係往往不會健康。

為什麼不健康？因為「捨不得」本身是屬於振動頻率較低（俗稱「負面」）的情緒或

意識，過度的捨不得即是因為「害怕失去」而「貪」或「癡」或「依賴」或「上癮」，如果一開始的起心動念不健康，所發展出來的情緒、想法、行為也不會健康。

另一方面，「慈悲」的宇宙也同時是最「公正」的，它無時無刻不在宇宙間保持各種平衡，不讓某個能量凌駕在另外一個能量之上。當公正的宇宙察覺出葛瑞絲創造了負面的能量「捨不得」，宇宙必然也給葛瑞絲一個機會去創造正面的能量「放得下」，好讓她用來自我平衡，使一切歸零。這個由宇宙所賦予，讓她「放得下」的「機會」就是讓兩人再來一世，讓葛瑞絲用一生一世的時間來學習「放得下」，因此，這「放得下」就變成了她下一世的「人生目的」之一；如果她下一世學到了（人生目的達到了），她和女兒從此不需再見面，兩人自然就沒有「下下」一世，不再互相糾纏。如果葛瑞絲下一世仍然學不會呢？自然是一世一世地重來，一直到她學會為止。

真的放得下嗎？

說到這裡，我要請各位從我們當時所在的癌症醫院場景跳出來，在讀完下面一個問題之後，閉上眼睛做個「猜猜看」的練習：假使葛瑞絲與小女兒再來一世，讀者認為葛瑞絲能學會「放得下」嗎？

我個人的推測是：她學不會。不只她學不會，大多數的人在這種情況下都學不會。

葛瑞絲對女兒在這世除了「捨不得」之外，還有許多「歉疚」的負面情緒（認為自己過早離世，小女兒將成為「沒媽的孩子像根草」，甚至可能認為沒能盡到責任是自己的錯，……），這兩種她本人或別人可察覺的負面情緒都將由她帶到下一世（當人離開世界的時候，除了「名、利、權、情」這四樣東西之外的所有一切都將跟隨主人進入下一世），這些負面情緒將成為她下一世的「潛意識」的一部分。

生生世世，如影隨形的潛意識

根據心理學的研究，我們日常的思想、感受、行為和決定大多是由「潛意識」，而不是由「意識」控制的。人類大腦所能意識到的只約佔5%，如同冰山上的一角，其餘約95%都隱藏在不為人類所知的潛意識及更深層意識。因此，這兩種（不捨和歉疚）已進入葛瑞絲「潛意識」的負面情緒／意識，將成為她在來世和女兒相處時的所作所為、所感所想的一項重要指標，因此，上世的不捨和歉疚到了下一世的潛意識裡，將轉化成各種不健康的想法和行為（除非她下世有所「察覺」，因而「警覺」並及時「修正」）：比如從上世的「歉疚」轉為下世的「過度關心」——下世的她可能隨時盯著、纏著、管著女兒，深怕女兒只要不在眼前就會消失。另外一種情況，下世的她也可能過分寵愛、縱容女兒，用來降低她上世對女兒的「歉疚」。這就是上面所說的兩人之間「不健康」的人際關係。

也許你會問我，葛瑞絲的「潛意識」既不為她所知，她下一世靠什麼去作為呢？或者說，她靠什麼讓「潛意識」去控制她的思考及所作行為？

這是個大哉問，答案非常複雜，此刻我用一個最簡單的句子來回答：她靠的是自己的「天目輪」，看著女兒頭上方一個無形的電視螢幕——暫且稱之為「潛意識螢幕」。

每個人的潛意識其實是屬於他個人大資料庫的一部分，大資料庫裡記載著個人生生世世的紀錄，如果用今天科技的語言來說，我們可以把這個大資料庫看作是存於伺服器上的雲端儲存，而螢幕則是個人優遊於世間的「行動載具」（mobile device），雲端裡的資料紀錄可透過載具顯現，葛瑞絲的「載具」就是她頭上方的電視螢幕。

「潛意識螢幕」絕非葛瑞絲或女兒專有，我們每一個人頭上都有這樣的一個螢幕，由於這個「潛意識螢幕」是在我們頭頂上方，眼睛是看不到的；「潛意識」雖然控制著下方頭腦的「意識」，

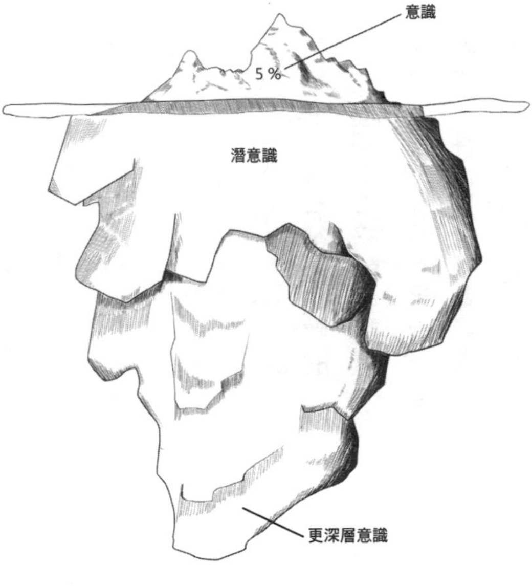

圖1-1　意識與潛意識如同冰山一角

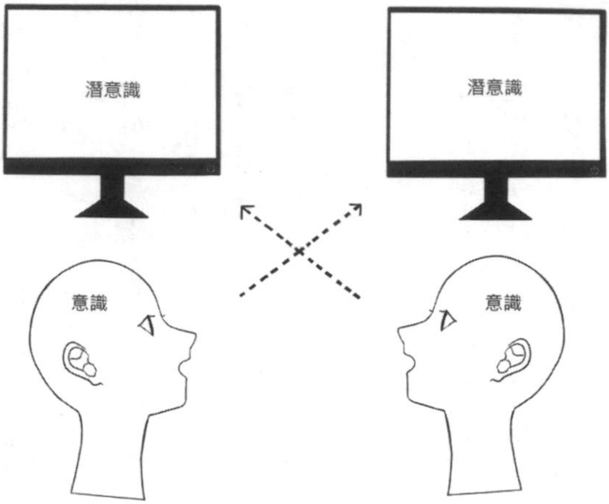

圖1-2　潛意識螢幕

處於下方的「意識」卻看不到也讀不懂上方的「潛意識」，也可以說，「潛意識螢幕」是給我面前的人看的，而我看的螢幕是在他人頭上的。

有趣的是，當我們與別人面對面時，兩個人雖然各自看著不同的螢幕，但是螢幕上所播放的內容**卻是一致的，有著同步性，借用心理學家榮格的名詞和概念，就是「共時性巧合」（synchronicity），而我們和別人的關係，往往是靠螢幕畫面播放的故事內容所產生的「共同的意義」來聯繫。**

讓我們回到剛才的話題：葛瑞絲的潛意識既不為她所知，她下一世靠什麼去作為呢？或者說，她靠什麼讓「潛意識」去控制她的思考及所作所為？

她靠的就是「潛意識螢幕」。下一世每當葛瑞絲看見女兒，女兒頭上的「潛意識螢幕」就會不斷地播放上一世與兩人關係相關的影片，通常播放的影片和她個人的「人生目的」有著很大的關聯；雖然兩隻肉眼看不見，但是「第三眼」看得見，於是她便「不由自主」地記憶起自己過去面對女兒的感受、想法，和行為。如果她當時沒有「察覺」而「警覺」而「修正」，那麼她必然也「不由自主」地會去感受到某種情緒（恐懼失去、捨不得……）、想某種想法（「我對不住她」）、做某種行為（以「溺愛」補償女兒，或「過度」地關心女兒）。

至於剛才提到的「第三眼」，是人人皆有的「天目輪」，位於眉心的上方，也稱為「眉心輪」，請參閱《還我本來面目》第五章〈氣輪〉的第六小節〈第六氣輪〉——「天目輪」，這裡不作贅述。

總結來說，假設葛瑞絲這一世沒有學會「放下」，那麼她和女兒的下一世似乎註定會有一場不健康的關係。

更好的選項——放下執著，提升靈性能量

前面談到的，是其中一種可以讓葛瑞絲在死後和親人重聚的方法，我當時對葛瑞絲說，另外還有更好的一種方法，也可以讓她們母女倆或其他親人再度重聚，那就是：「當下」就放下，下一步是，把握今生僅存的最後幾天，努力學習對治死後情境的新知識，她的振動頻率將因而提升（即靈性能量提升），在死後的中陰階段（in-between）裡就不

容易因為恐懼而誤入歧途，而且，在中陰階段結束後，她可能會「揚升」入一個振動頻率更高的維度（比如「高階第四維度」的仙界或天界）。總之，當她處於不同於人類的維度空間裡，由於沒有了肉體的限制，她可以隨時回來探望女兒，她甚至可能變成女兒的「指導靈」，幫助女兒走過這「沒媽的」人生。我舉用我母親的例子來告訴葛瑞絲，我的母親已過世十多年，雖然我不通靈，但我總能知道她在我身邊，我最摯愛的母親一直到今天仍然用她的愛在照顧著人間的子女！

《中陰救度》的指引

我建議葛瑞絲在走前讀完一本叫《中陰聞教救度大法》的書（以下簡稱《中陰救度》），西方心理學大師榮格生前曾極力推薦，榮格並說，對他（榮格）而言，「不只是我的許多有挑戰性的觀點和發現，而且我的許多帶根本性的看法都源自於它。」這本書是「死後指引」，告訴我們死後將往哪裡去？如何去？當然，一個像葛瑞絲這樣瀕臨死亡的人是不可能定下心來去讀一本艱澀難懂的書，因此我向她的先生建議，盡量找到所有解釋這本書的書和影片，盡量地讀、盡量地吸收，然後回來向妻子轉述他所得到的知識，好幫助妻子「上路」。

存在的根本課題——人生目的

談話的第二個重點，是請葛瑞絲預先想好該如何回答一個問題：「妳達成當初投胎為人的人生目的了嗎？」

每個人出生之前都和宇宙中不同維度（或叫不同星球）的「存有」們（beings）開過許多次會議，最後擬訂出一份「人生目的計劃書」。如今葛瑞絲在地球的生命已走到盡頭，很快又將再度見到這些不同維度的存有們，並將和祂們開會，會議可能不只一次，因人而異，但是至少在其中一次會議上，大家將一邊觀賞一場由葛瑞絲自導自演的電視劇（劇名為「生命回顧」〔Life Review〕），一邊隨著劇情發展，討論她當下的每一個決定是否都朝著人生目的而做？

請讀者們注意，這裡談到的電視螢幕不同於前面所提到的電視螢幕，兩者的空間、時間、觀眾及播放的內容皆不相同。前面所提的「潛意識螢幕」是給「活人」看的，也是你我身處第三維度的時空下所看的，而此處所提的「生命回顧螢幕」卻是在你我死後，身處第四維度的時空下所看的（人在死後由於沒有了肉體，自動進入「低階」第四維度），請勿將兩種電視螢幕混為一談。

所謂因果業報

回到剛才岔開的話題：死後開「生命回顧」會議。我對葛端絲說，這（或許多）場會議是為妳而召開的，由於妳是會議的一分子，也有發言權和決定權，也就是說，不管最後的結論或決定為何，一定是經過妳個人同意的。我還說，會議的結論很重要，因為大夥兒會根據這些結論而決定妳的前途——妳將往哪裡去？決定任何人的「前途」絕不是簡單的事，一般來說，大會是從兩方面來考慮任何人的前途：

一、**從概況性的、比較「巨觀」的角度去做出「主要」決定以及「主報」（主要的果報）**：比如決定將投生哪個維度便屬第一種「巨觀」的範圍，讓我們舉個例子來說明，假設A君在某一世三十歲時姦殺了一位女子，被法院判五十年徒刑，但他在服刑期間，七十歲時死於獄中。A君死後自然也出席了為他召開的「生命回顧」會議，會議上眾多的高靈們決議，以他姦殺女子極端的行為來看，他將去的地方應該是低階四維的「地獄」（請注意，去人間的監獄服刑與「下地獄」完全是兩回事，兩者不能互相抵銷），所以「下地獄」在這個案例中就屬於這種著眼於「巨觀」角度的「主要」果報。大方向決定之後，下一步就是——

二、**從局部性的、比較細節「微觀」的角度，去商討後續的「剩餘」部分，暫且稱之為「餘報」**：比如被他姦殺的女子或是女子的家人及朋友也必然出席A君的「生命回顧」會議，他們之中很可能九成以上都要報仇……。由於這些都是被他傷害過的被害人（或叫「債權人」），他們「有權利」提出告訴以要求賠償，A君則「有義務」應他們的要求到三維人間和每一個債權人見面。為什麼是三維人間？因為即使是最大債權人如被姦殺的女子也不會願意「下地獄」去找A君報仇，而三維人間是一個「中性」的地方，它提供最佳見面地點（同住在一個屋簷下而成為一家親），三維人間也提供最佳報仇機會（大多數的「隔世報仇」並不是「你用刀殺我，這一世我也用刀也殺你」，而是「你殺了我一條命，這一世你必須用你的一輩子來償還」，藉著住在同一屋簷下或至少住在附近才有很多「機會」見面的情況下，才得以「用一輩子」償還或報仇）。可以說，唯有到三維人間，這些債權人才有機會報仇。除了以上兩個原因（提供雙方最佳見面地點和報仇機會）之外，對A君來說，三維人間也是他得以學習去修正自己過去錯誤的地方。

在以上這個「A君姦殺婦女」案件中，因「報仇」意識所生出的種種狀況就屬於大會必須處理並依此做出決定的細節或剩餘部分，這「剩餘」部分包括了A君將以何種方式「被報仇」？是所有債權人都出現在同一世一起報仇，還是一世就只一個債權人來報仇？各個債權人的角色為何，他們將成為A君的孩子，還是爸爸或媽媽……？這些就是A君的「餘報」。

總結來說，生命回顧會議將決定每一個人的「主報」和「餘報」，兩種果報可以在同一個維度發生，也可以在不同維度發生，剛才舉的A君先去低階四維的地獄，再去高階三維的人間就是「主報」和「餘報」發生在不同維度的例子。

中陰之後，何去何從？

講解了「生命回顧」會議如何決定每個人的前途之後，我向葛瑞絲列舉了「妳將往哪裡去？」的四種可能性：

一、揚升到第五維度以上的天界去做能力更高的天人或神，可以有效地幫助宇宙維持平衡及秩序。

二、揚升到「高階」第四維度（靈性進化的程度稍高於人類），比如仙界、神界、精靈界等去做仙人、天人、精靈或小神或天使……，幫助宇宙維持平衡及秩序。

三、重回「高階」第三維度的人間投胎做人。若決定妳去的維度是第三維度的人間，剩餘的細節則包括妳將出生在什麼國家，什麼家庭，家庭成員是什麼樣的人……才最能幫助妳成長？

四、或者，大夥兒認為妳更合適去低階第三維度做高等動物，如果做高等動物，做哪一種動物，草食或肉食，飛禽或走獸？

總之，這次會議的主題就是：審查你是否達成了你當初來人間的「人生目的」，而後決定你將來的去處和動向。我問她：「妳，葛瑞絲，妳會到哪個維度？」

從此生文化系統所投射的中陰場景

這場會議其實就是所謂的「死後審判庭」。請不要誤會，許多人一聽到「死後審判庭」這幾個字眼，馬上聯想到面目兇惡的閻王爺，還有他身邊眾多的兇神惡煞，其實，出現在你的審判庭之上的審判官的樣子，是依照你個人的記憶庫裡（即是前面所提的「個人大資料庫」）的資料，以及你將來會去的那個世界而塑造、幻化而成的。

比如說，你曾經是西方人，將來要去的地方是「天堂」，那麼出席你的審判庭的高靈們可能是各種不同的西方認知系統裡的大神或大天使，他們可能都是慈眉善目、和藹可親，你只覺得這個環境真優美、這裡的靈真友善，你沒有一絲一毫受到批判的感覺，你甚至不知道自己身處「審判庭」。

又比如說，如果你將來要去的地方是「地獄」，由於東西方皆有地獄之說，那麼出現在你的審判庭上的高靈，當然就可能是西方地獄之王撒旦路西法或東方民間傳說的閻王爺。

審判庭的決定及你的抉擇——誰為主宰？

不管怎麼說，也不論哪一種文化，更無關哪一種宗教，人在死亡之後是一定會經過這個「審判庭會議」的，那麼，接下來的問題是：如何審判？審判會議上討論什麼內容？前面也曾談過，審判的依據及會議討論的內容，就是你自導自演的「生命回顧」電視劇。前面也曾用「A君殺人案」來解釋了一般大會的兩種決定，一是「主要」決定，二是局部性的「剩餘」決定。下面再舉一例，更進一步地詳細說明大會如何對「主要」和「剩餘」部分做出決定。

假設你生前還是個小女孩時，曾經長期地幫助一位乞丐老婆婆，老婆婆每天坐在巷子尾的泥土地上向人乞討，你很好心的常常把家裡的剩菜剩飯拿給她吃，這樣的情況持續了大約兩年，一直到你搬家為止。這件好事當然在你死後的「生命回顧會議」或「審判庭會議」上被拿出來討論，參加會議的大夥兒在一同觀賞到這一段情節時，會問你這位善心人士：「你要對方回報你對她的好嗎？」

如果你選擇要對方回報，那麼這個乞丐老婆婆很可能和你下一世就變成家人了，她可能成為你的配偶，也可能成為你的兒子、女兒或公婆……。不管你和她的關係如何，基本上乞丐老婆婆想要報恩的心是有的（記得前幾頁所提的「潛意識螢幕」嗎？她的下一世只要面對你，她就會望見在你頭上的電視螢幕，螢幕上不斷重播你拿剩菜剩飯給她吃的一段影片），因此在這下一世她會以她的方式對你好。

累世不斷複製的意識刻痕

不過，我要提醒各位，任何人在轉世的過程中，除了「名、利、權、情」這四樣東西之外的所有一切，都將如影隨形般地跟著主人帶入下一世，換句話說，「名利權情」這人生四大追求所得到的成果一樣也帶不走，但是，在追逐這四大慾望的過程中所產生的「意識」將隨身帶走。這「意識」包括人的人格、知識、性情、愛好、習性、技能……，因此，老婆婆可能把這一世做乞丐的「意識」也隨身帶到下一世，雖然她「潛意識」裡存著想「報恩」的念頭，雖然她一直想對你好，然而，由於她的上一世長期身為乞丐，下一世的她可能毫無工作能力，可能什麼事也不做，只會依賴別人給東西吃，她還可能沒有衛生習慣，可能房間亂得一塌糊塗也不在乎，……所以，請各位讀者現在就要想清楚，你要這樣的人成為你的家人嗎？

在世不修，臨場還能抱得上佛腳嗎？

為什麼請各位「現在」就要想清楚？因為人到死後開「審判庭會議」時完全沒有時間去想清楚。在死後的第四維度世界裡，各種會議上溝通的方式是「意識」而不是語言。何謂「意識」？簡單地說，就是「想法」和「情緒」的總和。第三維度人間的語言是需要花時間的，而第四維度在意識上的溝通卻無需時間，是直接的，是透明的。

所以，當讀者聽我講完上面這個故事，可能會警惕自己：「啊，我當然不想要這個乞丐變成我的家人。」各位可能也會做如是想：「我這一輩子做了很多好事，所以將來在審判庭上被問到要不要別人報恩的機會一定很多，到時我一定要說，我不要別人的回報。」

就在此處，我要提醒各位，到時候你可能做不到。不只你做不到，大多數人都做不到。

請別忘記，在此審判會議上你已不是三維世界的人，已不具肉身，你的溝通方式不是三維的語言，而是四維的意識，四維意識的溝通不花時間，無需空間，沒有距離，所以在這個第四維度的會議上，你的想法極度透明，一覽無遺，你生前怎麼想，死後必然也這麼被解讀，你沒有時間去考慮、去修正、或去「想清楚」答案，審判庭上所有出席者都能解讀你的回答：「要的，我要每一個受過我恩惠的人報恩，所以我要老婆婆報我的恩。」

要求回報——人世中無明的慣性早已替你決定了去處

說到這裡，聰明的讀者應該能夠猜出，「審判庭會議」如何討論小女孩將來的去處，下面讓我們根據前面所列出從上至下的四種可能去處，猜猜看小女孩最可能去的地方：

一、期待別人報恩的小女孩，在死亡之後，會揚升到第五維度或以上的天界去做能力更高的天人或神？

答案是「不會的」。主要原因有二：

1. 由於靈魂的進化是漸進的，一般人不會從「屬人的」第三維度跳躍到「屬神的」

第五維度或以上，除非是特例。（本書後面的章節會有更詳細的解釋。）

2.想揚升到第五維度必須至少具備長期積累的三種基本資糧：無條件的愛、智慧，和情緒管理能力。無條件的愛是不求回報的，有條件的愛才需要回報，期待別人報恩的小女孩所給出的是「有條件的愛」，因此死後不會揚升到第五維度或以上的維度。

二、期待別人報恩的小女孩，在死亡之後，會揚升到比較高振動頻率的第四維度（以下簡稱「高階四維」）的天界去做一個小神或精靈或神仙……？

答案也是「不會的」。主要原因有二：

1.「要求回報」的願望或意念只有在第三維度的世界裡才可能實現，對方（受恩者）「有義務」回應小女孩（施恩者）的要求，所以受恩者必然出現在小女孩的某一世，唯有如此才能回報小女孩的恩情，也因此小女孩必須留在第三維度等待此人報恩。

2.理由如上述第五維度之2：想從第三維度揚升到高階第四維度，必須具備至少長期所累積的基本資糧：無條件的愛。期待別人報恩的小女孩所具備的是有條件的愛，因此死後不會揚升到高階第四維度。

三、期待別人報恩的小女孩在死亡之後，將回第三維度的人間投胎做人？

答案是「是的」，小女孩死後將重回人間做人。

超越之道：愛，無條件

在這裡要向各位讀者稍微說明「有條件」與「無條件」的愛之分別。談「條件」最典型的情況是在談判或做生意時：當一方想要另一方的東西，沒問題，我可以給你，但我不是白給，你得回報我一些東西。這種「談條件」的情況放到人際關係上也是如此：我對你好，但我不是白對你好，因為我有「需求」，你回報我就能滿足我的需求，這就是「有條件」的愛。所以，「有條件」與「無條件」的愛之分別就在於一個是「有所求」，也就是要求回報，另一個卻是「無所求」，不要求回報。

我們常聽人說，父母對子女的愛是無條件的，然而，在我的經驗裡卻非如此，由於工作的關係，我曾長年接觸孩子，因此有許多機會觀察父母和子女之間的關係，我幾乎從未見到過具有「無條件」的愛的父母。我常聽見父母對孩子說：「你要聽話，不然我就不愛你了。」這個父母嘴上的「聽話」不就是一種條件嗎？你也許要問我，在這種情況下，怎樣才是「無條件的愛」？答案是：不管孩子乖不乖，你一樣愛他。

再舉個例子，我們自古有一個普遍的觀念「養兒防老」，很明顯的，隱藏在背後的訊息就是「有條件」的。這裡的「有所求」，求的是什麼？在我老的時候需要有人照顧，因此，我現在養孩子的目的，就是等我老了以後，孩子能反哺報恩，回報我對他的愛而照顧我。那麼，在這種情況下，「無條件的愛」是：「我愛你，孩子，我只是愛你，我壓根兒就沒有期望你將來養我。」

這樣比較兩者的不同，並不是在告訴大家捨棄「有條件的愛」，「有條件的愛」沒什麼不好，畢竟它是人間極為普遍的現象，也具有它的實用價值，至少「反哺報恩」的觀念自古以來便在華人社會裡幫助解決有關老人的社會問題（現代社會當然很不同了）。然而，「有條件的愛」儘管在人間大受歡迎，在轉世的過程中卻毫無用處，不能幫助任何人「揚升」。正如前面所分析的，從第三維度揚升到第四維度高階，或從第四維度高階揚升到第五維度，都必須具備某種程度上的「無條件的愛」，如同黃金或醇酒的純度，當雜質越少，黃金或醇酒的純度便越高。同理，當「無條件的愛」純度越高，「人」所能去到的維度也越高。

以上所談的都是假設你（小女孩）若要求回報的結果。假設你選擇不要對方（乞丐老婆婆）回報又如何？你和她可能從此不再見面，沒有瓜葛，毋需糾纏。也就是說，小女孩和乞丐老婆婆兩人之間沒有下一世。

時刻省察起心動念——清除任何條件的雜染

你可能還有另外一個疑問：我在做好事的當下，如何去分辨我的好是「無條件」還是「有條件」的愛？比如說，給乞丐老婆婆剩飯剩菜的當下，我如何去分辨我給出的愛是「無條件」還是「有條件的愛」呢？

答案很簡單，首先，先檢查自己的「起心動念」。如何檢查？去察覺自己在做某個行為，或想某種想法，或感受某種感受（體覺、情緒）時的狀態。

以這個例子來說，假設小女孩在做好事的當兒，在她手裡拿著那碗剩飯剩菜走向乞丐老婆婆的路上，她在：一，想什麼想法？二，感受到什麼感受（體覺、情緒）？

心的生起

先談一，「想什麼想法？」小女孩可能想著：不知道有沒有人看到我在做好事，因此她「眼觀四方、耳聽八方」，很注意巷子裡是否有人走動；她還可能想著：「也許8號的徐阿姨會突然把門打開而看到我做的事，也許11號那個長得很帥的大哥哥會在樓上偷看我，啊，我多麼希望他看到我，我愛慕他已經很久了……」

行的運作

再談二，假設小女孩想著上述的想法，那麼她可能感受到什麼感受？

感受可以從兩方面來說明：「情緒」和「體覺」（肉體上或生理上的感覺），這兩者如影隨行，不離不棄。先談情緒，任何一種情緒升起時都伴隨著「體覺」及臉部表情（關於臉部表情這一點，可參考近代心理學的研究，尤其是以保羅．艾克曼（Paul Ekman）為首的「微表情」情緒心理學〔Facial Micro-expression〕）。

話說回小女孩的「情緒」，由於她有著期待別人注意的「想法」，在走向老婆婆的路上的「情緒」可能是「緊張」甚或是「焦慮」，她可能「感受」到下面任一種或多種肉體上的「感受」：心跳加速、腸胃不舒服、兩頰發熱、兩手微微顫抖、手心冒汗、呼吸急促、眩暈……這些都是人在「情緒」緊張或焦慮或興奮時所可能伴隨的「體覺」（肉體上或生理上的感覺）。你可能會問我，這小女孩為什麼會有這些感受？答案是因為她有所「期待」，期待什麼？期待得到「回報」。

如果以上的一及二皆成立，我們便可得知，小女孩在做好事的當兒，隱藏在最深處、最原始的的「起心動念」可能是：「我要別人注意我」、「我想讓別人讚美我」，這不就是需要人「回報」而開出的「條件」嗎？也許當時的她極需要別人的認可，需要別人說她心地善良，是個大好人，需要從別人身上得到愛……，也因此我們可以說，小女孩的「起心動念」符合了本書在後面章節裡將會談到的人生四大追求「名利權情」之中對於「名」的追求，因此小女孩對乞丐老婆婆的好，雖然也是愛，卻是「有條件的愛」，而非「無條件的愛」。

重回人間——三小時的談話，點亮沉寂的意念體心燈

我們在葛瑞絲的病房裡一直談到七點半才離開，中途葛瑞絲的公公帶著包括一位牧師在內的五、六人團體，來為她做祈禱，我們退出病房，在休息區等候，約二十分鐘之

後才又進入病房繼續談話。這樣算起來，那天的談話大約為時三小時。

在三小時的談話中，我注意到葛瑞絲的身體漸漸的由平躺變為斜坐的姿勢，我也注意到她的雙眼漸漸地光亮起來。到了五點多，她請先生下樓去買些餃子讓大家當晚餐吃。我後來才知道，葛瑞絲住院以來未曾由嘴部進食，因為一吃就吐，但是這次她吃完餃子並沒有嘔吐的現象（不過當時沒有任何人注意到她不曾嘔吐）。還有另一個現象也是後來才知道的，就是當晚在我們走了以後，為她量體溫的護士說，她的體溫已降為正常（之前連續發燒好些日子）。

我們離開醫院後，她感覺還是餓的，便要求先生給她方才吃剩的餃子，吃完後才驚覺兩次吃餃子都沒有嘔吐。但是，那晚她輾轉反側、無法成眠，腦中盡是那三個鐘頭的談話內容，她說那是她第一個沒有哭泣的夜晚。

第二天（五月八日）早上，醫生走入病房，恭喜她許多方面都有進步，並決定停止注射營養針點滴。

第三天（五月九日）早上，醫生告訴她當天即可出院回家休養，但她由於害怕「死在家裡」，堅持不回家。

第四天（五月十日），在醫生催促下，葛瑞絲正式出院回家。

兩年後的今天，她生龍活虎般地活著：她每天工作、照顧家庭和孩子、假日出國旅遊……和正常人一樣好好地活著。

大家問我：「妳是否有神通力？或有療癒癌症的能力？」

我永遠這樣回答：「沒有。我兩手空空走進她病房，也兩手空空的出來，我沒有一點神通力，也沒有通靈的能力，更不用提療癒癌症的能力。我對她唯一做的事，就是對她說了三個鐘頭的話。」

開始學習《中陰救度》的課程

出院一個多月之後，葛瑞絲打電話告訴我，她們夫妻倆的確曾經去找過解釋這本《中陰救度》的書來看，但是完全看不懂，她問我能不能為她講解這本書？我欣然同意。

就這樣，為葛瑞絲講解《中陰救度》的課程從二〇一八年九月在臺灣首次開鑼，地點是我的住所。原本只為葛瑞絲夫婦二人準備的第一堂課，來了將近三十人，把我家小客廳擠得水泄不通。由於顧慮到葛瑞絲復元中的身體，我們每個月只上一堂課，每次六小時，共上了七堂，為期半年。參考書單上列了十一本書，每人必須從十一本中選擇至少兩本為「精讀本」，上課之前必須先閱讀「精讀本」中與當日上課內容有關的部分。

人生目的——瞭解死，其實是要知道為何生

從二〇一九年初開始，中國大陸和美國的朋友及學生也陸陸續續要求我去講《中陰救度》，很快地，我發現光是講這本《中陰救度》是不夠的，來聽課的聽眾求知慾甚高，他

們並不滿足於只學習「死後」之事，也想瞭解「出生之前」的事（我為什麼來做人？），甚至於「在生之時」的事（我在地球的這一生做了什麼？）。其實，他們要聽的正是我在醫院裡向葛瑞絲提出的問題「你是否達成了出生前的『靈性人生目的』？」的答案。

之後，除了解釋《中陰救度》這本書之外，外加講解「人生目的」。這兩大重點加在一起，就涵蓋人的出生前、生時、及死後之事，橫跨人的過去、現在、未來，成為一個完整的過程，我將這包含兩大重點的課程命名為《向死而生》。

第二節　從人類的世界過渡到其外的世界——對非人類講課

讀者也許奇怪，以上只說明了講課《向死而生》是應「人類」葛瑞絲及其他聽眾的要求，並未談及我如何應「非人類」的要求而「寫書」。為了向各位解釋我如何從「應人類的要求而講課」，跳到「應『非人類』的要求而寫書」，必須再度提到葛瑞絲這個人和她在出院以後迅速發展的「超感」（或稱通靈）能力。

葛瑞絲的通靈與超感能力

葛瑞絲的能力似乎是在我家聽講《中陰救度》那幾個月的時間裡迅速發展起來的，最初她看見自己年代久遠的一些前世，有人物、有故事、也有劇情，有一些前世像是連續劇，人物不變但劇情繼續發展。每一次看完後，她都打電話給我，希望我能為她「解讀」她所見到的景象和故事。「解讀」是葛瑞絲用的字眼，我認為自己是「猜測」，最多也只是「推測」。每一次的「猜測」，她都認為自己獲益良多，不但加深了她對自己此生人格的瞭解、對自己所作所為背後的動念起心的領悟，也幫助她回答我在醫院裡提出的大哉問：妳當初為什麼來做人？有何目的？

說到這裡，我必須向讀者強調，請不要誤會並認為我有像葛瑞絲般的能力，是的，我也有「超感能力」，但擁有「超感能力」並不稀奇，每個人都有超感能力，只是大多數人不察覺自己的「超感能力」，特別是慣用左腦思考的人，常用理性去否定自己的「超感能力」。一般來說，「超感能力」因著人的五感而分成五類：超視覺、超聽覺、超嗅覺、超味覺、和超觸／壓覺（kinesthetics）。我個人表現出來的超感能力不在這五感之列，大多時候就是「直覺地知道」：我不知道自己怎麼「知道」，但就是「知道」，也許會有人說這也算是一種超感能力，但我並不認為是「神通力」，也不認為是「通靈能力」，如果我有不同於平常人之處，也許是在於我的「靈性知識」或「靈性常識」比別人多些，或者說，我所擁有的知識之振動頻率可能比別人高些。關於這一點，在我的上一本書《還我本來面目》〈10週年暢銷增修版序〉裡已有所說明，請各位參考。

話說回葛瑞絲，隨著時間的演進，她的「超感能力」和「通靈能力」與日俱增，她能看見的「非人間」的景象和「存有」越來越多，看見的次數也越來越頻繁，所追溯的年代越來越久遠，我叮囑她每一次要把看見的景象、氛圍，和感受，立刻忠實地記錄下來，越詳細越好，且盡可能地保持原汁原味，即使當時看不懂或聽不懂也沒關係，就記下來，將來一定要找機會去驗證，我對她說，**人間的真理就是驗證出來的**。

隨著她與日俱進的超感能力，葛瑞絲打電話要我「猜測」的次數也越來越多，最後，她乾脆把全家（先生加小女兒）都搬進我的住所（當然只是暫時！）。她的理由是：搬進我家方便我為她「解讀」，她才有更多機會向我學習，一方面她也想「弟子服其勞」地「照顧」我……。我常笑她，不但我的人被她纏上，我的家被她霸佔，到後來，連我坐飛機出國講課她也跟著，我是徹徹底底地被她纏上了。

與非人類的相遇

玩笑歸玩笑，葛瑞絲跟著我到處旅行，出現在我每一個課堂上，才是我今天提筆寫這本「非人類之書」的關鍵所在，因為每一次上課，她總會向我報告今天有哪些「非人類」在課堂上出現，她詳細的向我描述「非人類」的樣子、行動、所說的話、身後的背景、出現的時間長短……等等。

記得葛瑞絲第一次隨我出國講課是二〇一九年三月在福建廈門，當時只是純粹講解《中陰救度》這本書，出現的「非人類」為高大的托特（Thoth）和阿努比斯（Anubis）兩位大神，托特以半人半鳥示現，一直站在我身後，黑胡狼頭的阿努比斯則手持權杖，在教室後方不斷巡走。

三天後我們去泉州市講一節三小時的課，出現的「非人類」有三位：綠度母、綠度母身後是白衣觀音、觀音的後上方則是金身的阿彌陀佛。其後的日子裡，幾乎每一次上課都有我們稱為「神」或「高靈」的「非人類」出現，包括我曾在《還我本來面目》作者序文中提到常出現在巴西的高靈「聖依納爵．羅耀拉」（San Ignacio de Loyola，曾有一世為西班牙人，在一五三四年於巴黎大學創立天主教「耶穌會」，入會的會士皆發願要守貞、守貧，及服從）。據葛瑞絲統計，出現次數最多的是托特大師，祂幾乎每一次都在講課的現場。

自二〇一九年三月到二〇一九年十一月這半年多下來，這些「非人類」的高靈出現在課堂上已成常態，對我來說似乎司空見慣。二〇一九年的十一月，我所習慣的常態突然有了轉變，「非人類」不只限於我們稱為來自高維度的「大神」或「高靈」，還包括許多我們不熟悉的，或是來自較低次元維度的「非人類」。

那一次的上課地點是在臺灣臺北。教室裡橫列著一排排可旋轉的椅子，上面坐著來聽講的學員。但是，根據葛瑞絲的描述，雖然是同一間教室，但有著不同次元或說是互相交疊的空間，教室的右側有三排長型的板凳，縱向地從教室前方延伸至後方，板凳上坐滿了類似古代東方社會的官員，他們頭頂著烏紗帽，身上衣服的質料似乎是高級的絲綢，在教室後方則坐滿了看似勞工階級，所穿衣服偏棉料居多，其中還有衣衫襤褸的乞丐。

教室左邊的空間是一片森林，托特大師帶領一群鳥類在前方，後面則是動物（大熊、兔子……）。據她描述，這些飛禽走獸是「活」的，正如動畫影片中「是會動的」（從前托特大師出現時飛鳥和動物們也在場，但她感覺牠們只是森林靜態背景的一部分）。

葛瑞絲說，最特別的一件事，就是現場還有一位披著長髮的俊美男子，身著白色飄逸的長袍，他「氣質很好，像個溫文儒雅的書生」。他先是坐在教室後邊，之後站起身在教室裡走動著，旋後回到原來的位置坐下來聽課。課程結束之後幾天，我請葛瑞絲再仔細地向我描述此「非人」，最後我猜測的結論是：他就是地球上很久很久以前的人類存有「樂母瑞亞人」（Lemurian），傳說他們的遺族至今仍「活」在地表下，這位年輕英俊的樂母瑞亞人應該是他們「長老」級別的人物。

樂母瑞亞「長老」及其遺族在後來引出了更多的故事，由於篇幅有限，我在這裡只挑和我要說的有關的部分，詳細的情形請閱讀葛瑞絲（蕭尹翎）的書《叩問生死》。

遠古非人類帶來的深層哀傷與謎團

「祂」第二次出現是在兩週半後的廣州課堂上。這一天，我首先注意到葛瑞絲有好一陣子不在她座位上了（她平時很少錯過任何聽講的機會，幾乎每堂課必坐觀眾席上做筆記）。講課告一段落，我推門進入休息室，才看見葛瑞絲紅著眼睛正在哭泣，她的情緒激動到無法當場回答我的問題「妳怎麼了？」隔了好幾個小時情緒平息之後，她才向我描述所看到的情景。

在這次廣州課堂上，「長老」坐在我身後的一棵大樹下，靜靜的聽課，膝蓋上平放著攤開的書本。這次祂開口說話了，祂對葛瑞絲說：「我想妳準備好重新面對毀滅了。」祂讓葛瑞絲看一個非傳統的戰爭場面，武器像是隱形的，既無刀光劍影，也不見血肉橫飛，人的死法像是一呼吸就立刻死去，虛空中有一位也穿白色長袍的女子，她面向天空，巨大無比的身軀橫向地漂浮在半空中，眾人哀嚎著：「偉大的母親死了！」我猜測，葛瑞絲看到的戰爭可能是遠古時代已發生過的一次災禍，而那飄在虛空中的巨大身軀可能是地球母親。當住在地球上的人類彼此發生戰爭，首當其衝的受害者自然是地球母親。

「祂」的第三次出現，是在三天的《向死而生》課程結束之後的那個晚上（二〇一九年十二月一日）。我們一行十多人在廣州的一家餐廳用膳，葛瑞絲描述，年輕的「長老」領著身後一群樂母瑞亞人向我們走來，祂走到我的面前，單膝跪地並揚起一隻手，向我行西方半跪式的禮儀，並在起身時輕吻我的右臉頰，葛瑞絲說他們是特意來向我道謝的。自然，那晚餐桌上最熱門的話題就是：樂母瑞亞人為什麼出現在課堂上？讓葛瑞絲看戰爭場面有何意義？他們為什麼向我道謝？我做了或說了什麼？將來我們還能為他們做什麼？

那晚討論雖熱烈，一連串的謎團仍然無解。最後我建議大家回去後各自做研究，去深入瞭解「樂母瑞亞人」和它的文明、社會制度……，同時也請大家上網去搜索，除了最為人知的美國北加州雪士達山區之外，樂母瑞亞遺族在今天的地球上是否還有其他居住地？……

一連串疑團的解答，似乎在葛瑞絲踏上往紐西蘭的旅途上，一點一點地揭露了。

葛瑞絲和娘家的親人早在半年前就計劃著去紐西蘭旅遊，準備在紐西蘭過二〇二〇的新年。臨行前兩週，葛瑞絲在家打開電腦，想要上網替家人搜尋旅遊景點並訂旅館，當她看到預備要去的景點之一的普卡基湖（Lake Pukaki）的某個畫面，立刻「不由自主」地大哭起來，同時還聽到一句話：「我們在這裡等妳。」

在這普卡基湖等待她的似乎還不只是樂母瑞亞遺族。在到達普卡基湖附近的皇后鎮的當天，他們一行人在天空纜車上用晚餐，葛瑞絲突然全身發冷，胸部兩側疼痛，她面前出現一個紋面的年輕毛利族（當地的原住民）「非人」對她說：「我想回家。」據葛瑞絲回憶，她當時並不想理會這「非人」，她說，每當振動頻率較低的「非人」存有出現時，她肉體上的反應包括全身疼痛、感覺寒冷、噁心想吐，也吃不下飯，這一次自然也不例外，當時的她一心只想享受昂貴而精美的晚餐，因此只是簡單地對毛利人說：「回家只能靠自己，你來上課吧，上課學習新觀念，觀念清楚就能回家，」並給了他下一次上課的時間和地點（二〇二〇年二月二十八日在臺灣），然後下了逐客令：「我不想聽你的故事，請走吧！」

不過，這個毛利人顯然不好「打發」，他靜靜的在一旁等候著。最後，據葛瑞絲的描述，約有四十分鐘之久，她的身體越來越痛，完全失去胃口，最後只好對毛利人說：「好吧，我就聽你說吧。」毛利人便開始抱怨毛利族如何受到白人的蹂躪，在戰爭時期白人如何屠殺他們。他說：「這些白人把我們叫做野蠻人，他們才是野蠻人，他們來到我們的土地，說這塊土地是他們的，我們為了保護自己而戰，但我們輸了，我們死了很多人，我恨他們，我恨這些人，我們找不到路回家。」

第二天（一月三日），葛瑞絲一行人出發前往皇后鎮，在快要到皇后鎮時，看見一群由一位年長者帶領的毛利人從樹林裡出來，對葛瑞絲說：「謝謝妳給的上課訊息，我們到時會出席。」

三天之後（一月六日），他們在經過據說是電影《魔戒》（*Lord of the Ring*）的取景小鎮特維軸（Twizel）時，來到一個湖邊。根據葛瑞絲的描述，湖邊的草地像是一個學院的所在，但並不像地球上的學校有著具體的建築物，一群樂母瑞亞人或坐或站在草地上，大多數是年輕人，大家的長相和穿著都差不多——他們的臉都「很好看」，都是長長的淺色頭髮，長長尖尖的耳朵和長長的衣服。

其中有一位稍年長的女子坐在草地上，她像是身體虛弱得無法坐起來，而必須把背部貼在一位年輕人的背上，她開口對葛瑞絲說：

「我們曾走過很長的路，我們一直等待，但是沒有人聽得到我們」……

「我們想回家……卻不知如何才能回家，我們就在這裡被困住、困住、困住了」……，她連講了三次『trapped』（被困住）這英文字。

「已經太久了，一代又一代，我們是很後面的一代」……

「曾經發生過多次戰爭，很可怕的戰爭，很多人失去生命，就剩我們這一些些人了」（悲傷的語調）……

「我們在這裡建立起生活，但我們知道只是暫時的，」……

「我們一定要提升，但是沒有能量，我們錯了……」……

「幫助你們的人民，幫助我們（說這句話時是強而有力的語調），我們無法離開，我們會死。」

葛瑞絲回憶說，聽到這些話她相當震驚，也像對毛利族一樣，她邀請他們參加下一次的課程，即二月底來臺灣上課。

隔天（一月七日），在前往下一個景點途中，他們再度經過普卡基湖，普卡基湖是紐西蘭著名的風景區，人稱「藍色牛奶湖」。就在快到湖邊時，突然聽見有人唱歌，歌聲異常響亮，她眼前出現的是身形巨大的白衣觀音大士，她一手持淨瓶，一手持楊柳枝，「楊枝淨水，遍灑三千」。與此同時，葛瑞絲看見昨日那群樂母瑞亞人全數出現在湖邊站立著，先前坐在草地上說話的女子也在站立之列，一道和煦的光從上方照到他們的身上，這群樂母瑞亞人對她說：「葛瑞絲，我們很感謝妳。」出現幾乎還不到一分鐘的時間，樂母瑞亞人和光一起消失了，只見白衣觀音繼續沿著湖邊遍灑甘露，湖泊面積廣大（是

臺灣日月潭的二十二倍），觀音「灑淨」的動作差不多持續了十五至二十分鐘。

事後，葛瑞絲向我們敘述當時的情況時，有人認為，那一道從上面射向樂母瑞亞遺族身上的光，可能代表在觀世音菩薩的幫助下，他們已經離開「被困住」所在的地球而順利「提升」了。果真如此，他們應該是不會來參加我們的課程了

邀請非人類來上課

雖然葛瑞絲對在紐西蘭的毛利及樂母瑞亞遺族都下了請帖，邀請他們參加下一次舉辦（在臺灣，從二月二十八日起連續三天）的課程，卻沒想到這「下一次」課程的時間和地點起了變化。臺灣在新型冠狀病毒 COVID-19 疫情蔓延全球的影響下，一月二十一日出現第一個確診個案，我們在臺灣二月底的課程自然就取消了。儘管臺灣的課程被取消，在這段期間，我又受邀到美國達拉斯去講課，時間定在二月八至十一日四天，自然，改期改地點的通知也由葛瑞絲向這兩個「非人」團體發佈了。

我帶著迫不及待的興奮卻又有點擔憂的心情來迎接這一次的講課，迫不及待的原因是想知道樂母瑞亞遺族是否會缺席，缺席也許代表著他們已被「提升」，這是多麼令人高興的事情！擔憂的是，毛利人遺族能聽得懂講課的內容嗎？往常聽課的第三維度的人類尚且抱怨我的課不容易理解，何況生前沒有接觸過現代文明的毛利人？

儘管我擔心毛利人不具足「現代」知識，但他們顯然至少具足了對知識的求知欲和

信守諾言的美德——他們果然依約前來美國達拉斯聽課，而且攜家帶眷，連帳篷都帶來了。根據葛瑞絲的描述，從教室講臺的前方，一直延伸到教室外面的空地上，都設置著毛利人以木棍撐起來的三角形帳篷。

毛利族出席聽講本在預料之中，出乎人意料之外的是，許多其他「非人族群」也列席這次的課程，他們如何得知有關上課的訊息？受了誰的邀請？根據其中一族「矮人族」的國王說，他得到的訊息來自樂母瑞亞長老。

矮人族是我們在二月七日到了達拉斯之後，葛瑞絲第一個看到的「非人族群」。矮人族被葛瑞絲形容為「圓圓短短胖胖」，她說，「他們個性單純、直爽、有點傻氣，手上偶爾發出些光芒，感覺像是他們會些魔法。」矮人國的國王「年紀稍長，沒有白髮，但臉上佈滿皺紋，穿著披風」，國王右手拿著權杖坐在王位上，下方有他的子民。

他對葛瑞絲說，他感覺很悲傷，因為「資源越來越少，所處的環境越來越不好」，看著他的子民一個接一個病倒，愈來愈虛弱，他雖然很想幫助他的子民，卻無能為力，不知如何是好。國王對葛瑞絲說：「告訴至青，我們都會來上課。」（Tell Chih-Ching, we are all coming to the class.）國王說這話時，葛瑞絲看見了他身後的背景出現了許多不同的「非人」族群存有。

果然，二月八號下午正式上課時，除了矮人族外，更多「不請自來」的「非人」族群也來了，包括有翅膀的花精靈族、飛蟲精靈族，還有很像人類的「半精靈」族，以及巨人族、當地的美國人族群……。

許許多多的非人族群並不全是坐在講堂內聽課的，他們在講堂外偌大的空間裡排成縱列隊伍整齊地站立著；但位於美國達拉斯城的這塊空間也並非是一塊空空如也的土地，而是有著許多辦公大樓、小花園及停車場的土地。根據葛瑞絲的描述，雖然他們全都站在這同一塊土地上，每一個族群卻各自有自己的空間，可以說各有風景，各領風騷。比如毛利族站立的土地是枯黃色的草地，毛利族的天空也灰濛濛的比較陰暗；精靈族站立的土地卻是一片綠蔥蔥的草原；「半精靈」族的勇士們站立的地點是在一座呈三角狀的城堡旁邊。整體來說，這一塊我們看來明明是三維人間實實在在的土地，卻又是多維時空交疊的活動空間。

所有在戶外聽講的非人族群，除了飛蟲精靈族之外，其他族群皆依高矮站立，井然有序，正如人間學校裡各班級在操場集合的方式，身高最矮的排首位，最高的殿後。

花精靈們依照大小尺寸而屬不同群組，各群組皆排成不同的縱線隊伍，小隻的花精靈族身長約二十公分，大的花精靈族身高比人類稍矮。花精靈們數目眾多，葛瑞絲說「至少有上千個」。

至於飛蟲精靈族在有翅膀的族群裡是最大尺寸的，「如同小象一般大」，但「身體圓圓胖胖」，看起來像是放大千百倍的蜜蜂，他們是唯一沒有按照高矮排列的一族，隊伍高高低低、參差不齊。

被葛瑞絲形容為「很像人類的『半精靈』族」，像是西方電影中的中古世紀武士，這數百位武士雖然沒有發亮的盔甲，但他們個個背著箭矛，手持長弓，英武挺拔的站立著。然而，瀰漫在整個族群中的是一股幽深的悲傷，他們對葛瑞絲說：「謝謝妳認得我們……」（Thank you for recognizing us......）

至於在大家期盼中缺席的樂母瑞亞遺族果然不在現場，表示他們可能早已在觀音的幫助下離開了三維的地球，大家都為這種「可能性」而雀躍不已。不過，雖然紐西蘭的樂母瑞亞人缺席，葛瑞絲說，有另一群「生面孔」的樂母瑞亞人出現在戶外的課堂上，他們並未加入地面上的縱列隊伍，只是遠遠的站在空中聽講。

毛利族非人類的懺悔所帶來的震撼

課程進入第三天（二月十日）時，發生了一起極為有趣的事件。那天中午，我們四個人開車到附近一家有名的猶太潔食認證（Kosher）餐館用餐。就在用餐當中，坐在我對面的葛瑞絲說：「老師，您頭上有一根管子，啊，不是管子，像是一條路，斜斜地往天上延伸，延伸到很遠的天上，天上坐著金色的阿彌陀佛。」當時的我渾然不知這是有預告意義的畫面。

用餐回來的那個傍晚，我開始講授課程的第二主題：《中陰救度》，根據葛瑞絲在事後的報導，就在剛開始講解《中陰救度》的第一階段「臨終中陰」時，她先是聽到先前在紐西蘭遇到的第一位毛利年輕人對她說：「我要走了，我們不會再待在這裡了……我們錯了！」在他說這話的同時，所有的毛利族人都從帳篷中出來，跪在自己的帳篷前，老少婦孺在前，青壯男子在後跪著，人人雙手掩面、放聲大哭：「天哪！我們到底做了什麼？」此時葛瑞絲所見的畫面出現他們所說的「錯」事：「我們殺人、我們殺動物、我們強姦婦女、我們的性情如此暴戾！……我們錯了！」

就在他們掩面大哭時，每一個人的頭頂上方出現一道圓型的金黃色光，而阿彌陀佛就坐在光的正上方，之後，毛利人開始一個一個地，以跪姿迎著金光上升，而後消失在光中。最後一位離開的還是那位年輕的毛利人，臨走前，他轉身對葛瑞絲說，「謝謝妳，葛瑞絲；謝謝妳，至青，」並向著我行跪拜禮，「妳救了我們，救了很多的我們。」說完便消失在光中，此時教室右前方（原本毛利族所在處）呈現一片白色的光，原本他們所在的天空這幾天都是烏雲密佈，此時立刻轉為清澈無雲的藍天。

毛利族的提升最出人意表，跌破了所有人的眼鏡。根據葛瑞絲在上課期間對於各族群的觀察，毛利人族群是最「不守規矩」的一族，其他各族在上課期間始終都保持筆直站立的姿勢，可以說是「動也不動」地專心聽講，唯有在帳篷裡的毛利族似乎一刻也靜不下來，有的到處走動，有的懶洋洋的斜躺在地上，有的發呆，有的張大嘴巴打哈欠，更有的偶爾像動物般的齜牙咧嘴，葛瑞絲形容他們：「每個人的臉上還常常有著各種奇怪的表情」，大家猜想他們如此無心聽講應該是完全聽不懂，誰也沒料到最快被「提升」

的居然是這群「貌不驚人」的原始民族。

更出人意外，也更讓我震驚並感動的，是毛利族所懺悔的其中一個項目：「我們錯了！……我們殺動物……。」即便人人都知道「殺」是具傷害性的，不但是錯誤的「意念」，也是錯誤的「行為」，然而，自古以來「殺動物」卻被全人類認為是天經地義的事。試問，從古到今有哪一個民族不殺動物？有哪一個民族會為殺動物而懺悔？而今天「懺悔」的卻是被我們認為最不進化、最不文明的原始民族！

毛利族的事件讓我認識到，「懺悔」雖只是「意念」上的轉變，尚未被實踐而成為「行為」，然而，它所產生的能量卻大到足以讓一個民族離開原來的低振頻而前往高振頻的所在，這是何等強大的威力！這也讓我回憶起多年前發生在兩個孩子身上的一段往事。

那時我的兩個孩子，女兒明寰、兒子宗寰，就讀於紐約曼哈頓區的第八十七公立小學。有一天，二年級的宗寰帶回來的家庭作業是寫十個句子，每個句子都以三個英文字起頭：「I wonder why……（我想知道為什麼……）」，小宗寰所寫的第一個句子翻譯成中文是：「我想知道為什麼很多人都說他們很愛動物，但是他們每天都吃動物？」當兒子把作業交給我檢查時（老師規定家長必須檢查之後簽名），這句發自孩子內心的肺腑之言讓我沉思良久卻無言以答，對兩個孩子的敬佩之心不禁油然而生。當時宗寰七歲，姐姐明寰十一歲，姊弟倆早在四年前就已覺察到自己不想傷害動物，從那時起便相約不再吃肉。

當時的四年前，女兒明寰也是七歲，有一天她受邀到同學家做客，晚上回到家對我說：「媽媽，我在同學家吃不下晚餐，因為我看到他們把蝦子丟到熱水裡，蝦子一下就死了，我哭哭了，我以後再也不要吃動物了。」姐弟倆便是在這種並非受父母影響之下，自發性地選擇了素食，他倆的蛋奶素大約堅持了六、七年，後來因為居住地的改變兩人無法堅持素食而作罷。

看到這裡，請讀者們不要誤會，我並非在此鼓吹素食主義，我個人目前也不是素食者。提起兩個孩子的往事，只因對毛利人觀念一轉而瞬間提高振動頻率之事有感而發：也許受人類文明影響越少的原始民族（如毛利族），或受社會文化影響越少的純真童心，就越能直搗問題核心，越有能力突破文明人所不能的重重障礙，越能瞭解「殺」的傷害及「愛」的真諦。

黑衣權杖人的出現

結束美國德州達拉斯四天課程之後，在葛瑞絲和淑惠陪同下，我在二月十二號搭上前往芝加哥的飛機去探望女兒明寰。

這一趟飛行帶給我們三人的是一段嶄新、刺激、甚至有點驚嚇的旅行經驗。首先，在達拉斯的機場，葛瑞絲便見到好幾位「像山一樣高」的黑衣人，他們身披黑色兜帽斗篷，寬大的兜帽帽沿幾乎蓋住半張臉孔，很難看清他們的長相，宛若西方電影出現的「死神」。

飛機到達芝加哥時已是夜晚九點，坐上計程車之後，葛瑞絲赫然發現司機身上坐著一位縮小尺寸的「黑衣人」，當計程車駛出高速公路進入城市道路之際，原本的黑衣人瞬間切換成穿白衣的天使，而當車子行駛在芝加哥飄雪的大街上時，葛瑞絲見到更多縮小版但又高大的「黑衣人」——說他們是「縮小版」，是拿他們和達拉斯機場「像山一樣高」的黑衣人相比，說他們「高大」，是和走在芝加哥大街上的美國人相比，他們至少高出一個頭，個個都是介於二至三公尺的身高。

這些芝加哥街上的「黑衣人」像是歸屬於某個組織，他們都「飄」著走向一座規模很現代化的大樓，葛瑞絲形容這座樓「像是黑衣人的總部」，大樓裡的會議廳裡有一位如首領般的黑衣人坐在一張「冰冷」的椅子上，其他黑衣人全都站立在首領的下方，像是在聽候命令或公告。

「黑衣人」也出現在我們租用的 Airbnb 公寓房子裡。到達芝加哥的那個夜晚，我和淑惠兩人已在個人的臥房裡沉沉睡去，葛瑞絲一人待在客廳，由於臺灣和美國兩地時差的關係，她必須半夜起來上網教課，對臺灣的學生進行英文教學。據她的描述，黑衣人出現在廚房，他們繞著中島餐桌圍成一圈。當葛瑞絲從二樓的窗戶往外看時，見到滿鋪著白雪的街上也有許多黑衣人，他們跟在每個行人的身後「飄著」，「樣子很像巫婆，只是少了根棍子」。

有趣的是，除了在大街上，幾乎每次有黑衣人出現的場合，穿白衣的天使們隨後也會出現。葛瑞絲描述的「白衣天使」也如黑衣人一般高大，然而他們的白衣極具特色，和一般印象裡天使所穿的飄曳型長袍不盡相同，他們的白袍「下襬都是蓬蓬的，沒有皺褶，很像天使娃娃的衣服」。

聽完葛瑞絲的描述，我猜想這黑白兩大集團，可能是在「睡著的預言家」愛德格凱西通靈紀錄裡所記載的，存在於古老的亞特蘭提斯時代的兩大集團：「黑暗之子」（Sons of Belial）與「合一之子」（Sons of the Law of One）。[1]不過，在芝加哥的七天裡，葛瑞絲說她未曾觀察到黑白兩派之間有任何互動，他們也沒有向她（葛瑞絲）說過任何話語。

原本以為不論是「白衣天使」或貌似死神的「黑衣人」都是西方國家的特產，因此回到東方的臺灣後就不會再見到他們，誰知這回我們又錯了！

回到臺灣已是二月二十一日，隔一週的二月二十八日是國定假日，也是連假的第一天，預定上午十一點來看我的葛瑞絲一家人在高速公路上遇上交通阻塞，就在此時，一

1. 愛德格・凱西（Edgar Cayce，一八七七～一九四五）是二十世紀公認的傑出預言家，他以能在半睡眠的狀態下給人看病，或為人解讀前世今生而聞名，他的一萬四千多條解讀案例當時都被打字記錄下來，目前已成為許多研究機構研究的內容。凱西的解讀裡有多達七百多個案例被解讀為前世是亞特蘭提斯人。亞特蘭提斯文明的輝煌時期是從西元前約二十一萬到西元前五萬年，而「合一之子」就是生活在當時與自然和宇宙力和諧共存的「和平的人們」；「黑暗之子」則是一群追求自我利益，不顧全體與合作必要的人們，他們道德淪喪、濫用權力、蔑視自然，帶來極為負面的能量，最終導致亞特蘭提斯文明的毀滅。

位黑衣人出現在葛瑞絲眼前，這位「黑衣人」兩隻手掌上下疊放在一根深棕色類似「權杖」的棍子上，穩穩當當地立在半空中。葛瑞絲一見到他不禁有些害怕，趕忙拿出我們稱之為「工具—歌」——一件來自托特大師的法器，葛瑞絲口中念著相關的祈禱文，心裡希望他趕緊從眼前消失。不料「黑衣人」對她說：「沒用！」他繼續說：「我存在於在你們的意識中。我無處不在，你們的『工具』絲毫傷不到我，我是你們。」

黑衣權杖人的啟示與付託

他接著要葛瑞絲轉達以下的話：「告訴至青，不管你們做什麼，我都不會離開，我將永遠存在。我堅不可摧，因為人類是弱的，太弱了，太弱了！你們創造了我們，人類創造了我們，你們完成了我們。我們的存在只是因為你們的思想和想法。我們是你們的想法，我們在你們的靈魂中。轉換（transformation）是唯一的方法，黑暗可以在幾秒鐘內切換成白的。不要浪費時間做這些（指『工具—歌』），不要白費力氣（這『白費力氣』四個字是黑衣人用中文說的，其餘皆為英文）。專注於思想（心性，mind）上，其他一切都沒用。如果妳想幫助人們，幫助他們提升，讓他們明白，讓他們明白，幫助他們瞭解，這是唯一的方法，沒有別的辦法了，這是唯一的方法，這是唯一的方法！要堅定，相信妳自己。妳所承擔的責任超乎妳的想像，一定不要放棄，就這樣。」說完便即刻消失。

這位「權杖」黑衣人到底是誰？他為什麼要對我說這些話？他和我猜測的芝加哥「黑暗之子」的「黑衣人」屬於同一個團體嗎？葛瑞絲回答「感覺上不是」，我也認為不是，他說話的口氣和內容，不像出自邪惡的「黑暗之子」之口，也聽不出「權杖」黑衣人有傷害我之意。於是我告訴葛瑞絲，若他再次出現，請他務必介紹他自己是誰或是他所來自的時代背景。

隔了一天（三月一日），在葛瑞絲入睡前的一刻，拿「權杖」的黑衣人果然再度出現。葛瑞絲轉達了我的請求，黑衣人帶著些微惱怒的口氣回答：「妳（們）曾答應幫助我們的。」（You promised to help us.）說這話時，他讓葛瑞絲看了一些慘不忍睹的奴工受虐待的畫面，畫面裡有一位身材極為高大（二公尺多或三公尺以上）的人正揮舞著一條「可長可短」的鞭子，抽打許多「很聽話」的奴隸們。奴隸多為深色頭髮，感覺像原始部落的人類，他們彎腰駝背，似乎知道自己地位卑微，很認命的工作著，有些身體較弱的奴隸倒地死亡。那天晚上，葛瑞絲說她在快睡著前聽見最後幾個字音：美索不達米亞（Mesopotamia）。

黑衣權杖人所傳達的苦難——美索不達米亞的神與人

「美索不達米亞？」當葛瑞絲向我描述這畫面時，我不可置信地脫口而說，「難道他是活在五千年前蘇美人石板歷史記錄的人類？畫面裡高大的拿鞭子抽人的難道是用基因工程『造人』的阿努納奇神族（Anunnaki）？」我對葛瑞絲說，不管他那句話「妳（們）曾答應幫助我們」是不是真的，但光從這句話也可得知，說話的黑衣人的意識中藏有許多「怨氣」和「怒氣」，顯然是一位還沒有學會「原諒」而讓自己長期處在痛苦情緒中的存有。算起來，這痛苦可真是「天長地久」，因為根據撒迦利亞・西琴所解讀的蘇美人的石板紀錄[2]，阿努那奇神族創造人類以作為「奴工」的歷史最早可以遠溯到三十萬年前，不知這位黑衣權杖人和他的族人生活在什麼年代……。想到這裡，不禁令人扼腕嘆息。於是我請葛瑞絲轉告他：他若需要幫助，我將盡我最大能力幫助他，但我也有個請求，請他務必要「開口」，請他「直接」說出他需要幫助，而不是以這種「埋怨」的方式「間接」要求別人的幫助。

隨後的兩個星期中，神秘的黑衣權杖人時不時地出現在葛瑞絲睡前的時刻，他陸陸續續地給出片片段段的畫面，畫面裡出現的人物、背景和事件似乎吻合我對他時代背景的猜測。比如畫面裡曾出現了幾次「巨人」，葛瑞絲所見到的「巨人」頭大體寬，他們動作笨拙，但性情溫和、任勞任怨，很願意被別人所用。「巨人」在蘇美人的石板紀錄裡，是一群來自尼碧魯（Nibiru）星球的神族和地球上的人類女子所生出的混血子女。後來基督宗教的《聖經・舊約》也有紀錄。根據西琴翻譯的蘇美文明紀錄，事情大約發生在距今五萬年前，當時有一群神族年輕人被派往地球出使任務，這二百位長期在外的神族，因為不滿管理階層（也是神族，但屬皇室）的所作所為，決定搶奪人類的女子為妻，他們所生下的孩子就是這些「巨人」，這事件也記載在後來的《聖經．舊約》〈創世記〉第六章一～四節。這些搶奪人類女子為妻的「神的兒子們」（sons of God）是「墮落的天使」，他們所生的子女「拿非利人」（Nephilim），即是「巨人」。

也許兩週前我對黑衣權杖人的建議（請他「直接」開口求助，而不是以埋怨「間接」求助）終於被他採納了，在三月十五日這一天，他直接了當地說出他的需要。

這一天是星期天，葛瑞絲一家人開車陪我上臺北的蘋果總店去買電腦。我原本用的筆記本電腦是十二吋的小螢幕，由於最近視力模糊，越來越看不清楚螢幕上的小字，於是決定換成十六吋的筆記型電腦。就在買完電腦回家的高速公路上，黑衣權杖人再度出現，這一次他「直接」對著我說：「幫助我們，至青，用妳的書幫助我們，這是唯一的方法。」（Help us, Chih –Ching, use your book to help us. This is the only way.）

眾神的戰爭——神力傷害了人類

在他說話的當時，葛瑞絲所看到的畫面是一片橙紅色的火燒場景，連背景的天空也

2. 西琴（Zecharia Sitchin），一九二〇～二〇一〇，是一系列書的作者。西琴自學蘇美人的楔形文字並翻譯、解讀蘇美遺址所出土的石板，之後將解讀的內容集結成書。蘇美文明是距今大約六千五百年前，在美索不達米亞平原的兩河流域突然出現的一個高度發達的文明，也是全世界最早的文明。西琴的第一部書《第十二個天體：地球編年史第一部》（一九七六）迄今已被翻譯成近三十種語言。

是同樣的橙紅色，黑衣人無數的子民們正被熊熊大火燃燒著，非常的痛苦！當下我明白了黑衣權杖人的「恨」與痛苦，我猜測葛瑞絲所看見的火燒畫面，有兩種可能：

一、第一種可能是那場在數千年前發生的戰爭：阿努納奇皇族的眾神之間，為了追逐「名、利、權、情」起了爭執所發生的爆炸事件。那場戰爭幾乎毀了大半個地球，地球上的人死傷無數。

二、第二種可能是黑衣權杖人和他的族人們目前正身處「西方」地獄中（有別於東方的地獄，請參閱本書第三章對於兩種地獄的描述），西方基督宗教的《聖經》所描述的地獄是一個燃燒著「永不熄滅的火」和「蟲子不死」的地方。

我於是對他說：「請放心，我一定盡全力地幫助你們。」

以上便是我寫這本書的緣起。

至青寫於二〇二〇年五月二十八日

第二章 ◀ 人的四個次元身體

第一節　本書的主題——人生目的與自性本體

前面一章談到了寫這本書是應「非人類」的要求而寫，在允諾寫書的當時並未考慮太多，等到真正開始動筆時，才發現問題的所在：不知該寫些什麼才最能幫助「非人類」。我請葛瑞絲在黑衣權杖人出現時幫我問這問題，或至少給我一個方向。但是黑衣人在那之後幾個月都沒再出現，因此我最後決定，本書的內容和各章節的次序，將以這兩年講課的內容為依歸，講課講什麼，這本書就寫什麼。

平日講課有兩大主題，這兩大主題也是我在醫院裡對葛瑞絲說話三小時的兩大主題：一個主題為「人生目的」，我當時告訴葛瑞絲，很快妳將會和很多靈開「生命回顧」會議，那時你將被問到與「意念體」有關的問題：「妳這趟去人間，達成了你的『人生目的』了嗎？」

另一個主題是每個人死後都會遇見的「自性本體」，在《中陰救度》這一本書中有全面且詳盡的說明。我當時告訴葛瑞絲，「妳必須現在就學習並認出『自性本體』，祂將在妳的死後走的中陰險路上有莫大助益。」

四管齊下的治療——從肉體、能量體而至意念體與自性本體

以上提到的兩個名詞：「意念體」和「自性本體」是人的四個身體次元中的兩個身

體，我認為它們是讓葛瑞絲起死回生的關鍵，而我對她三小時的談話就是繞著「意念體」和「自性本體」這兩個身體說的。再強調一次，葛瑞絲起死回生的關鍵不在於我的神通力，因為我毫無神通。關鍵在於她聽了我的話之後，自己啟動了「意念體」的能量，雖然「意念體」的振動頻率不如「自性本體」那麼高，但是由於它的振動頻率遠遠高過我們所熟知的物質「肉體」，它所發出的威力已足夠讓人的肉體起死回生。從葛瑞絲的「起死回生」案例，我們可以瞭解到：

——越高層次的身體，所蘊藏的能量威力就越大。

——如果低層次的身體（如肉體）發生問題，動用高層次身體（如意念體）的能量來解決是最快速的捷徑，至少比起只是動用同一層次身體的能量來解決要快速得多。以葛瑞絲的例子來看，她的末期癌症屬於低層次的「肉體」，但是她啟動了第二高層的「意念體」能量，很快就把她提升到「可以出院回家休養」的狀態。我這麼說，並不在勸告大家在處理癌症的時候要二選一，即捨棄低層次而只採用高層次的解決法；反之，我認為最好的辦法是雙管齊下，或三管齊下，或甚至四管齊下。

葛瑞絲在出院後曾就這一點諮詢我的意見：要繼續西醫的治療法，如化療……，或者，也同時採用其他領域的治療法……？我當時給的建議便是「四管齊下」——四個次元身體的方法都用上：

一、最低的「肉體」層次：西醫的方法屬於肉體次元，我建議葛瑞絲繼續且充分和西醫溝通及合作。

二、高一層的「能量體」層次：我建議她調整能量體中的「情緒」和「想法」，包括把負面情緒轉成正面情緒、將負面想法轉成正面想法；另外，找中醫針灸或服用中藥，或其他的「能量療法」……，大多是屬於「能量體」次元的方法。

三、再高一層的「意念體」次元：葛瑞絲在醫院時採用的方法正是屬於「意念體」次元。她後來說，醫院裡的三小時談話中，她最受用的就是讓她那晚睡不著的「人生目的」，而「人生目的」代表著意念體次元中的最高能量。

四、最高的「自性本體」次元：「自性本體」是創造我這個肉體的原動力，我死後要創造另一個新的身體也是靠「自性本體」，它是如此重要，我們每一個人必須要盡量學習有關「自性本體」的知識，而《中陰救度》這本書提供了最全面且最詳盡的說明。

第二節　複習人體的四個次元

我到底是誰

我們所認定的「我」其實並不是真正的我，肉體並不是我的全部，我還有其他三個存在。最近的流行文化上出現一個足以讓人想入非非的新名詞，叫做「平行宇宙」，雖然只是一個科學上的假設，但這種假設開啟一個多重宇宙同時存在的可能性：所有的宇宙可以同時存在於當下，也就是說，每一個當下都有很多條不同軌跡發展的可能性。在這裡，作者想藉著「平行宇宙」帶出一個概念：我們具有多個身體，同時活在不同的宇宙或維度中，我們的肉體只是其中的一個宇宙，所以，肉體並不是我的全部，我還有至少存在於三個次元空間的身體，才構成一個整體的我。

當然，以上的比喻並不是很準確，只不過是借用時下流行的名詞，讓讀者瞭解「我」的存在，不僅是肉身，還有不同次元的存在，次第構成這個「我」。但與互相對等的平行宇宙不同的是，身體的四次元是有層次的，而且是在同一個時空次第構成這個我，缺一不可。

是誰為我們勾勒出這人類的四個次元身體？是我眾位老師之一的布蘭能（Barbara Brennan）和她的指導靈黑元（Heyoan）。我個人在過去多年的人生過程中，已見證並感知到其他的三個次元身體。這三個次元，在我的上一本書《還我本來面目》裡有較詳細的介紹，如果讀者沒有看過《還我本來面目》也沒關係，在本章節將為大家做一個重點介紹，看過書的讀者就當是一次複習吧。

四個次元的層次——依振動頻率的高低而定

人類的四個身體是依照振動頻率的高低而排列，在這裡我們先簡單地解釋什麼是振動頻率。不過在解釋之前要先聲明，由於到目前為止，科學上還沒出現能解釋情緒、想法的波動方程式，因此，本書裡的「頻率」只是借用的概念，請讀者不要執著為物理學的嚴謹定義。「振動頻率」就是一個物體在某個單位時間裡振動發生的次數，我們通常用符號f來表示振動次數，而頻率的單位是以「秒」計算的赫茲（Hz）或以「分」計算的rpm或bpm。比如在醫學裏，心率以「bpm」（beats per minute）即一分鐘跳多少次為單位。如果測出來我的心臟的「振動頻率」是72 bpm，就代表我的心臟一分鐘跳72下。

世界上任何東西分析到最後都是振動，這裡講的「任何東西」可以是「有形」的物質，比如桌子、椅子，也可以是「無形」的非物質，如想法、情緒、夢……。而能量結構越粗重、越有形體、越「物質化」的東西，它的振動頻率就越低；反之，能量結構越精微、越沒有形體，也就是說越「非物質化」的東西，它的振動頻率就越高。所以桌子、椅子的振動頻率比較低，而情緒、想法的振動頻率比較高。

所以，這裡只是借用「振動頻率」的概念來描述靈性層次，從最低的「肉體」層次，逐步升到至高的「自性本體」層次，有如不同頻域的躍遷，越高的靈性層次其振動頻域越高，因此，在趨向神性的過程中所伴隨的就是振動頻率的提升。

把「振動頻率」放到人的四個身體來看，「振動頻率」最低的是位在最下面的「肉體」，肉體是有形的，從這裡往上的三個身體都是無形的意識，統稱為人的「意識靈體」，這三個靈體分別為能量體、意念體和自性本體。「振頻」越高的靈體越不容易被人的眼睛看到，最高層次的靈體叫做「自性本體」，一般人只有死亡之後才可能遇到，這也是為什麼葛瑞絲說我進入她病房的第一句話是「恭喜妳，妳就要死了」，因為死後才比較有機會見到「自性本體」，不過，即便我們在死後遇到「自性本體」，並不是每一個人都有能力認出它來。

「自性本體」長什麼樣子？

它幾乎沒有「樣子」，也許你可以用百分之百純度的光來描述祂，除了光還是光，但也不能說祂就是光，因為光只是祂在你覺悟到祂時的一個表相，不是祂本身。事實上，它不但無形，也無色、無臭、無味，它「不生不滅、不垢不淨、不增不減」，它是你我生命最根本的本質，也是你我最原始的狀態。雖然我們會死，有時還會生病，但會死、會老、會生病的是其他振動頻率比較低的身體，而我們的「自性本體」永遠不生病、永遠不死，而且還永遠美麗、有活力、有智慧。

曾有學員問我，自性本體「怎麼不老不死不生病？」簡單地說，我們死亡的時候，肉體先腐敗，其上的三個靈體（能量體、意念體、自性本體）——就是我們的意識——必須離開他們曾附身一輩子的「肉體」，我們帶著這三個靈體進入中陰階段，慢慢地，三個靈體中的兩個也會在中陰階段被分解、消融，最終消散（即死亡）。哪兩個身體會死亡？兩個振動頻率比較低的身體：「能量體」和「意念體」，剩下的「自性本體」永遠不死。

表2-1　人的四個次元身體

	什麼樣子？	特質
自性本體（意識靈體）	沒有樣子，純粹是光	不老、不死、不生病；不生不滅、不垢不淨、不增不減
意念體（意識靈體）	是一條上通天，下達地的能量導管	「人生目的計劃書」就存放在導管的最高據點
能量體（意識靈體）	外型是一個蛋型的橢圓體，其內包含了七個能量身體。	七個能量體被居中的第四層「星芒體」分為兩部分：上面的三個屬「靈的」；下面三個屬「人的」
肉體（物質身體）		

我們每一次死亡，都得依靠不死的「自性本體」所發出的大能量來創造下一世的身體，假設我現在處於死後的中陰階段裡的後期，為我召開的「人生回顧」會議對我的未來前途已有決定：我的下一世是做一條有錢人家的寵物狗，那時候，我原本作為人的「能量體」和「意念體」已經消散分解得差不多了，此刻需要重新打造一隻寵物狗的身體，而為我創造這條寵物狗身體的能量來源，就是這不老、不死、不生病的「自性本體」。

物理學家大衛．玻姆曾說：「物質是濃縮或冷凍的光……，一切物質都是光的濃縮，以平均小於光速的速度，反覆地以特定模式運動。」可以說，其實我們見到的物質，都是由光轉變出來的，是裡面的原子、中子等運動而得出來的結果。現在物理學說：光是一種振動頻率極高的能量，光本身是創造一切萬物的潛能。

其實，物理學的「光」並無法描述「自性本

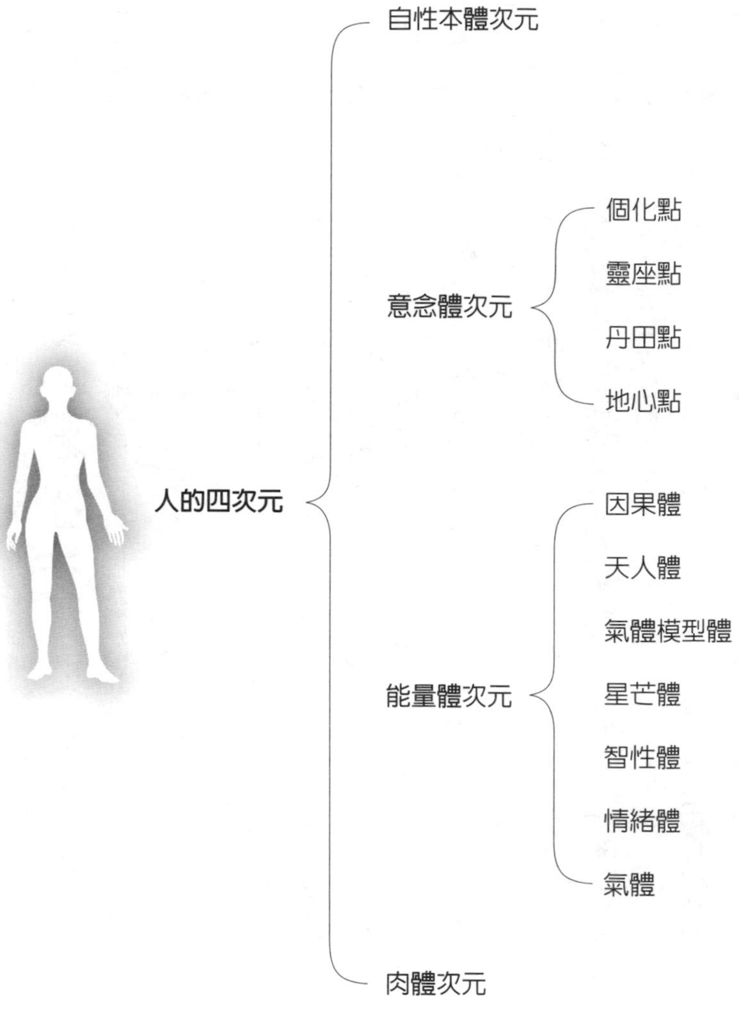

圖 2-1 人的四次元（依照振動頻率從高到低排列）

體」本身。我們知道，自性本體的作用是超越我們所在的時空的，祂沒有距離的限制，不受時間之箭的約束，瞬時即至，同時存在於多個所在，也不分過去、現在、未來。祂顛覆物理學的限制，超越我們的理性所能達到的界限之外。我們知道，一切物理量都無法超越光速，而光速又有其極限，所以，自性本體的光，無法以物理學的光來描述。

「意念體」長什麼樣子？

「意念體」其實只是一條上通天，下達地的能量管子，在我們投身人間時就插入了身體裡，我們帶來的人生藍圖（即人生目的計劃書）就存放在這條「意念體」導管的最高據點，大約在我們頭頂上一百公分處，每個人帶著「人生目的計劃書」從此處入胎，此後便開始「個人化」的人生，所以這個點叫做「個人化起點」，簡稱「個化點」。個化點也是能量和意識的轉化器，把「自性本體」非常高的振動頻率，轉化成為比較低振頻的能量和意識。

沿著這條管子，能量順流而下，降到大約肉體心臟上方的部位，就是第二個據點「靈座點」（靈魂寶座據點），裡面儲藏著我們實現「人生目的」的渴求和激情，這些激情需要被激活、被點燃才能發生作用

點燃熱情的能量源就是第三個據點，位於肚臍下方的丹田，丹田像個小火爐，火爐裡的燃料則來自於地球內部的熔岩區，丹田雖然不具備靈性，但它責任重大，一方面能

表2-2　意念體上的四大據點

個化點 （個人化起點）	每個人帶著「人生目的計劃書」從此處入胎，此後便開始「個人化」的人生。
靈座點	儲存著每個人對實現「人生目的」的渴求、激情，但必須倚靠丹田來活化（點燃）熱情。
丹田點	丹田像個小火爐，火爐裡的燃料則來自於地球內部的熔岩區，丹田能向下汲取地下熔漿的熱能，向上供給靈座點所需要的熱能。丹田本身不具靈性，但能幫助主人在地球上扎根。
地心點	是意念體導管最下方連結大地的據點，位於地球下部具有熱能的地核，大地的能量從此處輸入人體。

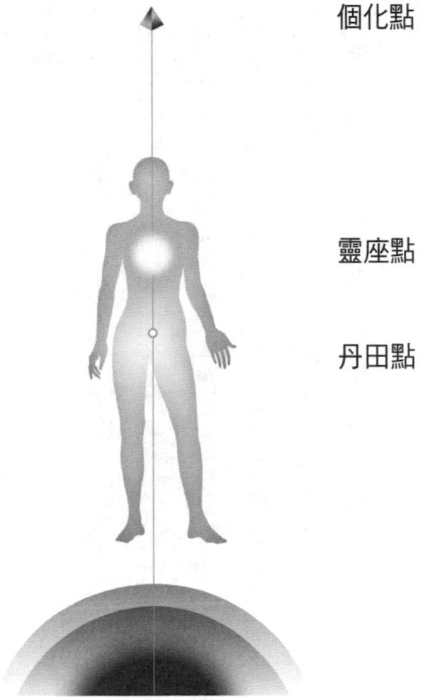

圖 2-2 意念體次元

「向下」汲取地球裡熔漿的熱能，讓它的主人能在地球上生存並扎根，「向上」供給靈座點所需要的熱能，好激活主人的渴求，從而幫助主人達成「人生目的」。

「能量體」次元長什麼樣子？

我們把兩隻手打開，轉個圈，就把「能量體」次元的七個身體都包括在裡面了，所以整個「能量體」是個立體的橢圓，能量體一共有七層，它最外面一層叫做「因果體」，外型像雞蛋，是用來保護下面六層能量體。

七個身體中地位最特殊的是第四層「星芒體」，它像夾心餅乾中間的夾心，為什麼說它地位特殊？因為任何三維人類想要提升靈性，以期在死後上升到四維以上去做個高靈（如天人、地位低的神……），首要條件便是具備最基本的「無條件的愛」，而這個「星芒體」正是提供「無條件的愛」的地方。當然，這是指你的星芒體處在健康且運作正常的狀態時，才充滿著「無條件的愛」，才能幫助你在死後躍升到高階四維。我們可以把星芒體想成是一座橋梁，向上連結「屬靈的」世界，向下連結「屬人的」世界，它是介於兩個世界的邊陲重鎮。

常有學員問我：如果不懂什麼是「無條件的愛」，要怎樣去培養？我的答案永遠千篇一律：如果生不出愛，就練習「逼迫」自己生出「感激」之情，也就是先從學會「感恩」或「感謝」開始。如果想不出任何可感謝之人，那就想自己的父母。不少學員告訴我：「我就是最討厭我爸爸，他對我很不好，」或者，「我最氣我媽媽，我怎麼可能會感激她？」那麼，我就會說，你可以繼續討厭你爸爸，你也可以繼續對媽媽生氣，他們一定做了某些事讓你討厭或生氣，但是，你必須「覺察」到一個事實：他們把你生下來，還把你養大，難道這生、養之恩不值得你感激嗎？你至少可以「感謝」這不可否認的事實（生你或養你）。光是對此一事實（生你或養你）的「認知」，就能夠改變你的討厭或生氣的「情緒」，使你的振動頻率立刻提高（請參考下面對於如何利用「認知」去改變「情緒」的說明）。

其實，生活中無處沒有不值得我們感謝的事，生活中也沒有不值得我們感激的人，只要你用心去找，再怎麼可惡的大壞人身上也一定可以找得出值得我們「感謝」的地方，只看你是否具備這份「覺察力」。感激的振動頻率超乎一切的情緒，希臘哲學家也是詩人的西塞羅（Cicero）曾說：「感恩不僅是最偉大的美德，也是一切其他美德的開端。」（Gratitude is not only the greatest of virtues, but the parent of all the others.）

所以，要培養無條件的愛，必須先動用第四星芒體的能量。如果你的星芒體不健康，不具備無條件的愛，那麼先培養感激之情，讓自己的星芒體越來越健康，越來越多感激。當你感激越多人、越多事物時，星芒體的大愛也逐漸壯大，於是「星芒體」的大愛就自然流到比它低一個層級的「智性體」。

「智性體」是你第三個能量體，裡面充滿著你各種想法、認知、思考……，來自「星

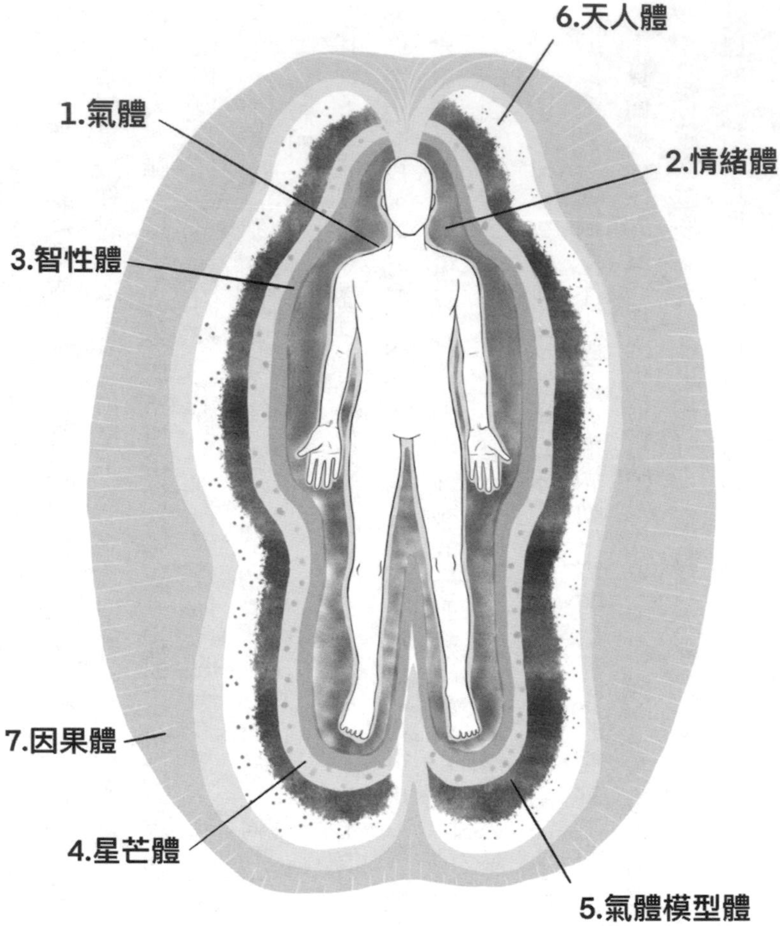
6.天人體
1.氣體
2.情緒體
3.智性體
7.因果體
4.星芒體
5.氣體模型體

圖2-3　人的能量體七層

芒體」的「大愛」此時就能改變你許多不正確、錯誤的觀念、認知、想法、知識，或改變無知的狀態（比如上例中不知道父母的「生養之恩」值得感激便是一種「無知」的狀態，也可以說是一種「錯誤」的想法，皆屬於第三「智性體」）。「大愛」能使錯誤的想法變成正確想法，或正向思考，這種正向思考使得你的第三層「智性體」越來越健康，於是，第三層的能量自然往下流到第二層能量體的「情緒體」，去治療「情緒體」裡的負面情緒，比如上面「我就是最討厭我爸爸，他對我很不好，」或者，「我最氣我媽媽，我怎麼可能會感激她？」兩個例子中「討厭」或「生氣」兩種負面情緒。

接下來要談比「星芒體」再低層次的兩個「屬人」的能量體，值得在此處特別提出來講解：第三層的「智性體」和第二層的「情緒體」。

「智性體」裡有著我們的思考、想法，「情緒體」裡就有著我們的情緒、感受，這是兩種截然不同的意識，由於第三層的振動頻率高過第二層，「想法」的振動頻率自然要高過「情緒」。但是，由於一般人不瞭解其中的分別，常常把「情緒」和「想法」兩者混為一談，這種現象充分表現在我們日常生活的語言上。

舉個例子說明。我們常用一種句型「我覺得……」，比如「我覺得他這樣做有失大體。」這就是一個不分「想法」和「情緒」的句子。因為這句話的動詞「覺得」後面原本跟隨的是與「感受」或「情緒」有關的詞語（如：我感覺很冷、我覺得痛苦、……）而不是一種想法。上面例句「我覺得他這樣做有失大體」中，跟隨在「覺得」之後的

「他這樣做有失大體」卻是一種「想法」而不是感受或情緒。所以上面的例句我們可以將「我覺得」改為「我認為」或「我想」、「我以為」、「我猜測」……更為適當。下面這個句子「我認為他這樣做有失大體。」比起「我覺得他這樣做有失大體」要真實得多。

請讀者們不要誤會，說這些是在賣弄我自己的語文能力，我只是要提醒讀者去瞭解，如果明白「想法」的振動頻率高過「情緒」，我們便可以利用「想法」來改變自己低落的「情緒」，而達到提升振動頻率的目的。舉個例子來說，小劉此刻情緒很低落，因為三天前老闆在開會時當著同事面前羞辱了小劉（請注意：是小劉「感覺」羞辱，換成別人就不一定是「羞辱」），這是一件多麼難為情的事情，小劉可能整個月心情都不好。此時他的情緒體當然就會反應他的情緒，情緒體上出現了一塊塊的烏雲。

講到這裡，我常常請問聽課的學員，假設小劉想改變情緒，他能做什麼？大部分的學員給出的答案包括：不斷找東西吃，或上街、上網瘋狂購物，有的人可能向朋友傾吐，也可能找諮商心理師談論……。然而，不管我們用什麼方法，都不會有實際的效果，以上的方法在當時可能覺得好過一點，比如當小劉向朋友傾吐之後可能感覺好多了，但是當他第二天走入辦公室，看到同事的臉或看到老闆的臉，幾天前被「羞辱」的經驗將再度呈現，被羞辱的感覺又回來了。

最好的辦法是什麼？不妨用用前面所建議的「從高處着手」：動用振動頻率高的能量去改變振動頻率低的問題，在這裡就是用「想法」或「認知」來改變「情緒」。我會這

表2-3　能量體包含7層身體（依頻率高低排列）

	長什麼樣子？	特質	職責
7因果體	由最細緻的金色線條交織組成，像個金色雞蛋殼，其邊緣離人體約80到100公分	具備宇宙智慧的意識，連結宇宙光的源頭	主管靈性智慧、智能（瞭解世事之完美、瞭解因果之必然）
6天人體	像是夜晚天空的七彩煙花，位於肉體之外約60-80公分處	具備宇宙情感的意識，感受合一之愛	主管靈性感受（感受內在的神性，感受宇宙之愛）
5氣體模型體	由非常細緻的藍色線條交織組成，其邊緣離人體約45到60公分	是第一層（氣體）的原始藍圖，而這張原始藍圖的原始藍圖，卻是來自更高的意念體導管上方的人生目的	主管靈性意志（放下個人意志接受上天意志）
4星芒體	像是粉紅色的光彩透鏡彩雲間，其邊緣離人體約15到30公分	記錄並儲存人對萬物所具有的感受和情緒，其中高振頻的正面能量就是無條件的愛	連接上面三個屬靈的能量身體，和下面三個屬人的能量身體
3智性體	由更細微、更看不見的黃色線條交織組成，其邊緣離人體約8到20公分	記錄並儲存人的意念和想法	主管屬人的智能、理智、想法、心念
2情緒體	摸起來像棉花，看起來像有七種顏色的彩雲。	記錄並儲存人對自己所具有的感受和情緒	主管屬人的情緒、感受、情慾
1氣體	由藍色線條交織組成，像是藍色的蜘蛛人	是肉體的藍圖；中醫理論中的經脈和穴位的所在地	主管屬人的生存意志、性慾

麼建議小劉：回家之後找一段時間，不要跟任何人接觸，不要看手機，也不要接電話，就安靜靜靜地坐下，舒舒服服地坐下，躺著當然也可以，去「回想」老闆說的話的內容。有一句話說的真好：「你在哪裡跌倒，就從哪裡起來」，問題在哪裡發生，就要在那裡解決，去「回想」老闆說話的內容代表你生出了勇氣，勇敢地正視、面對難題，為自己負起責任。「回想」之後，也許你明白老闆只是在指正你某個錯誤，他並無意「羞辱」你，羞辱你的是你自己；也許你會恍然大悟「啊……啊，老闆說的可能有點道理！」就這麼一個「可能」的「想法」便讓光照了進來，使原本低落「情緒」的振動頻率立刻提升。

總結來說，要解決任何問題或治療任何病痛，比如說肉體生的病，治療的捷徑永遠來自上面，能量來自越上面的層次，解決或治療起來就越快、越有效。

做個【猜猜看】練習

前面講到，其實不只是人的身體，世界上任何東西分析到最後都是振動，「任何東西」能量結構越粗重、越有形體、越「物質化」，它的振動頻率就越低；能量結構越輕微、越沒有形體，也就是說越「非物質化」的東西，它的振動頻率就越高。

以下的三章（第三、四、五章）我們將討論到人生目的、意識以及意識的振動頻率，貫穿在這幾個主題之下的共通概念就是「振動頻率」，下面要請讀者先做一個有關振動頻率的【猜猜看】練習。答案在下一頁。

【猜猜看】

1. 人的歌聲和玻璃杯相比，哪一個振動頻率高？	人的歌聲	玻璃杯
2. 有憂鬱症的人和快樂的人相比，哪一個振動頻率高？	有憂鬱症的人	快樂的人
3. 石頭跟人體的肌肉相比，哪一個振動頻率高？	石頭	人體的肌肉
4. 人的情緒和人的肌肉相比，哪一個振動頻率高？	人的情緒	人的肌肉
5. 在「人的意識」這個項目裡，**憤怒**和**原諒**相比，哪一個振動頻率高？	憤怒	原諒
6. 在「人的意識」這個項目裡，**勇氣**和**理性**相比，哪一個振動頻率高？	勇氣	理性

在講堂上課的學員也被要求做了以上的【猜猜看】練習，顯然第6題（「勇氣」和「理性」相比，哪一個振動頻率高？）的難度最高，因為幾乎每一次上課，選擇「勇氣」（courage）和選擇「理性」（reason）的人數都相差不遠，尤其是第一次聽講的學員，幾乎80％都會選擇「勇氣」作為振動頻率高過「理性」的答案。為什麼會這樣？人的各種意識是可以互相比較高下的嗎？在下一章的第四節裡有答案，並提供相關的解釋。

【猜猜看】解答（答案為右邊有☑者）

1. 人的歌聲和玻璃杯相比，哪一個振動頻率高？	人的歌聲☑	玻璃杯
2. 有憂鬱症的人和快樂的人相比，哪一個振動頻率高？	有憂鬱症的人	快樂的人☑
3. 石頭跟人體的肌肉相比，哪一個振動頻率高？	石頭	人體的肌肉☑
4. 人的情緒和人的肌肉相比，哪一個振動頻率高？	人的情緒☑	人的肌肉
5. 在「人的情緒」這個項目裡，**憤怒**和**原諒**相比， 哪一個振動頻率高？	憤怒	原諒☑
6. 在「人的意識」這個項目裡，**勇氣**和**理性**相比，哪一個振動頻率高？	勇氣	理性☑

第三章 人生目的

第一節　三個不同層次的人生目的

上一章向讀者們大致介紹了人的四個身體次元，而其中第二高振動頻率的「意念體」導管最上面的一點，其實就是讓葛瑞絲「向死而生」的關鍵，因為它有著神聖的人生目的。為什麼說它是神聖的？因為它有別於「私人」的「人生目的」。而雖然有別，這兩者卻都是與生俱來，同時伴隨著人的一生。

讀到這裡，讀者可能會問，人生目的怎麼能既是神聖，又是私人？除此之外，是否還有其他面向的人生目的？這些不同面向的人生目的，是如何運作，又是如何共同影響人生的最終方向呢？

沒錯，人生目的可以有不同的面向。依照構成人的四個不同次元層次，我們把人生目的歸納為三大類：

一、與生俱來，位於意念體次元的「神聖人生目的」。

二、與生俱來，位於三個低階的能量體，由因果業力主導的「私人人生目的」。

三、此生出現，同樣位於三個低階的能量體，由慾望主導的「世俗人生目的」。

這三種不同面向的人生目的，就其產生的因由及所在的層次，固然彼此有別；但就作用而言，卻仍然同時影響著個人所造作的一切思想、行為。也許或隱或顯、或強或弱，但終究都是由這三個面向的人生目的，共同引領著人的人生道路與最終方向，差別僅在迷與悟的程度及善根福德與惡業因果的比重而已。畢竟在此生結束時的人生回顧大會上，依這三種不同面向的人生目的所造作的一切，都會同時拿出來一併結算。而這也是我們前面所說，提升振動頻率的實踐目標：「回歸『神聖人生目的』來觀照並淨化那些受『私人人生目的』及『世俗人生目的』所主導的一切習性。」

第二節　因果業報主導的「私人人生目的」

首先，容我帶領大家去回憶在第一章談論到的「人生目的」的部分，我們談每個人在死後的中陰階段裡，都會出席為自己召開的「人生回顧會議」，會議的主要目的是回顧我們的過去生之所感、所想、所做、所為，並依此而決定我們將來的前途，大會依據什麼來決定？依據一齣根據個人名字命名的「『私人』人生回顧」電視劇，假設主角人物仍然是本書第一章所舉例子中的主角A君，那麼這齣電視劇的名字就叫做「A君『私人』人生回顧」電視劇，所有大會的出席者將和A君一同觀看，大家邊看邊決定A君的「主報」和「餘報」，而此處的「私人人生目的」就是在討論「餘報」時所產生的。

由於大多數人的「餘報」皆牽連本人錯綜複雜的業力，大會所討論出來的「私人人生目的」也都不外乎錯綜複雜的「欠債與還債」、「報復與被報復」、「施恩與報恩」……的範圍，這些「私人人生目的」攜帶大量的負面意識，其振動頻率通常是屬於「低」的範圍。

有鑒於此，慈悲的宇宙為了幫助A君提升，便藉著大會眾「靈」之手，在大會上賦予A君另外一套有著「高」振動頻率的人生目的，即神聖的三大「靈性人生目的」，並寫入他的「人生藍圖」（即「人生目的計劃書」）中，讓A君到三維人間做人之後，用他一輩子的時間，慢慢地透過一點一點的覺悟，將「私人人生目的」融入「神聖人生目的」，那麼，A君的振動頻率也可能在這一世有所提高，當A君死亡的那一刻，他的振動頻率必然就高過他出生時的振動頻率，這又是宇宙慈悲用心的另一明證。

講課講到這裡，曾有一位學員發問：「為什麼慈悲的大會這麼不重視人的『隱私權』？難道我『私人』的人生目的不能由我自己訂嗎？一定要經過公開討論之後大家幫我一起訂嗎？」

我的回答如下：「我們所在的這個大宇宙所運行的原則之一就是，越高維度的能量越『合一』，越低維度的能量越『分離』。我們今天生活在振動頻率比較『低』，或者說是比較『物質』的第三維度，在第三維度的能量是『分離』的而不是『合一』的，當我們死後進入第四維度的『低階』（參閱本書第四章），第四維度比起第三維度要更『合一』，彼此間的溝通方式也更『透明』，幾乎毫無『隱私權』可言，我們在開會的時候是處於第四維度，你的事就是大家的事，所以你下一世的人生目的，自自然然就會變成是大家共同努力的結果。」

其實，這位學員的問題是出於對「私人人生目的」這個詞的誤解。所謂「私人」，講的是因果業報的「自作自受」本質，無關乎隱私；而因果業力的作用，基於宇宙的法則，具有不可迴避的必然性，有因就有果，所以，也沒有所謂自己決定與否的問題。

第三節　受慾望驅使的「世俗人生目的」

而除了前述兩組出生之前的人生目的（「神聖的」和「私人的」）外，其實，我們每個人還有第三個面向的人生目的，出現在我們出生之後。這最後出現的人生目的不如「神聖人生目的」這麼神聖，振動頻率也低很多，它存在於七個能量體中屬於「人」的三個身體。它們是我們的父母、社會和文化等這些世俗價值幫著我們一起訂出來的，那就是由慾望所驅使的四大「世俗人生目的」——對「名、利、權、情」的人生四大追求。

人世的慾望——名、利、權、情

名利權情：第一個慾望「名」

「名」是什麼？就是名聲，就是我要讓人知道我是誰，每一個人都有這樣最基本的慾望。我們一出生後就有個名字，當我們年紀稍長，我們的父母和師長不是常常希望我們將來能夠「出人頭地」嗎？他們就是在教我們如何滿足「名」的慾望。比如前面舉的例子，有條件的愛的三個例子之中的最後一個，也就是那個小女孩把家裡的剩飯剩菜給乞丐老婆婆吃這件好事，小女孩內心的渴求是什麼，她需要什麼，追求什麼？就是這個「名」，她期待得到好名聲，期待大家都知道她本性善良，大家便都會喜歡她，都會愛她，她做起任何事情都非常順利，這就是她的回報。但是，也就是這種追求「名」的慾望，讓她本自具有的無條件的愛變質了，變成有條件的愛，使她不能在死後「揚升」到更高維度的世界。

名利權情：第二個慾望「利」

「利」是什麼？就是利益，三維世界的利益可以拿錢作為代表。錢的好處太多了，毋需列舉，我們在沒錢的時候想要有錢，有錢之後想要更有錢，人人都要錢，沒有人不要錢，而我們出去工作不就是為了要賺錢嗎？

名利權情：第三個慾望「權」

「權」是什麼？權就是權力、英文叫 power，權力代表控制，當我們越有權，代表著地位越高，能力也越強，能控制的因素就越多——控制別人、控制外在環境……等等。

名利權情：第四個慾望「情」

情不是愛，更不是大愛或無條件的愛。前面一章我們談了許多無條件的愛，無條件的愛不是基於慾望，也不是因為需要，是不要求回報的愛。這裡所談的「情」是指男女間的「性慾」和「情慾」，任何一對男女間的關係都是建立在「慾望」之上的，我們的身體從十多歲就開始分泌荷爾蒙，於是開始有了「性慾」和「情慾」，開始有了要找另外一位異性跟我們交配，交配之後共組家庭，然後生兒育女，這個「性慾」和「情慾」是奠定人類社會家庭模式的基礎。這麼說，難道男女之間就沒有愛，或者說男女之間就沒有無條件的愛了嗎？當然不是，但我們可以說，男女之間是最不容易產生無條件的愛的，為什麼？

一、剛才講過男女關係是建立在「慾望」的基礎上，它本身就是有條件的，如果我是個男人，要找個對象，條件是對方必須是個「女人」，這就是條件，而且是對我「有吸引力」的女人，又一個條件；若再繼續推衍下去，每個人都可以列出至少幾十個條件。

二、男女之間的情愛是要求「回報」的，除非當事人特意去培養，不然很難克服其「排他性」而轉變成無條件的愛。為什麼說男女情愛有「排他性」？因為男女情愛在本質上是基於「需要」，有需要就會有所「期待」——期待別人的「回報」；有期待就會有「情緒」——如果得到回報，我就感覺快樂；如果沒有得到回報，我就感覺失望、沮喪。可以得知，人的情緒浮動，往往基於慾望或需要是否被滿足。我身體裡有性衝動或性慾，我「需要」找一個符合我列出的條件的人來行使我的性衝動，同時，我也「需要」這個人能像我對待他一樣的對待我。不僅如此，我「需要」他只對我一個人好，我「需要」他不對其他人好，這就是男女情愛的「排他性」。作為人類，我們每一個人都有「認為」和「感覺」自己重要性的需要——感覺自己是獨特的，是重要的，也是被人需要的，這樣才能賦予自己生存的價值。這也是為什麼自殺的人往往認為自己一文不值，因為他們既「認」不出也「感覺」不出自己生存的價值。

男女雙方都認為我的情愛是一個多麼獨特的珍寶——我花了這麼多時間和精力才找到符合我條件的人，所以這個符合我條件的人也需要把我當成他唯一的珍寶，我需要他只對我好而不對其他人好。因為他應該也是花了這麼多時間和精力才找到符合他的條件的我——這樣才能顯得出我的獨特性和我的價值，所以他不能對待他人像對待我一樣。換言之，他不該在愛我的同時也去愛其他人，這就是男女情愛特有的「排他性」。

以上對於名利權情人的四大人生目的已稍作解釋。為什麼說名利權情是「出生後」的人生目的呢？因為它是在我們出生之後，父母、社會、文化，慢慢地、一點一滴地幫我們訂出來的，每一個出生在三維人間的人類，基本上總是在追求這四樣最基本的慾望。

埋首名利權情，積累負面意識

然而，這裡產生了一個大問題，這個問題是：如果我們只知道出生之後去滿足四種慾望名利權情的人生目的，而不知道我們出生前也有人生目的，在人與人的關係上有什麼影響？

首先，我們在三維人間的一輩子給不出無條件的愛，我們所發出的愛很可能都是有條件的。除了給不出無條件的愛，還有一個更大的壞處。因為人一生苦苦追求的名、利、權、情都帶不走，但是，它的「副產品」及其「副作用」將全數帶走，不留下任何一個。如果把這個觀點放入人際關係的架構上來說，那就是你付出「有條件的愛」的「成果」是帶不走的，但是，你在付出「有條件的愛」的過程當中，所培養出來的「意識」全都帶得走。

在追求名利權情的漫長過程中，不可避免地將產生許多「副產品」，就是我們的「意識」（想法、認知、情緒、感受……的總和），將在我們死時全都帶走。就以本書前面兩章都提到的小女孩幫助乞丐老婆婆的例子，小女孩要的、所追求的就是「名」，她在活著的時候的確也得到好名聲（她名聞鄉里，還曾接受過類似於「好人好事」的表揚）。可是，死了之後她帶走名聲了嗎？答案是沒有，因為名聲是帶不走的。但是這個小女孩生前追求好名聲的這種「意識」副產品是跟著她的，所以這是為什麼她在死後跟不同維度的「靈」們開會時，大家都解讀到她當下的「意識」是要別人回報的，因為她生前所做的好事都是期待別人的回報。也因此，她的下一世理所當然的與乞丐婆婆成為一家親，我們假設乞丐婆婆變成小女孩的兒子，那麼「做媽媽」的這個角色可能就不好當了。

我們再以第二個慾望「利」為例來說明死後帶走的負面意識。一個人生前再有錢，死後帶得走嗎？當然帶不走，但是，生前為了讓自己有錢所產生的種種「**意識**」，比如說要與別人競爭。順便在這裡提一下，在更高的維度比如五次元維度的世界，是沒有競爭的，為什麼越高的維度越沒有競爭？因為越高維度的意識越知道宇宙是豐富的，從來沒有匱乏，所以不必去競爭。讓我們回頭來說競爭，這種競爭意識可能會讓你小時候特別看不順眼，或是嫉妒班上家裡經濟環境比較好或是成績好的同學，這種種「意識」（包括感覺匱乏、嫉妒、看不順眼、要競爭……）帶得走嗎？當然帶得走。

在你長大以後，這種要「跟人競爭」的意識為了要掙更多的錢，你拚命努力的工作，超過了自己的極限，因此工作過度，這種意識（工作過度也沒關係）在死後帶得走嗎？不但帶得走，連後果也會直接帶到下世，有些情況不等下一世，在這一世就已經出現果報了，這其實是最簡單的「因果原理」，或者是叫做宇宙大自然的「平衡原理」。就拿這個「工作過度也沒關係」的意識來說，你種下工作過度這個原因，那麼你不但在這一世可能就會收到果報，比如身體垮了、生病了，而且這個病將尾隨主人到做人的那一世，也就是說，很可能你下世做人時的身體會有缺陷，比如可能天生就有腸胃方面的毛病，或是精神上的狀況諸如緊張、焦慮，或失眠。但是，請讀者們注意，即使你下世有因為上一世工作過度而導致這一世的任何缺陷或疾病，病情再嚴重，一般都不會有別人來照顧你的病痛及生活起居。聰明的讀者能明白為什麼嗎？請大家想一想，在上一世傷害你的是誰？不是別人，是你自己，是你自己過度工作而傷害了自己的身體，既是你上一世種的因，下世當然是「你」來收這個果。

除了「工作過度」這個原因之外，我所見的「傷害自己」還包括酗酒、吸毒、上網打遊戲上癮……，任何「上癮」的情況都是「傷害自己」，而其中最嚴重的當然是自殺。

講到這裡，往往有學員會問我，剛才說的是「傷害自己」，將來自己可能必須承受「沒有別人照顧的病痛」的果報，但如果換一種情況，在上一世傷害我的是別人又如何？答案就另當別論了。

傷害與報復的輪迴——證據的顯化

別人傷害我，一般人是一定要報復的，在這裡特別提醒讀者，人只要一生氣，小自「一點點」生氣或「微微」不高興，大至極端憤怒，接踵而來的一定是想「報復」的意念。生氣是一種「情緒」，報復是一種「想法」（還記得第二章談到的人的兩個能量身體嗎？情緒和想法分別屬於不同的相鄰能量體），它們兩個就像銅板的正反面，如影隨形，人只要一生氣，一定要報復。

因此，上面的問題：假設在上一世嚴重傷害我的是別人，我當然生氣，當然心存報復，而慈悲的宇宙為了讓我完成報復的心願，可能安排下一世的我病得嚴重，嚴重到需要別人來照顧（「報復」的人必須攜帶「證據」到下一世使之「顯化」，我生著嚴重的疾病就是「顯化」的證據）。反過來說，只要我心存報復某個人的想法，我與他見面的下一世，自然就不可能有一個健康的身體，或健康的心態，或幸福美滿的人生；而這個照顧我的人，可能就是我要報復的人，這樣才能讓沒有能力照顧自己的我達到報仇的目的。

上課講到「證據」時，也會有學員問我：「證據」一定是肉體上的疾病嗎？不，有時是精神上的疾病。舉一個實例來說明，我認識一對父女，在前世裡是婆媳關係，兩人關係很不好，更正確的說，婆婆很厭惡媳婦，媳婦當然也不喜歡婆婆，但是由於婆婆在家中地位高過媳婦，媳婦只好百般忍受婆婆各種刁難，最後媳婦抑鬱而終。這一世兩人成為父女，父親是前世的媳婦，女兒是前世的婆婆，父親在四十多歲時被診斷為「躁鬱症」，原本在外讀大學的女兒只好回到家中長時間照顧父親（我見到她父親時已六十多歲）。在這個案例裡，「躁鬱症」是一種精神上的疾病，是媳婦為了報復而帶到這一世顯化的「證據」。

下頁的表格是把目前所談到的三種人生目的並列比對，做個小整理。

第四節　提高振動頻率的「神聖人生目的」

以上所談論的，是如果只知道慾望的人生目的，而不知道神聖的人生目的，我們所付出的愛全是「有條件的愛」；下面將談一談高振動頻率的「神聖的人生目的」，在出生前，慈悲的宇宙已將一組「神聖人生目的」寫入我們的人生藍圖裡，好讓我們有一天能

表3-1　人生的三種目的

	神聖的人生目的（出生前）	私人的人生目的（出生前）	世俗的人生目的（出生後）
人生目的	提升自己的振頻 提升別人的振頻 提升世界的振頻	依個人的情況而定	追求名 追求利 追求權 追求情（性慾和情慾）
誰訂的？	自己和來出席大會的「靈」們一起訂的	自己和來出席大會的「靈」們一起訂的	自己和三維人間的父母師長，及所處的社會、文化一起訂的
何時訂的？	出生前的四維世界，在人生目的會議上	出生前的四維世界，在人生目的會議上	出生後的三維人間
花多少時間訂？	一次性	一次性	慢慢地、可能是一輩子
振動頻率高低	振動頻率高	振動頻率低	振動頻率低
存在於人體中的哪個身體？	存在於意念體	存在於七個能量體中屬於「人」的下部三個身體	存在於七個能量體中屬於「人」的下部三個身體
是否包含在人生目的計劃書（即人生藍圖）裡？	是	是	否

明白什麼是「無條件的愛」。

「神聖人生目的」的三個次第

「神聖的人生目的」包含三個項目，那就是：

一、提升「**自我的**」振動頻率。在所有目的中，這第一項目的佔有最重要、優先的地位，它是其他兩個目的的基礎。我們要讓自己在死亡時的振動頻率，高過投生時的振動頻率。

二、提升「**別人的**」振動頻率，特別是家人。「別人」是指我這一生中所遇見的每一個人，但是，由於家庭是業力啟動及運作的場所，家庭裡的成員通常也是和我們業力牽扯最深的（包括好的及不好的業力），因此建議先從提升家人的振動頻率開始做起。

三、提升「**世界的**」振動頻率。通常提升了前面兩個目的之後，這第三個目的也自然被提升起來。然而，我觀察到許多人本末倒置，他們忽略了最根本的事（提升自我的振動頻率），反而先去做他們以為對「世界的」的提升，這些人將大把的時間和精力奉獻出來去做志工，但是對於提升「家人的」或「自己的」振動頻率絲毫不感興趣，也不懂得珍惜自己的身體，這其實是捨本求末、逃避人生責任的做法，著實令人扼腕。下面我們從第一個目的——提升「自我的」振動頻率開始談起。

提升「自我的」振動頻率

神聖人生目的的第一個目的是：讓自己死亡時的振動頻率高過投生時的振動頻率。讀者可能會問我，我們怎麼知道，死亡時的振動頻率是高過，抑或低過出生時的振動頻率？「振動頻率」可測出高低嗎？

本書從第二章開始就不斷地出現「振動頻率」這四個字，事實上「振動頻率」是作者的一把量尺，在第二章向大家介紹「人的四個次元身體」，就是以這把量尺來排列高低順序。在第三章前半部分所談到的三種「人生目的」也經常用到了這把量尺，下面我仍將拿著「振動頻率」量尺，我們要測量的是人的「意識」，只不過美國的一位霍金斯博士也早已事先幫我們測量好了。

意識的振動頻率

人的每一種意識和其他任何東西或事物一樣，也有它特定的振動頻率，美國精神病醫師大衛．霍金斯博士（David Hawkins M.D. Ph.D.）在他二〇〇二年出版的書《心靈能量：藏在身體裡的大智慧》（*Power vs. Force*）裡，解釋十七種人的意識的振動頻率。在他的書裡，「意識」指的是觀點、態度、世界觀、靈性信念等。霍金斯用**臂力能量測定法**（肌肉測定法）測定意識能量，經過接近三十年長期的臨床實驗，他發現人類各種不同的意識層次都有其相對應的能量振動頻率指數。他把人的意識映射到1-1000的頻率標度值範圍，一共劃分為十七個能級。以200為中間值（就等於我們觀念裡的0），高於0的振動頻率得到正（+）分數，為正面意識，低於0的負（－）分則為負面意識。

當然，人的意識很少只屬於特定的某一種，意識能量等級總是混合的。比如說，我是屬於「驕傲」的這個等級，但是，我在生命中的某一個面向可能是很「恐懼」的，另外一個面向可能是「有勇氣」的。霍金斯在書裡解釋，「人類意識能量等級表」講的是一個人的「總體」意識，是這些不同面向等級所產生的總和。而這某種意識，例如「驕傲」是遍布在那個人所有的動機和活動中，或說「驕傲」就是那個人的基本調子。

前面在談到第一個「提高『自己』的振動頻率」的人生目的時，我曾說要「讓自己死亡時的振動頻率，高過投生時的振動頻率」。根據霍金斯的估計：「個人出生時所測定能量場，一生平均只增加大約5分，……儘管如此，仍有可能出現突然的正面跳躍，甚至意識提升數百分之多。如果一個人能夠跳脫來自等級200以下……，有意識的選擇友善、誠摯、仁慈、寬容的態度來面對生命，最終將仁慈待人作為生命的第一要務，那麼，更高的意識能量等級是可以達成的。這個修習的過程需要無比的意志力。」

霍金斯的估計是一般人一生只大約提升5分，雖然符合了作者所說「要讓我們死亡時的振動頻率，高過投生時的振動頻率」，然而，僅提升5分，只能讓我們在原地踏步，在死後仍然回到原地的三維人間，不足以讓我們往上「揚升」到四維的天堂（天界）。

表3-2　人類意識的能量等級分布圖

【正面意識】		
1. 開悟： 700—1000		
2. 寧靜： 600 分		
3. 喜悅： 540		
4. 愛： 500		
5. 理性： 400		
6. 接納： 350		
7. 樂觀： 310		
8. 淡定： 250		
	9. 勇氣： 200	
		【負面意識】
		10. 驕傲： 175
		11. 憤怒： 150
		12. 慾望： 125
		13. 恐懼： 100
		14. 憂傷： 75
		15. 冷漠： 50
		16. 內疚： 30
		17. 羞愧： 20

揚升的基礎——「無條件的愛」

任何人在死後想要揚升到天堂，必須具備某種程度的「無條件的愛」，這是唯一的方法，這意味著，我們一定要在生前培養出無條件的愛，死後才有機會揚升，進入高階的第四維度。在霍金斯的表格裡，「愛」是500分，假設我是一個「整體意識」為「冷漠」的人，得分50，需要提升450分，在死後才有機會上天堂。

下面幾段話摘錄自霍金斯的書裡，是他對「愛」的詮釋：

大眾傳播媒體所描述的愛，不是我們在這個等級要談論的愛。人們一般所謂的愛是一種激烈的情感狀態，綜合的肉體的吸引、佔有、控制、上癮、色慾及新奇的成分。它通常十分脆弱而且劇烈變動，隨著各種情況消長變化。

受挫時，這種情感表面下所掩蓋的憤怒和依賴經常會被掀出來。由愛生恨是很普遍的認知，不過以上所說的就有可能是一種情感的上癮症，而不是愛。在那樣的關係裡，真正的愛可能從來不曾存在。因為仇恨是來自驕傲，而不是愛。

等級500所標記的是一種無條件、不會改變、永久的愛的發展。它不會起伏波動——因為它的來源不依賴外在因素。愛是一種存在狀態，他對世界的態度是寬恕、滋養和支持的。愛不是智識性的，不是出於頭腦的，愛從心向外散發出來。它擁有提升他人、成就不凡偉業的能力。因為它的動機單純無瑕。

在這個階段的發展，擁有洞察本質的能力是其主要特徵。問題的核心成了關心焦點。由於繞過了理性，升起了瞬間對問題擁有全盤認識，以及大幅擴展脈絡的能力，特別是在時間和過程方面。理性處理的是細節，愛處理的是全部。這通常歸功於直覺的能力，無需透過序列式的象徵符號處理就能瞬間瞭解。這個看似抽象的現實事實上相當具體，它總是伴隨腦中可觀的腦內啡分泌。

愛沒有特定立場，因此是普遍性的、超越分別的。因此，彼此合一是可能的，因為障礙已不再存在了。愛也因此而能廣納一切，並逐漸將自我感延伸出去。愛關注的焦點是生命的良善，著重的是它的一切正面表現和擴展——它藉由重新賦予新的脈絡來消融負面性，而非攻擊。

這個等級擁有真正的幸福快樂，不過雖然世人對愛這個主題十分著迷，而且所有可行宗教的測定值也都在500或500以上，有趣的是，世界上只有區區百分之0.4的人口曾經達到這個意識進化的層次。

其他的正、負意識項目

其實，除了霍金斯所研究的十七種意識，還有其他未列入上面表格的意識，都能幫助我們提升自己的振動頻率。下面是一份我暫稱之為「拉雜正負意識名單」，名單裡是**拉雜雜**的意識，有些來自某些高靈直接的開示，有些是我個人的體悟，有的來自某些書籍，當時認為有道理便抄錄下來，事後卻忘記是從哪一本書上抄錄下來的，建議讀者，從此刻開始，請「有意識地不做這些事」，如果發現自己有了或已經做了，要盡快改正。

■具有以下的意識，或做以下的事，會降低人的振動頻率：生氣、報復、貪婪（喜歡的還想多要）、說髒話、說出以下的想法或話語：帶威脅性的（「你如果不……，我就要……）或家人吵架時的句型（「你每一次都……」，對方說：「我哪有每一次……？」）、負面思想、拒絕做決定、懶散怠惰、過度工作、迷惑的、執著於生活的傷害、緊張、立刻轉發別人傳來但未經證實的訊息、處在喧鬧吵雜的城市中、明知可能無能力還錢但向人借錢時騙自己說「我將來會還錢」、具有貧窮意識（如過分節儉）等等。

■具有以下的意識，或做以下的事，會提升人的振動頻率：慷慨、豐盛、歌唱、歡笑、待在美麗和大自然的環境、寧靜、愛、清晰、放鬆、發自內心的擁抱、靜心、喜悅、下定決心、由衷地欣賞並讚美別人的優點……。

提升他人的振動頻率

以下要講神聖人生目的第二項目的：提升他人的振動頻率。

——「他人」是指每一個和我們接觸的人，由於「家」通常是業力啟動和顯化的場所，因此建議從家人做起。

——提升別人的振動頻率，不等於你去修與他人的「人際關係」，也不等於你和一個原來關係不好的人「重歸於好」，更不等於你縱容他人的錯誤。以下舉例說明為什麼「縱容他人的錯誤」不是我們的人生目的。

「縱容他人的錯誤」並非正向的人生目的

一位母親生了三男四女一共七個孩子，由於這位母親生在一個重男輕女的時代，她對自己的兒女也因性別差異而有明顯的差別待遇，好東西總是留給兒子吃。兒子之間打架，媽媽會打旁觀的女兒，理由是女兒沒有讓兩兄弟不打架，以至於兩兄弟受傷掛彩。女兒們到達青少年期就必須出外工作賺錢養家，媽媽雖然有心想培養兒子們成材，期望他們能繼續升學，將來光耀門楣，但兒子們從小就對學習不感興趣，一個一個讓她失望，特別是兩個小的兒子，老五和老七。老五在十五歲時加入當地的幫派開始吸毒，老七很早就有了酒癮，雖然如此，做母親的對這兩個兒子仍然疼愛有加。雖然在人前也會責罵他們，但私底下只要兒子開口要錢，做母親的明知他們要錢的目的不簡單也並不「正當」，仍然想方設法向女兒們要錢，來滿足兒子們的需求。

老五和老七長大後也各自娶妻，但由於兩人都沒有工作，因此這兩個兒子就繼續跟父母住一起，父母特別加蓋兩個樓層，好容納兩個兒子的家庭。至於老五、老七的家庭所需要的生活雜費，這位媽媽就要求已經不住在家裡的四個女兒（三個已婚住在婆家，有一個未婚，在外工作自食其力），每人每月拿一些錢給媽媽，媽媽統籌調度來自四個女兒的錢，用來養活三個家庭（自己這對老夫妻，和老五、老七的家庭）。後來，小兒子由於長年酗酒，酒精中毒太深，四十六歲時死於酒精性胰臟炎。再過十年，媽媽也死了，享年七十九歲。

故事到此，讓我們來猜一猜並回答一〇五頁幾道有關「餘報」的問題。由於作者認識故事裡的兩位主人翁（下一世），因此知道下列問題的答案，答案將公布在一〇六頁。

我們的神聖人生目的有三：提高「自我、別人、和世界」的振動頻率，前述例子裡的母親，她自己不提升（一生都不改她重男輕女的意識和行為），當別人（兩個兒子）有錯（酗酒、吸毒、不找工作自食其力，伸手向父母要錢……），母親不但不去幫助兒子提升，反而縱容兒子繼續犯錯，母親的意識和行為是非常嚴重的錯誤，單就這一個錯誤，足以讓母親得到下墮地獄的「主報」。兩個兒子來人間投胎時也是各自帶著「人生目的計劃書」（計劃書裡明列出「神聖」和「私人」兩種人生目的），母親一生的意識和行為可以說是「阻礙」兒子提升，更精確的說，母親阻礙兒子去實踐「神聖人生目的」。

其實，這例子中的母親的意識和行為，在我們目前的三維世界裡極為普遍，他們「無知地」錯認「縱容」或「溺愛」為「愛」，對自己「阻礙別人提升」這件事毫無所知，這種情況最常見於父母對孩子的關係，偶爾也見於夫妻之間（比如妻子「容忍」丈夫在外有情人或小三）。

講課講到這裡，學員們常問我：「那麼，當別人犯錯時，我該如何去對待？」

關於「餘報」的問題

問題	選擇A	選擇B
1. 小兒子和母親會有下一世嗎？	會	不會
2. 若有下一世，兩人會是什麼關係？	家人的關係，如母子或夫妻關係	朋友關係
3. 小兒子在死後觀看人生回顧電視劇時，看到媽媽對待他的方式，他有下面哪一種情緒和想法？	感恩媽媽對他的好	生氣媽媽，不但沒有幫助他提升，反而阻礙他成長，使他降低振動頻率，達不成神聖人生目的
4. 如果讀者對第3題的選擇是生氣媽媽，由於人一生氣一定想要報復，報復媽媽阻礙他達成「提升自我」，大會同意嗎？	大會不同意	大會同意
5. 若大會同意報復，小兒子下一世的身心健康狀態如何？	肉體上：健康 心理上：健康	肉體上：從小就患各種重病（與酗酒有關） 心理上：有精神性疾病（酗酒傷害他的腦神經系統）
6. 兩人下一世的關係如何？	關係良好	關係不好

我的回答是：首先，要先確定別人是在犯「真正的錯」，而不是在犯「我認為的錯」。因為我所認為的錯往往是從對我最有利的觀點出發，這是被「名利權情四大慾望」扭曲之後的觀點。明白了這一點，下一步再以「三大神聖人生目的」作為評斷對方的行為是否犯「真正的錯」的標準：他的行為能否提升他的自我、別人、世界的振動頻率？

如果在審查之後，確定對方是在犯「真正的錯」，我們才能談下一

「餘報」問題的答案（前有☑者為正解）

問題	選擇A	選擇B
1. 小兒子和母親會有下一世嗎？	☑會	不會
2. 若有下一世，兩人會是什麼關係？	☑家人的關係，如母子或夫妻	朋友關係
3. 小兒子在死後觀看人生回顧電視劇時，看到媽媽對待他的方式，他有下面哪一種情緒和想法？	感恩媽媽對他的好	☑生氣媽媽，不但沒有幫助他提升，反而阻礙他成長，使他降低振動頻率，達不成神聖人生目的
4. 如果讀者對第3題的選擇是生氣媽媽，由於人一生氣一定想要報復，報復媽媽阻礙他達成「提升自我」，大會同意嗎？	大會不同意	☑大會同意
5. 若大會同意報復，小兒子下一世的身心健康狀態如何？	肉體上：健康 心理上：健康	☑肉體上：從小就患各種重病（與酗酒有關） ☑心理上：有精神性疾病（酗酒傷害他的腦神經系統）
6. 兩人下一世的關係如何？	關係良好	☑關係不好（小兒子虐待上一世的媽媽）

步：「該如何對待別人犯錯？」答案是，規勸他至少兩次，不超過三次。「規勸」是指理性且不動氣地規勸，而不是生氣地、更不是吵架式地規勸。為什麼至少兩次，又為什麼不超過三次？因為一般人需要超過一次的提醒；兩次是你心懷慈悲，給對方另一次機會；三次恰恰好，顯示你除了慈心之外，也有耐心；三次以上則顯示你是個有強迫意識的人，需要學習如何提升「自我」的振動頻率。

學員們接著會問我下

一個問題：「如果對方不聽勸怎麼辦？」對方聽不聽勸完全是對方的事，對方有他「私人」和「神聖」的人生目的，只有他有權利和義務去找出並實踐自己的人生目的，即便你身為他的父母或夫妻，也無權干涉有關他人生目的事。請先瞭解「規勸」的意義：規勸在於提醒而不是強迫，規勸在於你盡了你的義務，因此能夠避免將來「下墮」的「主報」。換句話說，你的規勸只是以一個「旁觀者」的身分去提醒他不要犯錯，這個提醒能讓你避免死後的「人生回顧大會」賦予你的「主報」——「明知他人有錯而不提醒，等同於『故意』阻礙他人提升，因此將下墮到一個很不好的地方」。

第五節　什麼是業力？

上面在談「縱容他人的錯誤」而舉一個母親和酗酒兒子的例子之前，我提到「家」通常是業力啟動和顯化的場所，下面要向大家解釋什麼是業力。

——業力是我們的許多前世的意識，包括正面及負面的意念、言語、行為所形成的一份「資產負債表」。為了提升自我的振動頻率，我們必須先要平衡自己在先前轉世經驗中的因果業力。

——每一個思想、情緒、言語、行為都是振動頻率，也都有引力，都會吸引相同振動頻率的人、事件和情境。

——本書到目前為止，討論到的業力大多有特定來源或對象，就是與此業力事件有關係的「關係人」，比如甲對乙做了有傷害性的事，乙因而生氣，之後就有業力……。其實，還有一種業力是來自廣大的宇宙，暫且稱之為廣泛的「非關係人」的業力。我產生的每一個意識，都會牽涉到宇宙間其他許多「存有」的意識，他們每一位產生的意識都會構成引力，而對我產生作用，所以，當我有一天受這件事的果報時，果報並不只來自有「關係」的一方，而是受著多方面意識所引發的引力，而有著果報。

比如B君在網上讀到了C君拿美工刀去傷害路人的新聞，在B君的記憶庫中可能過去有類似的事情，頓時感覺「似曾相識」或「這件事很好玩，可以試試」，B君一時心癢難抓，也由於他正好有一把類似的美工刀，於是**躍躍欲試**，升起了模仿的念頭。B君產生的念頭即為一種引力，對C君也有引力作用，不管是對B君或C君來說，都稱為業力。

再舉一個「廣泛業力」或「非關係人業力」的例子。我發出去的任何起心動念，就像在岸邊的我，丟一顆石子到池塘裡，池塘的漣漪向外化開，當漣漪碰到池塘的岸邊，又會回到我這邊，所有我發送出去的意識（想法、情緒，或兩者的總和），都會回歸到我身上。我若在此刻發出一個意念，同時，在阿拉斯加的魚也會接收到這個意念，當然這隻魚的「意識」是不知道的，但是魚的「潛意識」知道，也就是說，魚的「潛意識」會接收到我的意念發出的訊號，這條魚接收之後自然也會有反應，這條魚的反應將回到我的潛意識裡，而我的潛意識對魚的反應也會有反應……。如此來來去去，就形成了我與阿拉斯加魚之間的網絡。當我與世界萬物之間的這種網絡疊加在一起，就成了「天羅地網」，而這天羅地網就是業力。

——業力不是懲罰，只是宇宙去「平衡」各種不平衡的自然衝動。

——業力也像鏡子的反射，我們的外在就是內在的一面鏡子，因為我們在外遇到的所有事情，是我們內在意識（想法、情緒）的「顯化」和表現。生活中的外在環境，會精確地反映出我們的內在意識。

——我們最終都必須為自己產生的每一個思想、說過的每一句話、做的每一個行為負起全責，而且將體驗到和我們所造成的痛苦一模一樣的受苦經驗，這就是業力。

第六節　闡釋私人與神聖人生目的之作用

下面我將講一個自閉症孩子與母親的業力故事來解釋業力及三大神聖人生目的。

故事背景

我過去二十多年在美國的紐約市從事語言治療師這個職業。十多年前的某一天，我接了一個從美國政府部門轉來的嚴重自閉症個案。這是一個大約三歲的孩子，他有嚴重自閉症，大部分的自閉症也伴隨著智障，所以這是一位既有嚴重自閉兼智障的孩子，我們暫且稱他為達倫（Darren）。

通常接了案子的第一次會面，我都會要求所有照顧孩子的人出席，這樣我就可以根據我所觀察到的他們之間的互動模式，進而建議每一個人回家之後可以對孩子做些什麼，這樣我們兩方面通力合作，就能幫助孩子。所以，這一天達倫的媽媽帶著孩子，還有兩個保母一起出現在我的工作室裡。

他們離開的時候，我對達倫的媽媽（以下簡稱倫媽）說，請妳再來一次，就一個人來。倫媽隔了一天果真來了，這次是一個人來的。我對她說，「我要說一些讓妳嚇一跳的事情，在聽完我說的話之後，如果妳不喜歡，那我當然就不接達倫這個案子，請媽媽妳另找高明，但是不管妳喜歡不喜歡我說的話，我希望妳不要因此而找律師告我，因為我今天是冒著可能被妳控告，和冒著失去這份工作的危險而對妳說我現在要說的話，我下面要說的話很不好聽，妳可能很生氣，但是最終會幫助到妳和達倫這個孩子。」

我說，「你和孩子的上一世裡，你是綁匪，達倫是被你綁架的孩子，你殺了他。你受雇於你的雇主，也就是說，別人花錢雇用你去綁架一個孩子，他並沒有叫你殺孩子，但是，很意外地，孩子在想逃走而掙扎的時候看見了你。慌亂之中，你隨手拿起一塊很重的東西去砸他的頭，他當場死亡。」

現在，讓我們來想想，這兩個人當時的意識、情緒，或是想法。先說這個孩子達倫在被殺的當時，會有什麼樣的情緒？主要有兩種：「憤怒」和「恐懼」。

憤怒與報復的如影隨形

先談談「憤怒」，憤怒就是生氣，人只要一生氣，不論生大氣或生小氣，只要一有生氣這種「情緒」，就一定會有報復的「念頭」，「生氣的情緒」和「報復的念頭」就像硬幣之兩面分不開，永遠如影隨形。所以可以推斷這個孩子當時有著極強烈的報復念頭。

在第一章第一節向大家解釋了人在死後的「人生回顧」會議（即「審判庭」會議，也是「業力會議」），因此，在為達倫這孩子而召開的「人生回顧」會議上，必然會討論孩子被殺這事件，討論的重點當然是如何決定達倫的前途，大會首先需要決定「主報」，也就是孩子會去的維度。接著要決定細節性或局部性的「餘報」

達倫的業報體現

一、主報

讓我們先談談關於「主報」部分，也就是達倫將去哪個維度。一般來說，要報復的「債權人」通常有優先選擇權，債務人沒有選擇權，只能跟隨「債權人」的決定，而「債權人」通常會選擇留在第三維度，因為第三維度提供了最佳見面地點和報仇機會。這孩子當然也不例外。

二、餘報

「私人人生目的」和「神聖人生目的」的形成：

主報決定之後的下一步便是「餘報」。人生回顧大會首先將觀看由你自導自演的人生回顧電視劇。在觀看的過程中，大會將不斷地問你對於每一件發生過的事情有何看法？這種情境在我們的第一章講小女孩和乞丐老婆婆的故事時出現過，讀者們記得嗎？小女孩在死後參加為她召開的人生回顧大會時，看到小女孩所做的好事這一段——每天拿著家裡的剩菜剩飯，走過長長的巷子去給乞丐老婆婆吃，看完之後，大家問小女孩：「妳對自己所做的事有何看法？妳要老婆婆報恩嗎？」我們都已經知道小女孩給出的答案，那就是：要的，我要老婆婆報我的恩，就是這個意識（想法、意念）立刻成為小女孩下一世到三維人間的「私人人生目的」。讓我們用一個句子描述小女孩下一世的私人人生目的之一：『接受老婆婆報恩』，可想而知，小女孩在看完人生回顧影片之後，必然也還有很多其他的私人人生目的。

不論小女孩有多少個私人人生目的，大會一定會鄭重的告訴小女孩：「妳另外還有一套『神聖的人生目的』，已寫入妳下一世的人生藍圖裡，那就是：

1. 提升自己的振動頻率；
2. 提升別人的振動頻率；
3. 提升世界的振動頻率。」

神聖人生目的是對治低頻業力與習性的淨化器

大會也告訴小女孩：「此次前去投胎人間，建議把妳『私人人生目的』放入神聖的人生目的來運作，『神聖人生目的』是一個大淨化器，任何經過它處理的低振動頻率的事物（如負面的『私人人生目的』）都會成為高振動頻率的光，請妳在做人的時候不要忘記這一組『神聖人生目的』，當妳再度死亡之後會再一次地出席會議，像今天的生命回顧大會，大會將會依據這個大淨化器的資料再決定妳的前途。」

總結來說，我們每一個人來投胎時所攜帶的人生藍圖包含了兩種人生目的：一為私人人生目的，二為神聖人生目的。各位讀者能體會到慈悲的宇宙背後的用意嗎？宇宙給我們機會到人間去實現我們的願望（比如達倫要報復，或小女孩要接受乞丐婆婆報恩……），但宇宙也知道，大多數人的私人人生目的振動頻率都偏低，所以他在我們臨行前送給每個人一份臨行大禮，那就是神聖人生目的——一個大淨化器，讓我們在低層次的三維世界裡常用淨化器，隨時把私人人生目的放入淨化器，去淨化、轉換、提升私人人生目的的振動頻率。如此，當我們死後再度回到大會時，大會便可以根據淨化器所顯示的紀錄，讓我們能繼續「進化」往前走。

此刻讓我們轉回達倫這孩子的生命回顧大會現場。由於達倫的案件是屬於非常嚴重的傷害事件，而達倫的報復心是如此迫切，我們不難推論出達倫的私人人生目的數目不會太多，而且可能很單一的只想「報仇」。當然，大會也會告知達倫，此次前去三維人間報仇，必須帶著另一組人生目的一起走——三大神聖人生目的。

餘報體現方式

兩人的關係及其他的細節：大會對兩人關係最後的決定是讓他們成為母親和孩子。原因如下：這是一個牽涉到人命的殺人案件，根據宇宙大自然的「能量平衡」法則當然是「殺人償命」地「一命還一命」，但並不是我們一般人錯認為的：「你上一世殺我致死，我下一世也殺你致死」，卻是：**「你上一世殺我致死，下一世我不殺你，但你必須用你的一輩子來償還我」**。唯有如此，兩方才有機會在長期（一輩子）相處中慢慢地學習去愛對方，從而改掉相互間循環不已的「報復」念頭，這是慈悲又公正的宇宙「平衡法則」背後的用意。因此，假設我被你傷害而致死，在你我的下一世裡，我這個「債權人」必須為自己製造報復的機會，讓自己「需要」你的一輩子服務，比如我在三十歲時突然得了重病，生活起居需要你（債務人）照顧，我的重病若拖到七十歲才死，這期間四十年的照顧就是你用「一輩子」償還我的方式。在這種情況下，兩人的關係通常是夫妻。

另外一種常見的關係是上下輩份，比如我（債權人）小時候或甚至一出生便身患殘疾，因此對方（債務人）必須用一輩子來償還，這種情況通常是母親和孩子或父親和孩子。以達倫的角度來說，「妳這個上一世殺死我的綁匪，這一世作為我的母親，妳生命中的每一分鐘都必須貢獻給我，妳賺來的每一分錢都必須花在我身上，妳一生必須是為我而活，直到我死為止。」這正是這孩子達倫所選擇的報復方式。

餘報與證據的顯化

「餘報」也包括「顯化證據」這一部分。任何想報復的債權人必須攜帶「證據」到下一世並使之顯化，正如同在我們三維人間，當我們受到人欺負時，正常申冤的管道是到法院去告對方，法院必然會向我要「證據」。同樣的道理，我帶著我的報復心和證據來到下一世，也必須「顯化」我帶來的證據，「顯化」即是將證據顯現、呈現出來，用來證明我曾受到你的傷害。這孩子達倫的傷是在頭部，一個大而重的物件砸到頭部，讓他當場喪命，孩子這一世的「智障」和「自閉」都是腦部的問題，就是「顯化」了的證據。

宇宙永遠是既「慈悲」又「公平」的，慈悲的宇宙絕對讓每一個人心想事成，讓每一個人的意念都能實現，現在這個孩子要報復，公平的宇宙當然給足機會，所以讓達倫和這個殺他的綁匪再度見面。像這種嚴重的傷害事件，雙方再度見面時，絕大多數成為親密的家人關係，而不會是可親可疏的朋友、同事……的關係，更不會只是在路上相遇的路人關係。為什麼呢？因為成為家人之後，「債務人」就跑不掉，「債權人」才有機會報復。如果成為朋友，債務人可以斷絕關係一走了之；如果成為同事，債務人也可以換工作一走了之。唯有成為一家人，兩人都在同一屋簷下相處，很難脫離關係，才能相互關心、照顧，從而培養出「原諒」和「愛」，這正是宇宙「慈悲」之處。

死亡時的恐懼意識

前面提到達倫這孩子死亡的那一刻除了憤怒之外，還有另一種情緒：恐懼。死亡當時的恐懼，通常會帶到下一世，更何況達倫身處極端危險中，可以想見他的恐懼也是極端的，這種極端的恐懼顯現在孩子身上的就是他的自閉。在我多年治療自閉症的經驗裡，我認為沒有一個有自閉症的孩子是不恐懼的，他們恐懼什麼？恐懼人、恐懼社交，所以我們稱為「自閉」。

讓我們暫時離開達倫與媽媽的故事，先談一談死亡時的意識。

死亡的那一刻，若是在極端危險中或有重大傷害，所產生的意識不但將隨著主人離開肉體、經過中陰階段，在主人再度投生為人時，它將隱入主人的潛意識裡，對主人下一世的行為或情緒有重大影響，它也將在下一世顯化出來，成為一個具體可查的現象。

舉個簡單的例子說明。有人曾在某世溺水而亡，那種溺死的恐怖經驗就會深深地埋藏在他的潛意識裡，當他再度進入三維人間做人，若是遇到「類似」死亡現場的情境，比如一個裝滿水的澡缸，可能勾起他埋藏在潛意識裡痛苦的記憶，因而出現恐懼等情緒上的反應，之後他可能避免在澡缸洗澡，當然，他自己意識不到背後的原因，這裡說的「記憶」也不是他的大腦「意識」所能記起來的，而是埋藏在「潛意識」裡的極為深層的記憶。此人不願意在澡缸裡洗澡，這就是一個「顯化」出來且「具體可查」的現象，而澡缸就是一個「類似」死亡現場的情境。因此每一次媽媽只要在澡缸裡放水，他可能恐懼到大哭，想盡辦法躲開洗澡這件事。

剛才舉的例子是當遇到「類似」死亡現場的情境，而啟動死亡當時的意識。但是，有時「時間點」也可以成為一個獨立因素，也會啟動死亡當時的意識。我的小病人中就有一位曾在過去世溺水而死，這孩子的媽媽有一天來找我，問我是否有任何辦法讓這孩子洗澡。據媽媽說，洗澡這件事在過去從來不是問題，但是，最近孩子總是哭哭啼啼不肯洗澡，想盡辦法能拖就拖、能逃就逃。當然，孩子的媽媽不知道這孩子過去世是因溺水而死（我當時也沒有向媽媽說破），死亡時的年紀大約是八、九歲。雖然他這一世的「意識」不知道，但他的「潛意識」卻隱約記得上一世的自己死於這個年紀，因而開始感覺沒來由且極端的恐懼。

從這個案例，我們可以得知「時間點」在這孩子身上是一個啟動因素。如果這段時間父母親幫助他「安然」度過，將來他又回復正常，不會再恐懼洗澡或恐懼任何「類似」的情境。這件事後來圓滿解決，因為爸爸媽媽後來不再一味責備這孩子，而改用「誘導」的方式，比如有時允許他以「擦澡」來代替洗澡，有時爸爸一起和孩子在浴缸裡洗澡以培養他的安全感，有時一家人一起到「溫水」游泳池（有別於溺水時的「冷水」）去學游泳……。幾個月後，媽媽特地來跟我道謝，說這孩子又高高興興地愛洗澡了，洗澡不再是一個問題。

既然談到了人類從前世死亡的一刻所帶來的記憶如何影響這一世的行為，我要向大家介紹一位專門研究輪迴及投胎轉世的學者：易安．史蒂文生（Ian Stevenson，MD）。史蒂文生是一位精神病學家，生前任教於美國維吉尼亞大學，他所領導的研究部門隸屬於維吉尼亞大學醫學院，這個研究部門在靈魂的「轉世投胎」領域，在全世界始終居於主導地位。史蒂文生本人在四十年的研究「轉世」期間，旅行世界各地，收集了約三千多個記得前世的兒童案例。他曾出版十四本書，最早的一本是一九六六年有關《輪迴的二十個案例》（*20 Cases Suggestive of Reincarnation*），但對靈學領域影響力最大的，卻是一本關於「胎記」的鉅著——分為上、下二冊，長達二千多頁的《輪迴和生物學：胎記和先天性缺陷的原因》（*Reincarnation and Biology: A Contribution to the Etiology of Birthmarks and Birth Defects, 1997*），這本書談論了二百個在死亡當時所受的傷，轉移到下一世而成為「胎記」或出生缺陷的案例。

達倫母親的業報體現

回到前面岔開的話題，我們正談到達倫——這一個前世被媽媽（綁匪）殺死，今世自閉又智障的孩子，我們談到了他死亡那一刻的意識，包括憤怒和恐懼兩種主要的「情緒」，以及報復的「想法」。

下面讓我們來討論媽媽當時的意識，媽媽這個綁匪雖不是有意，但他確實殺了這個孩子，請大家想想綁匪可能會有什麼「情緒」和什麼「想法」？可以想見是非常複雜的，但主要的「情緒」是內疚（哎呀！我不應該把他殺了，真對不起……），主要的「想法」是補償（老天啊，請再給我一個機會，我一定不會殺人，我一定好好的愛他……）。綁匪的「情緒」和「想法」當然馬上被記錄下來，儲存在他個人的記憶庫裡、也儲存在所有宇宙存有的記憶庫裡，就是所謂的「阿卡西紀錄系統」（Akashic record）裡。這「阿卡西紀錄」在日後（綁匪死後）的審判庭會議上，將成為審判「殺孩子達倫案」的重要依據。

在為綁匪（達倫媽媽）召開的會議上，大夥兒討論的重點當然是綁匪的前途——首先決定「主報」，接著決定「餘報」。

先談「主報」，由於殺人是如此嚴重的傷害，大會一致認為綁匪必須要進入地獄，去接受公正的宇宙為了「平衡能量」所賦予的果報。

下一步便是「餘報」：

1.有許多「關係人」要報仇——「關係人」是指所有為此案件「生氣」的人，包括①達倫本人、達倫的父母親、親戚朋友……等與此案件有「直接」關係的人；也包括②只是「聽到」這件事情而「生氣」的人，這些人與此案件並沒有直接關係，但是由於他們「生氣」了，自然也要「報仇」（請記得，「生氣」與「報復」如同硬幣之兩面，如影隨形，永不分離），也使得他們與此案件及綁匪有了連接，而成為「間接」關係人。

2.綁匪將去哪個維度接受「關係人」的報仇呢？綁匪無權過問，由於他在這個案件中的角色是「傷害者」，也是「債務人」，而身為「受害者」的「債權人」達倫選擇了三維人間作為他報復的場所，所以綁匪這個「債務人」毫無選擇，必須跟隨「債權人」達倫的選擇來到人間做人，又由於所有來人間做人的人都是來「學習並改錯」，因此綁匪必須花「一輩子」的時間專心地做「學習並改錯」這件事。

3.綁匪和被殺的達倫將成為什麼樣的關係？前面在講述達倫的會議時，我們已經談過大會的決定是讓兩人成為母子，這個明智的決定不但是讓達倫受到母親的一輩子的照顧以達到達倫報復的目的，還有一份宇宙的「慈悲」在其中。

餘報中隱含的學習機會

請各位回想綁匪在殺死孩子當時所發的願：「老天啊，請再給我一個機會，……我一定好好的愛他……」我們可以知道綁匪的「私人」人生目的之一就是「好好的『愛』達倫」，但是，讓一個心狠手辣的綁匪從「殺別人的孩子」變成去「愛別人的孩子」絕不是件容易的事，因此大會決定採取「漸進」的方式來幫助綁匪生出愛——讓他成為達倫的母親，因為「母親」這個角色天生就會對自己所生的孩子有「愛」。大會所採取的步驟便是希望綁匪有一天能從前世「不愛別人的孩子」，到這世轉成「愛自己的孩子」，到最後，如果能更進一步變成「也愛別人的孩子」該有多好。達倫不就曾經是「別人的孩子」嗎？所以，大會決定兩人成為母子其中一個用意，不正是在幫助綁匪達成他的人生目的（好好的『愛』達倫）嗎？這便是宇宙的慈悲及其背後的用心。

講完了達倫和媽媽的人生回顧會議，讓我們回到我在紐約工作室的現場。當時我對倫媽說，「我請妳來，並不是要跟妳說我知道你們的前世，我的目的只是要建議媽媽妳做一件事情，就是請不要把達倫交給兩位保母去照顧，妳必須親力親為，不能假手他人。」為什麼我這麼說？我的理由如下：

——媽媽的「私人人生目的」是要愛達倫，但達倫不是一個普通孩子，他是一個有嚴重自閉症的孩子，接收不到任何人的愛意，一般父母對孩子表達愛的方式，如透過語言說「媽媽愛你」，或透過慈愛的眼光和微笑、或溫柔的撫摸……，這些對一個有嚴重自閉症的孩子是不會有任何效果的。在這種情況下，達倫的媽媽若要表達對孩子的愛，只有透過唯一的方法，就是「餵食」——餵孩子吃飯。

——餵自閉症的孩子吃飯是極端艱苦的任務，其中大有學問，不是一般人能勝任的。先從「挑食」說起，達倫就是一個極端挑食的孩子，他只挑兩樣白色的食物：白色的牛奶和白色的麵條，其他顏色的，最多用鼻子聞一聞，但一概不碰。要如何讓達倫能吃進有點營養的食物，便是媽媽首先遇到的難題；其次，在餵食漫長（一頓飯可能至少需要三、四個小時）的過程中，達倫可能隨時發脾氣，需要媽媽無比的耐心與愛心。

——我提醒達倫的媽媽，「這種『餵食』的時刻就是宇宙給妳的大好機會，讓妳去實踐妳的『人生目的』。達倫的自閉、智障、挑食、發脾氣、……正是對妳的『報復』，他正是在對妳做他的『私人人生目的』。我建議妳這個做媽媽的先接受他的報復（『接受』的意思是：一，在想法上，瞭解這是孩子的報復；二，在情緒上，妳自己不會因為孩子發脾氣而生氣）。然後，妳也做妳的『私人人生目的』，妳不是在殺死他的當時發願要『好好的愛他』嗎？怎麼愛呢？就是每天花很長時間去餵孩子吃飯，以無比的耐心去表達妳對他的愛，去請求他的原諒，用妳的『一輩子』去補償妳對他所做的錯事。」

——我最後提醒她，「親自餵食」這件事最好在孩子還小的時候（七歲以前）進行，我建議現在就可以開始，去培養母子之間的愛，達倫現在年紀小，比較容易培養「接受愛」的能力，若等到他長大後再去表達妳對他的愛，可能就太晚了。

我也對達倫的母親說，「每天花好幾個小時餵飯，可能意味著妳必須放棄工作，請鄭重考慮我對妳說的話。談到工作，妳知道妳今天所賺到的每一分錢，都是因為達倫的原因嗎？首先，前世裡妳所做的綁匪工作本身就是一個錯誤；其次，妳的雇主並沒有叫妳殺人，但妳殺了這個孩子，工作上犯了很大的錯誤。這兩個錯誤其中的任何一個，都會讓妳在這一世非常難找工作，即使找到工作也會備受老闆和同事欺負。總之，前世工作上所犯的錯誤會讓妳在今世工作上困難重重、障礙多多。今天妳請了兩個保母來照顧達倫，我相信妳是有錢的。但是我要提醒妳，這些錢都必須是為達倫而花，因為妳這一輩子是為他活的，假設達倫明天死了，我相信今天晚上妳會接到老闆的電話，老闆莫名其妙地以一個『莫須有的罪名』把妳辭退，叫妳不要工作了；或者，如果妳有投資，妳的股票可能大跌，跌到妳一文不值而且一蹶不振。總之，不管是哪一種情況，妳都會窮困一生，不會再有錢了。」

我下面要敘述，也是我最後對達倫媽媽說的，大概是最「驚世駭俗」的話了，我說，「我瞭解所有『有特殊需求』的孩子父母是多麼的辛苦，所以，我要對妳說，以妳和達倫的案例，妳越對他好，越專心在他一個人身上，他將越早死，當他達到了報復妳的目的，就是他的『私人人生目的』時，他自然會離開這個世界，妳便可卸下妳的擔子，去走自己人生的路。當然，妳也可以現在就選擇走自己的路，而不是專心在他一個人身上，那麼你們兩個人就可能活很長的一輩子，如果他活到六十歲，妳就得陪他、照顧他到他死為止。」

這一天過後，有好長一段時間沒有再見到達倫的母親，一直到約半年之後，達倫的母親特地來我的工作室向我致謝，她哭著說，達倫昨天向媽媽說出「Love You」（愛你）這兩個字。我向她道賀，但沒有告訴她我心中有著巨大的悲傷和不捨，因為我知道，當這孩子說出「愛你」，除了表示他已原諒這個殺他的人，也表示他已達成人生目的，達倫可能不久於人世了。

再過不久，達倫便從我這裡畢業而轉到其他學區去上特殊教育學校，之後再沒見到這一對母子，當然我也不會去打聽他們近況如何，我猜想自己是有意地不想去知道。直到十多年後的某一天，有人告訴我達倫的母親曾在多年前成立一個非正式的小團體，名為「自閉症兒童家長自助會」。告訴我的人也是自閉症兒童的家長，她說達倫媽媽的小團體曾幫助了無數的家長，她自己便是受益人之一。最讓我歡喜的一個消息是，達倫偶爾會跟在媽媽身邊參加小團體的活動，她說達倫已經成長為一個健康可愛的青少年了。

達倫的故事講到這裡算是結束了。在課堂上，我們通常會做一個問答小練習，為達倫的故事做個總結。假設讀者你分別出席了達倫和倫媽的審判庭會議，當大會問所有出席者對以下問題的看法時，你將如何回答？

當然，以下的問題是沒有標準答案的，在上課的時候，偶爾會有幾個學員對於「達倫是否提升了世界的振動頻率？」有不同的答案，大家問我的看法時，我是這麼回答的：「是的，我認為達倫提升了世界的振動頻率。對世界有貢獻並不非要健康聰明的人才能做到，以達倫這個智障兒來說，他什麼也不需要做，他就做他自己，已經大大地提升世界的振動頻率了；直到今日，我每一堂課都拿他的故事來向大家解釋『神聖人生目

假設你分別出席了兩人死後的審判庭：

	達倫這孩子		達倫的媽媽	
是否提升了自己的振動頻率？	是	否	是	否
是否提升了別人的振動頻率？	是	否	是	否
是否提升了世界的振動頻率？	是	否	是	否

的』並以他做一個典範，不是就已經提升了世界的振動頻率了嗎？」

並非所有的自閉症案例都是來報復的

每當我在課堂上講完達倫的例子之後，總會有一兩個學員問我：「我的孩子是自閉兒，或特殊教育的孩子，這是否意味著前世他被我殺了？」當然不是。為了不讓大家有錯誤的刻板印象，錯認為所有自閉症的孩子都是來報仇的，緊接著達倫的故事，我將再簡短地講另外一個自閉症孩子的案例，希望能夠平衡達倫故事可能帶來的一面倒的錯誤印象。

故事的主角是一位媽媽，這位媽媽有三個男孩，都被診斷為自閉症，分別是八歲的雙胞胎和二歲的大衛，大衛是我接的個案。上面在說達倫和倫媽的故事時已解釋過，當我這個語言治療師在接下案子之後的第一次會面，都會要求所有照顧孩子的人出席，這一次出席的人只有大衛媽媽（以下稱為「衛媽」）。由於大衛的病情屬於較為嚴重的範圍，政府讓大衛每星期見治療師四次（若是一般的病情，一週只見兩次），我幾乎是天天見到來我工作室接送大衛的衛媽。也許是因為這個原因，衛媽漸漸對我有了信任，她開始主動告訴我一些沒有寫入孩子「背景資料報告」（social history）的事：丈夫在半年前得知大衛也有自閉症，在一次劇烈爭吵後，丈夫離家出走再也沒回來，目前兩人正在辦離婚。自從丈夫離家，衛媽辭去了工作，專職照顧這三個自閉症兒子，她自認為（未經醫生診斷）有憂鬱症，晚上不能睡覺，也認為自己很很糟糕，一定做了很多壞事，才會有今天要獨立撫養三個自閉兒的結果。她說她想、也曾經嘗試過自殺，但又捨不得這三個年幼的兒子……。

當然，後來我和衛媽之間有一次長談，我告訴她有關人生目的和人生回顧會議的知識，也告訴她，是她在人生回顧會議上發願要幫助她前世遇見的四個人——這一世的三個兒子和丈夫。我同時提醒她注意，這四個人並不是要來向她復仇，她的丈夫和她在前世的關係本來是上司和下屬，兩人都是男人，丈夫是孤兒院院長，衛媽是孤兒院的老師。那是戰亂時代，敵人就要進入孤兒院所在的地區，原本應該率領所有的孩子往安全地方逃亡的院長（這一世的丈夫）突然失蹤了，當時有人猜想可能是害怕負起責任而臨陣脫逃。而老師（這一世的衛媽）原本預計幾天前回到自己的家與家人一起逃亡（他的家族比較富裕，有交通工具可搭乘），但是由於顧慮到被院長拋棄了的一群孤兒無人帶領，決定留在孩子身邊，負起帶領他們逃亡的責任。今世的三個兒子就是在逃亡途中不幸被敵人的炸彈炸死的孩子，老師眼看著他們被炸死，萬分痛心，當時發願如果有來世，願用一輩子的時間來照顧這三個被炸死的孩子。

我對衛媽說，「在人生回顧會議上，每一位出席者都被妳高貴的情操及無條件的愛所感動，一致決定把這三個孩子託付給妳照顧，不是因為妳做了任何壞事，而是因為宇宙信任妳，知道藉著妳本就具有的無條件的愛，妳可以撫平這三個孩子的各種創傷，這是一項多麼神聖的任務！」

這故事後來也有一個完美的結局。但我主要是要告訴讀者們，不是所有的自閉症案例都是因為宿世帶來的報復鎖鏈，有時候也是上蒼對無條件的愛的一種付託與福佑。

第三個故事

「主報」和「餘報」可同時領受、同時進行

第三個故事錄自葛瑞絲的記錄，故事中的第一人稱「我」指的是葛瑞絲。

二〇二〇年十二月十一號下午五點多左右，我的朋友小慈打了通電話給我，詢問她現階段是否適合做小吃店的生意，聽完她的問題我便心裡有數，我想她可能誤會了，她誤將我當成一個算命師，心裡也同時猜測她很有可能還沒有看完我的書，所以她並不清楚我是不會，也不能為任何人解答與我「人生目的」無關的問題。

電話上的她興奮不已地說：「我已經計劃做小吃店的生意好些年了，只是一直到今天我才物色到一個我覺得很理想的地點，房租也還算合理，我很興奮、很衝動地想立刻就租下來，但我想要先聽聽看妳的意見。」當時因為時間的關係，我們只簡短的聊了一下彼此的近況，當下的我什麼也沒有看見，但電話結束後我的身體開始發冷，也覺得疲累。

當天晚上約十一點左右，我身體發冷的狀況還持續著，我思考著會不會是和小慈有關呢？因為下午在通電話的過程中，小慈對我說了一句：「我會生氣，但還好我沒有什

麼報復心。」而我心裡想著：「這怎麼可能呢，我怎麼讓她明白這是不可能的？」此時我突然聽見小慈（意識）對我說，「我覺得自己什麼都不會，一無是處，也拉不下臉請妳幫忙，想到要問妳問題就覺得好丟臉，我也好生氣，我很恨，恨對我不好的人，我也恨妳過得比我好！」

就在小慈說話的同時，突然有畫面出現了，我看見一位日本傳統女人，塗著鮮紅色的小嘴，綁著傳統髮髻梳妝整齊，一身黃色的長袍華服，從她的打扮穿著我推斷她很有可能是皇室、貴族或是將軍夫人。

她有著美麗的臉孔，但性情暴戾，時常面露兇狠，她的手裡拿著一把長刀，在她面前跪了一長排低著頭、穿著普通棉質沒有花紋圖案衣裳的人，這些人全都是她的下屬，她內心充滿憤怒，她認為她的失敗（戰爭上的失利）都是手下無能的錯，她極度看不起他們，所以她拿著長刀一個一個的殺了他們。在這條長排隊伍中，跪著的第一位是她這一世的先生，隊伍其中也出現她今世的女兒（她的第二個孩子），在她殺了所有人之後，自己也切腹自殺。

畫面的最後，我看見這位已逝的日本女人雙眼閉著，躺在一處背景全黑的地方（感覺上像是地獄），她像是睡著正在作夢般，她頭的上方同時出現好幾個夢境（我看見三個場景，每一個場景都在一個圓圈裡），而在每一個夢的場景裡，她不停地被人拿著彎刀殺害，此時睡著的她突然流出了一滴眼淚對我說，「我好希望從惡夢中醒來。」

今天出現的幾個畫面令我納悶，也非常好奇：為何今世小慈和她的前世會同時出現？當她的意識對我說，她對她此世的先生不滿、怨恨時，我也同時看見前世日本女人露出兇狠憤怒的臉孔，而最令我困惑的是，如果小慈已經投胎轉世，那為什麼另外一個她還同時在地獄受苦？這個問題我在隔天詢問至青老師之後得到答案。

星期六下午我們前往至青老師家，在半路上先是看見一條青龍在空中飛，之後旁邊出現了白衣觀世音菩薩，小慈雙手掩面哭泣地跪在觀世音菩薩左邊並說，「觀音，請祢救救我！」

看到小慈自己主動出現在觀音旁邊求救，我告訴了至青老師所有我所看見的畫面，也提出我最無法理解的問題。

以下對話用「至青老師」代表吳至青老師，「葛瑞絲」是我。

葛瑞絲：「老師，如果上輩子的小慈此刻還在地獄裡受苦，為什麼她今世能夠投胎轉世成為小慈？」

至青老師：「由於三維的時間是線性的，我們以為人不可能同時存在過去、現在、未來，但事實是，我們可能同時存在於不同的、多重維度空間。像妳的朋友就可能此刻既在地獄，也在人間。」

葛瑞絲：「依我看見的畫面，小慈此刻還在地獄裡受苦，就是最主要的『主報』，而今世投胎為人其實就是同時在受『餘報』，她的主報和餘報是同時間進行，可能嗎？」

至青老師：「當然可能啊，主報和餘報可以同時間受，也可以不同時間受。妳朋友的例子是同時領受，同時進行。在地獄裡受苦是這個日本女人的『主報』，來投胎為人做小慈以清償債務是『餘報』，她死後開『人生回顧會議』時，只要有人提出來，要這個日本女人為她所做的事向她討債，如果案情屬實，她就必須應債權人的要求而來『還債』，所以他們顯然是開過會的。女兒跟先生一定出席了會議，她自己當然也參加了會議。所以如果先生和女兒在會議上說：『我們某一世要到人間來向她要債』，而小慈就必須跟隨著債權人來。像她這樣罪大惡極的人，她的主報一定先受，所以她那一世死了之後一定是馬上入地獄，她不需要等好幾世以後才入地獄，她可能跳過中陰階段，再加上她自己是切腹自殺，自殺的人通常也不會經過中陰階段，而她是二種都有（又是罪大惡極，又是自殺），所以她必然那一世死了之後馬上下地獄。」

葛瑞絲：「這麼說，她先生和女兒並沒有等到她從地獄出來才向她報復，是嗎？」

至青老師：「等她從地獄出來再報復？未免也等太久了吧?!對她的先生和女兒而言，日本的這一世並不一定是他們的上一世，他們可能已經分別各自經歷過了好多其他世，假設是幾百年，他們決定幾百年後的這一世一起出現在一個家庭裡報復，這個時候就會把小慈從地獄召喚過來，而小慈自己應該已經在地獄受了好幾百年的苦了，但這個時候她就必須從地獄出來跟他們在人間一起過日子。所以她此刻在這裡受『餘報』，同時也在地獄受『主報』，兩者同時進行，只不過這個主報的苦還要受很久很久。」

至青老師又問：「她為什麼找妳問開店的事，她從前有工作嗎？工作情況如何？」

葛瑞絲：「她想要翻身，因為她的工作非常不順利，她曾經在一家公司工作了好多年，在工作上認真努力，不但為主管辦公事，連主管的私事她都做，卻得不到欣賞和認同，最後心灰意冷的離職；小慈也曾經在先生投資的餐廳無償幫忙，才一開始工作，沒多久便被同事排擠、背後說閒話，最讓她心寒的是她認為連先生都不支持她，後來也無奈離開；小慈有另一份業務兼職的工作，做了好幾年，最後因為同事冤枉，下定決心轉換跑道，想要自己開一間小吃店，希望能夠靠自己經營小吃店來翻身。」

至青老師：「我猜測她『翻身』不了，在妳的畫面裡，日本女人在『工作』上犯了極大的惡行，這一世是來受報，因此她此生在『工作』上鐵定不順遂，到哪裡都不容易找工作，找到工作也不會順利，不會被上司喜歡，也會被同事排擠，即使她工作能力再強，也通常『懷才不遇』；而且，即使她沒有被開除而做了幾十年，以為可以領退休金，退休金也會因為一些莫名其妙的原因而拿不到手……。其實這種種的障礙，都是宇宙的慈悲，因為她那一世在『工作』上犯錯，而且是大錯，慈悲的宇宙給她種種障礙，就是給她種種機會，讓她在償還債務的同時，能夠改過自新，怎麼改？不生氣、不怨天尤人，她被上司討厭、被同事排擠的同時，也要抱持著希望，永遠要心裡懷著愛去對待每一個人，就是我們說的『歡喜做，甘願受』，視苦為甜，這樣，她這種『餘報』接受起來也會好過一點。

「不過，一般這種情況，就是工作一直不順的情況，一定想自己出來做，以為這樣就不必受氣，還可以翻身，其實是在逃避人生課題，逃避人生目的——她的人生目的就是來改錯，她的錯一定要在不順利的環境才能改，她必須長期跟許多人相處，然後從她日常生活的每個起心動念上去培養愛心，訓練自己不生氣、不怨恨，這樣才能改過。但是，現在她自己要去外面開店，不就等於在逃避嗎？她鐵定會虧，放多少資本就虧多少，一毛錢也拿不回來。總而言之，她這一世只能靠打工來賺取微薄的薪資，不過，她一定找得到工作，因為她還要養一個向她報復的女兒。她先生呢？她先生需要她去賺錢養嗎？」

葛瑞絲：「不需要她養，她先生在工作上是個非常有能力的人，但在經濟上很少支援太太，平時只支付房租、水電，和其他一些最基本的開銷。她的婚姻生活非常不快樂，可以用『痛苦』兩個字來形容。現在兩人經常冷戰、長期不說話，只靠簡訊溝通。小慈的經濟狀況並不好，有幾年她過著入不敷出的日子，因為工作上賺的錢不多又必須支付孩子的教育費，她四處借錢，也用信用卡貸款來支付她生活上所需的費用。」

至青老師：「當然，她先生是來報復，他們的婚姻不可能會好。而且，即使她想離婚，她先生也不會同意，不是因為先生愛她，而是因為這種報復是一輩子的。她的女兒也是來報復，所以她和女兒之間關係也一定不好，而且女兒很可能將來會出問題，也不會結婚，即使結了婚也會離婚，然後回頭來要媽媽照顧一輩子。」

葛瑞絲：「對呀，她女兒從小情緒時常容易失控，而且很難管教，在外經常鬧彆扭、不聽話，總是讓小慈在朋友面前覺得丟臉。」

至青老師：「這就是女兒要報復所帶來的證據了，要報復必須帶著受傷害的證據，女兒的證據就是她目前的情緒失控，我猜測將來會演變成精神上的疾病，媽媽必須為女兒花很多錢，還要一輩子照顧她。」

葛瑞絲：「那先生帶來的證據是什麼？」

至青老師：「她先生的證據是婚姻生活不美滿，這種報復方式比較少見，我猜她先生的報復心不像一般被殺的人這麼強大，他報復的只是『我要妳一輩子不快樂』，所以他不會跟她離婚，只不過他要太太不快樂，先生自己也不會快樂。為什麼我說這種報復方式比較少見？因為一般被殺的人要報仇所帶來的證據大多是自己沒有工作能力，這樣你才能能用一輩子償還我呀，比如身體或精神上有重病、或不想去工作比如好吃懶做……要對方養自己一輩子，但是妳說她先生很有工作能力，這種情況表示，第一，她先生的報復心不像一般人這麼大，我猜測她先生在那一世應該是一個還蠻有修養，或者說是一個講道理的人，一個不會隨便生氣的人。第二，即使先生有錢，也不會給她錢，因為給太太錢太太就快樂啦，那先生怎麼報復呢？」

在和至青老師談過後，我決定告訴小慈我所看見的畫面。

二〇二〇年十二月十三日

隔了一天，我與小慈相約吃飯，因為小慈沒有上過老師的課程，所以我們談話過程裡，我先提到我媽媽和我的事情，加上其他一些我所見證到的非人故事，之後我才告訴了她我所看見關於她的畫面與前世，主要是希望她能對業力和前世今生所對應的關係有個概念。

接下來的一個多小時，我們談論到小慈的工作和她為什麼老是工作不順，從其中要如何學習感激與懺悔……突然，我看見她先生和女兒出現在一道光中，兩人向小慈鞠躬。看見此畫面，我非常訝異，心裡想到底發生了什麼事情？他們兩人怎麼可能會向小慈鞠躬呢？當時只看見小慈微紅了眼睛，再過一會，小慈告訴我，剛剛我在講話的期間，她衷心對她的先生懺悔，原來是因為這幾天小慈正想著要承租一間小店面來做小吃店生意，因為自己錢不夠所以她向先生借錢，而先生直接拒絕她，她因此心生怨恨，心裡想著：「這些錢對你來說不過就是個零頭，你連幫助我都不願意。」而在我們的對談之中，她似乎是理解了什麼，也意識到自己這幾天對先生發出恨意這件事情是不對的，於是她立刻在心裡對先生懺悔。我想，也就是在這個時間點我看見她先生和女兒出現在一道光中對她鞠躬。

當天結束後，我打電話給老師，告知今天的對談內容，就在我和老師說話的同時，小慈的先生出現在我身後對我說：「謝謝妳，我們只是需要有人替我們伸冤而已，這樣就夠了。」

我向老師轉述剛才的畫面之後，老師對我說：「太好了，顯然這整件事是有救的，她的先生有救，小慈有救，女兒也有救，她先生和女兒的潛意識顯然已經接受到小慈懺悔的心意了。不過，這並不表示小慈的情況會立刻好轉，問題能立刻迎刃而解，但至少這是好的開端，她的命運會怎麼發展就完全要看她自己能不能真正懺悔，接著修正日常生活裡的起心動念，如果她做得很好，說不定她這一世死後不必回到原來的地獄，多好！」

第四章

心理學、佛學等有關「意識」的概念——對比人的四個身體次元

前面一章向大家概括介紹了人有四個次元身體，除了最低層面的是物質肉體之外，其他三個層級皆為看不見摸不著的意識身體，為了幫助讀者深入瞭解「意識」，在這一章旁徵側引地借重一些大家已熟悉的有關「意識」的概念，比如現代心理學、古老的佛學、新世紀靈學上的「維度」觀點，這些概念都曾經對人類的意識有過深入的探索和說明。在這一章，我將以這三種概念，和人的四個次元身體一一比對。當然，這種比對只能是概括性的，在比對之後，請大家做一個「猜猜看」的配對練習，讓大家和人的四個次元身體一一比對。比如本書四次元中的某一個身體對應到心理學的哪一層意識，然後請讀者們猜一猜，自己去找答案。本書不提供標準答案，事實上也沒有標準答案。做猜猜看練習的目的，純粹只在於刺激讀者的大腦神經元，作者的目的不在於「教導」大家這些學說，只是在「引導」大家跳出平日所習慣的思想框架，所以在這裡做一個比對的練習。

由於篇幅有限，對每一個博大精深的學說都只能粗淺地做個大概的介紹，讀者如果想更深入的瞭解每一種學說，請務必自己去閱讀、去瞭解。

第一節　現代心理學的意識理論

先從現代心理學談起。一般人都明白，人有「正常意識」（consciousness），也有「潛意識」(sub-consciousness),然而,在一些心理學的著作裡常出現一個大家較不熟悉的名詞「無意識」(unconsciousness),讓人分辨不清,因此在這裡有必要稍做說明。

弗洛伊德的理論——意識、前意識與無意識

現代心理學之祖弗洛伊德在他早期的著作裡,「潛意識」和「無意識」這兩者是交替使用(在德文中 das Unterbewusste〔潛意識〕; das Unbewusste〔無意識〕兩字雖相近,卻不完全相同),但弗洛伊德後來有意避開「潛意識」,而改用「無意識」一詞來替代。

弗洛伊德有關「意識」的學說可以說是他思想的核心,他自己也說,他的精神分析學說「是一種關於『無意識』心理過程的科學」。弗洛伊德的「意識學說」可以比喻成一座在大海上漂浮的冰山,冰山包含三部分:露出水面的一小角為「意識」,水面下大面積的潛意識分成兩部分:一為緊靠著水面的「前意識」,二為最下層的「無意識」。

一、「**意識**」層(conscious):是我能「意識」到的想法和感受,例如,早上起床後,我知道我要做什麼,我下班後應該做什麼,明天我可能要做什麼,我意識到我現在心情不好,我感受到這一口冰淇淋真好吃……。

二、「**前意識**」層(Pre-conscious):是我儲存的記憶和想法、衝動等,通常都不是我每天會想或感受的事。然而,在有需要的情況下,「前意識」的想法和感受可經由「提示」而上升至水面上的「意識」層。舉個例子,有些本來屬於「前意識」的想法或感

受，由於別人的一句話、電視上的一段情節、聞到某種氣味、聽到一種聲音、一張老照片……等的「提示」，我因而記起小學一年級老師的名字，塵封已久的記憶就可以從「前意識」層面進入「意識」層面。

三、「**無意識**」層（unconscious）：是我們無法意識到的想法、記憶、原始衝動、被壓抑後的種種後天經驗……。這一層是位於冰山下深不可測的區域，卻占據冰山的最大部分。我們是無法察覺「無意識」層的內容的，位於最深層的「無意識」也無法上升到水面，進入「意識層」來讓我們察覺，然而，它威力極為強大，我們日常的一言一行、一舉一動無不受它控制。

弗洛伊德認為，我們之所以無法意識到「無意識」的存在，就是因為它太令人沮喪，我們無法面對，也很難承受，這個層面充滿著我們認為的「壞東西」——包括自私的想法、內心的矛盾、可恥的經歷、不理性也不能實現的願望、不被社會道德認可的性慾……。弗洛伊德認為，精神分析治療的重點就是把病人的「無意識」層的內容，從冰山最下層的海底向上提升到水面上的意識層，才能幫助案主改變導致他生病的行為。

如果把本書上一章所談的人的四個次元身體放進弗洛伊德的冰山結構來比對，請讀者們在比對之後做以下的【猜一猜】練習。

【猜一猜】4-1

<table>
<tr><td colspan="2">本書四個身體次元為：
1肉體
2能量體七層
3意念體
4自性本體</td><td>弗洛伊德的三層冰山結構：
1意識
2前意識
3無意識</td></tr>
<tr><td colspan="2">肉體可對應到弗洛伊德的哪一層意識？</td><td></td></tr>
<tr><td rowspan="7">能量體七層</td><td>第一層氣體對應到弗洛伊德的哪一層意識？</td><td></td></tr>
<tr><td>第二層情緒體對應到弗洛伊德的哪一層意識？</td><td></td></tr>
<tr><td>第三層智性體對應到弗洛伊德的哪一層意識？</td><td></td></tr>
<tr><td>第四層星芒體對應到弗洛伊德的哪一層意識？</td><td></td></tr>
<tr><td>第五層氣體模型體對應到弗洛伊德的哪一層意識？</td><td></td></tr>
<tr><td>第六層天人體對應到弗洛伊德的哪一層意識？</td><td></td></tr>
<tr><td>第七層因果體對應到弗洛伊德的哪一層意識？</td><td></td></tr>
<tr><td colspan="2">意念體可對應到弗洛伊德的哪一層意識？</td><td></td></tr>
<tr><td colspan="2">自性本體可對應到弗洛伊德的哪一層意識？</td><td></td></tr>
</table>

榮格的理論——個人無意識與集體無意識

以下要談談另一位心理學大師榮格有關「意識」的學說。

榮格在一九〇七和老師弗洛伊德相遇，初次見面就相談甚歡，兩人持續交談了十三個小時，弗洛伊德對榮格的才華大為激賞，不久之後就要榮格擔任自己所創辦的「國際精神分析協會」（IPA）第一任主席。然而不久之後，榮格發現自己和老師在思想上有了分歧，榮格認為弗洛伊德的人類生命能量「力比多」（libido）理論太過於著重生物學對性慾的解釋，而忽略了從社會學或心理學上去探討，他認為弗洛伊德把「性慾」作為「力比多」本質的觀點太過狹隘。

兩人除了對於「力比多」的見解不相同之外，對於「無意識」的看法也大異其趣，這是他們最大的分歧點，也是造成兩人分道揚鑣最主要的原因。在一九一三年，隨著榮格提出「集體無意識」的學說，同時辭去國際精神分析學會主席的職務，榮格正式和弗洛伊德分道揚鑣。

榮格吸收了大量的東方佛教思想，進一步將人的無意識分為兩部分：「個人無意識」（personal unconscious）和「集體無意識」（collective unconscious）。

榮格的「個人無意識」和弗洛伊德的「無意識」很接近，它就像一個記憶大倉庫，儲存著與個人生活經驗相關但不被我們意識到的心理活動，或是被壓抑的心理情結；然而，榮格大量研究他臨床精神病人的許多幻想、妄想、錯覺和夢境，他認為這些都不能以病人個人的歷史去解釋。

所以榮格認為，在「個人無意識」之外，還有更深一層**屬於全人類的「集體無意識」**——它是由一些原始印象，也就是我們祖先世世代代的經驗累積所形成的；「集體無意識」雖然存在於所有人的心理架構系統裡，在人的一生中幾乎從未被意識到，然而，它卻深刻地影響每一個人乃至社會的各種行為，甚至決定著人類的思維模式與文化，也因此，在世界各處，即使是相互之間從不往來的文化，都有著某種共通的象徵，這也是為什麼榮格認為「集體無意識」也存在於他的精神病患的幻想、妄想、錯覺和夢境之中。

此外，榮格還提出了一個「**自性**」（Self）學說，他認為「自性」是「集體無意識」的核心，也是人性所要達到的最高目標，更是健全人格的重要組成部分，其作用是協調人格的各組成部分，使之達到整合、統一，即自我實現。榮格認為「自性」既是目標，也可以是過程：一個不斷整合自己的人格並調整與集體的關係的過程，這過程不同於他人的過程，最後發展成為一個完整的自己。「自性化」意味著人格的完善與發展，意味著接受和包含與集體的關係，意味著實現自己的獨特性。

第二節　佛教的唯識學

這一節把佛教唯識學的觀點帶進來，比對人的四個次元身體，讓大家動動腦，做一個猜猜看的練習。

東方的佛教很早就開始深入探討人的「意識」這個題目，尤其是佛教裡的「唯識學」對「潛意識」的研究與西方心理學中有關「潛意識」運作的理論在許多方面都有相似之處，唐代玄奘大師（六〇〇～六六四）著作《八識規矩頌》，以七個字為一句，共四十八句，描寫人的八種意識，特別是他在寫「第八識阿賴耶」時，對「潛意識」作了極為深刻且詳細的分析。

唯識學的八識

佛教「唯識學」把人類的意識作用分為八種，即**眼**、**耳**、**鼻**、**舌**、**身**、**意**、**末那**、**阿賴耶識**。前面五種（眼、耳、鼻、舌、身）是人的五種感覺器官，合起來稱做「前五識」；第六識是「意」識，是前面五種感官意識的整合中心；第七識是「末那」識，是「自我意識」中心，第八識是「阿賴耶」識，儲藏「萬法種子」。

舉一首唯識學上很有名的偈（讀「記」）語，短短的四句話極其生動地說明了這八種意識：「兄弟八個一個呆，五個門前做買賣，一個在家出主意，一個司帳管錢財。」

五個門前做買賣——眼、耳、鼻、舌、身（前五識）

這八個兄弟合作無間。老大「眼」管看、老二「耳」管聽、老三「鼻」管嗅、老四「舌」管嚐、老五「身」管觸。這五個兄弟雖然合作無間，但由於溝通能力有限，每人各管各的，相互之間並不直接溝通，溝通和協調的工作得依靠老六「意」來進行。

一個在家出主意——意識（第六識）

老六「意」是一個「在家出主意」的總經理，具有記憶、分別、思維等功能，他穿梭於前面五個兄弟間，時刻把五兄弟採買後所傳來的訊息進行分析、比對、歸納和整理，然後再把所得的結果，提供給老七「末那」，讓「末那」去決定下一步如何取捨，怎麼應對。

一個司帳管錢財——末那識（第七識）

老七「末那」（梵語 manas）「司帳管錢財」，「末那」雖然聰明伶俐，但他非常執著於老八倉庫裡的「種子」，把它們當作是身家性命（當作是「自我」），所以老七「末那」識成為人類自私自利的來處，也是我們煩惱的根源。《金剛經》說：「過去心不可得，現在心不可得，未來心不可得」。老七「末那」識以這些「不可得」且虛妄的東西執著為

「我」，因此生起「貪、嗔、痴、慢、疑」等諸多煩惱。

兄弟八個一個呆——阿賴耶識（第八識）

老八「阿賴耶」是個大倉庫，把前面七個兄弟所提供、所造作的資訊和材料（我們在過去、現在、未來之所思、所想、所作、所為、所經驗、所感受的），不分好壞對錯，通通收進倉庫，以「種子」的形式，儲藏在「阿賴耶」的倉庫裡，等待在未來因緣成熟之際，種子會發芽，那時所有人類就會去受種種好的、壞的、苦的、樂的果報。由於老八「阿賴耶」沒有自己的意見和想法，也是最「無所作為」的一個，所以他就是那「一個呆」。

下面要請大家以東方佛學關於意識的理論架構，再來做一個「比對一下猜一猜」的練習表格4-2。

第三節　新紀元的「維度」概念

先解釋什麼是「維度」（Dimension）。

「維度」這個本是科學（尤指數學和物理學）上由來已久的名詞，在近幾十年內逐漸流行起來，它常出現在流行的電影、電視，特別是「新紀元」（New Age）談靈異的文章

【猜一猜】4-2

<table>
<tr><td colspan="2">本書四個身體次元為：
1肉體
2能量體七層
3意念體
4自性本體</td><td>佛教唯識學的八識觀點為：
1眼識
2耳識
3鼻識
4舌識
5身識
6意識
7末那識
8阿賴耶識</td></tr>
<tr><td colspan="2">肉體可對應到八識觀的哪一層意識？</td><td></td></tr>
<tr><td rowspan="7">能量體七層</td><td>第一層氣體對應到八識觀的哪一層意識？</td><td></td></tr>
<tr><td>第二層情緒體對應到八識觀的哪一層意識？</td><td></td></tr>
<tr><td>第三層智性體對應到八識觀的哪一層意識？</td><td></td></tr>
<tr><td>第四層星芒體對應到八識觀的哪一層意識？</td><td></td></tr>
<tr><td>第五層氣體模型體對應到八識觀的哪一層意識？</td><td></td></tr>
<tr><td>第六層天人體對應到八識觀的哪一層意識？</td><td></td></tr>
<tr><td>第七層因果體對應到八識觀的哪一層意識？</td><td></td></tr>
<tr><td colspan="2">意念體可對應到八識觀的哪一層意識？</td><td></td></tr>
<tr><td colspan="2">自性本體可對應到八識觀的哪一層意識？</td><td></td></tr>
</table>

書籍裡，且常用來表示「平行宇宙」的概念。流行文化裡的「維度」其實就是「空間」、「次元」的意思，這些「次元」、「維度」都不是實際的地方、場所，或世界，而是指一種「意識」的狀態，和科學上的解釋大不相同。

數學上的維度

下面先從科學上對「維度空間」的定義談起，為了解釋方便，必須借用到數學幾何上有關「點」、「線」、「面」和「體」的概念來說明

「空間」可以說是一個集合，空間最基本的元素是「點」，所以「點」（points）是一切的根源，代表著空間中的一個位置。

一維空間：當空間中存在兩個點，兩點之間成一條直線，隨著兩個點相對位置的改變，這條線可長可短，可以無限伸展，但它只有長度，沒有寬度，也沒有高度。當無數這樣的「點」疊加排列之後，所形成的直「線」就是「一維空間」。

二維空間：二維是由無數的「線」疊加在一起所構成的「面」，有長度，有寬度，但沒有高度，可以向所在的平面無限延展。我們在中學所學的座標——由水平的X軸和垂直的Y軸所構成的座標，就是一個這樣的「平面」座標，而只能在平面上移動的螞蟻，可被視為「二維空間」的生物。

三維空間：就是由無數的「面」疊加在一起所構成的立「體」，有長度，有寬度，也

有高度。人類生活的世界即是「三維空間」。

四維空間：人類作為三維空間的生物，其實是無法想像四維空間的，這道理正如螞蟻作為二維空間的生物，無法想像三維空間是一樣的。然而，通過瞭解一維、二維和三維空間規律的演變，人們提出了關於四維空間的一些猜想：如果把三維空間的長、寬、高三條軸之外，再加上一條「時間」軸，空間的維度又向上提了一階，成為四維空間。時間軸線上的任意一點，都是一個三維空間，也就是說，無數個在時間軸線上的三維空間疊加起來，就構成了「四維空間」。

五維空間：在科學上，「五維空間」是比四維更為抽象的概念，宇宙的維度是否為五維也是各個學科間辯論不休的話題。無論如何，四維空間人類既已無法想像，就遑論比四維空間更難觀察且無法證實的五維空間了。

靈學或意識的維度

以下所講的「維度空間」則是以「非科學」的角度去說明。首先要請讀者們原諒，雖然作者已盡量旁徵博引，引經據典地想讓所有的說明變得稍微「科學」些或稍微「客觀」些，然而，由於受限於維度空間的本質不具備科學性（無法驗證），在本章節裡，作者對於各維度空間的分類所根據的，或在其中所舉的例子，可以說完全是個人的「主觀」看法，或純粹是我個人生活中的經驗或體驗。

讀者也許還會發現，在本章裡不只是「維度的分類」，對於維度的解釋以及說明也和其他文章或書籍所刊載的不盡相同。再一次的提醒讀者，以下我將要說的是根據個人的主觀看法或經驗，並不代表普遍存在的真理。

另外要說明的是，「維度空間」在流行文化裡是個常出現的名詞，由於每個人對於「維度空間」所牽涉到的概念都有不同的說法，比如在「最高維度」這題目下，有人認為宇宙共有十二個維度，有人認為七維是極限，也有人認為宇宙只有九維。為避免讀者產生混淆，在本書裡，我將以「第五維度以上」來代表所有的高維度，以「n+1維」來代表最高極限的維度。

第四節　第一維度的存有

意識上振動頻率最低的為第一維度，所有的「無機物」，如自然界中基本的一百多個化學元素（元素週期表上所有元素），以及不含碳元素的化合物（如石頭、土壤）都是存在於第一維度的存有（being）。人體組織中，除了碳、氫、氧和氮以有機化合物形式存在之外，幾乎含有自然界存在的各種元素。雖然目前第三維度的科學還沒能證明礦物有任何意識，但自古以來地球上各種文化一直在使用石頭或礦物（如水晶、寶石等）作為治療疾病的工具。我們人類身上也有著礦物存在，比如鈣質、鐵質等礦物質。

第五節　第二維度的存有

有機物質、植物，和低等動物是存在於第二維度意識的存有。「有機物」是含碳元素的化合物或碳氫化合物及其衍生物的總稱，有機物是生命產生的物質基礎，人體組織中含有的基本營養成分如維他命、我們呼吸系統和腸胃系統裡的好菌（益生菌）和壞菌，也都是屬於第二維度的有機物。

第二維度的存有並不具備人類所具備的「自我」意識，它們只意識到自己的物種身分，以及對食、色、或鬪（即食慾、性慾、自衞）的需要。它們的意識只「活在當下」（意識到當下的那一刻），而且是建立在優勝劣汰、適者生存的基礎上，可以說它們的意識已是大自然的一部分——維持宇宙大自然的「平衡」的循環系統；舉植物為例，植物趁著在白天有陽光時，把根部從土壤吸收到的無機物送到葉子，利用葉綠素以及太陽能進行光合作用，最後把二氧化碳和水合成有機物，並且放出氧氣。地球上的動物以及微生物，都是依賴氧氣有機物才得以生存。

表 4-1　第一維度（1D）

誰存在於第一維度意識？	無機物（如礦物）
第一維度存有與人類的關係	自古以來就被人類所使用
第一維度有包含在人的四個次元身體嗎？	有的。我們的「肉體」就有第一維度的存有，如維他命及鈣鐵質等微量礦物質。

植物在人類意識轉化中所扮演的生態角色

其實，植物對人類的「恩惠」不只是生物學所能理解的：吸收人類的廢物二氧化碳，放出人類賴以生存的氧氣，一般人都不知道，植物也收集人類的負面意識垃圾，送到根部，交給仁慈的大地之母，有著大愛的大地之母將負面意識能量轉化提升為正面意識能量，再交給植物，植物透過它的身體，再將正面意識廣泛地散發給每一個地表上的生物或無生物。

植物的根——與地球母親溝通的網絡

植物是怎麼做到的呢？植物的根生長在地下的土壤和石頭（第一維度存有）間，它們交錯盤纏向四面伸展，讀者可以將這地下景觀想成是我們複雜的大腦神經系統：神經細胞的樣子就像樹枝，是以突觸（synapse）的形式互相連結，突觸串連起神經傳導的路徑，因而形成一個神經細胞網絡，人類的感覺和思維大多靠它來形成，除此之外，它還有傳遞、交換、儲藏與記憶的功能，每一棵植物的根部就像每一個人的大腦神經系統，也形成一個複雜的資訊網路。記得在第三章第五小節〈什麼是業力〉談到「廣泛業力」時提到的天羅地網？植物根部系統裡的突觸所發展出來的資訊網絡就是「天羅地網」中的「地網」，植物的地網時時刻刻接收著地球上所有生物和無生物給予的負面意識（當然，這些意識立刻成為阿卡西紀錄的一部分）。

地球母親無分別的大愛——涵容一切負面，轉化為正面

值得慶幸的是，仁慈的地球母親絲毫不在意我們給祂的是垃圾，也因為地球母親具足無條件的愛及智慧，祂立即用祂的大能力把負面的垃圾轉為正面能量，再經由植物的根部的網絡系統，將正面意識交還予住在地表的各維度的存有。大地之母的愛是自然生、自然有、自然流露，因此，當大愛流露到地表時，那種正面意識的能量是廣泛地、非個人地「放諸四海」而皆瀰漫，這是為什麼當我們身處大自然有花有草的環境中，不但是空氣清新（植物放出氧氣），我們自然而然就覺得舒服、愉快、安逸，因為地球母親給我們的正面意識能量，當下就改變了我們的意識狀態和身體的磁場。

以植物生態循環來做類比，一切自然敗壞的生命廢物，在地球大氣的風化、低等菌類的分解下，既成就了生態的環境，也轉化成滋養生命的養分。地球母親以大悲涵容來昇華植物的生命悲歌，這是低維眾生與高維意識的契合，在更寬廣的視界下，自然湧生的理解，這其實就是揚升的內在意涵。以下，以我與一棵樹間的意識對話來描述這樣的理解與了悟。

我與一棵樹的意識對話

下面這一大段文字摘錄自葛瑞絲最近出版的《叩問生死——探索人生目的》（二〇二〇），是我和一棵樹的意識之間的談話。

我（葛瑞絲）在至青老師家附近突然看見一個龐然大物，仔細看，竟是一棵非常高大的樹，它讓我聯想到紅杉木（redwood tree），但並不知道它是不是紅杉木。我問它，為什麼在這裡呢？它說它們那個王國有很多其他的樹、動物和精靈都要死了，而它來到這裡似乎是想要尋求一個答案。

以下為樹與至青老師的對話，樹的話皆由我為它說出。

樹：「生病呀，我們、生、**病**（加重語氣）。」

至青老師：「為什麼？」

我看到畫面中，有人類砍伐森林，空氣中有毒氣。

至青老師：「森林被砍伐，很多毒氣，這應該是在地球。」

葛瑞絲：「在美國嗎？加州前陣子是不是有森林大火？『火』是不是樹說的毒氣的意思？」

至青老師：「有可能，都是很不好的煙。火燒森林之後，首先那些生物都會死，樹也會死。我們能做什麼呢？」

葛瑞絲：「老師，樹想問您，它們死了以後怎麼辦呢？」

樹：「當了那麼久的樹，我們死了以後，能去哪兒？」

至青老師：「你們會到其他的維度。說不定有一天會變成人，或者動物，不一定的。」

樹：「我們想知道會去哪兒？回去告訴我們的弟兄，『不要怕被燒死。就死吧，沒有關係』，但我們想要有希望。」

至青老師：「你們的靈魂，也就是你們的意識，現在你就是用意識在跟我說話，這個意識是不會死的。雖然你的肉體死了，也就是樹幹被燒焦，樹葉變成一堆灰，但是你的意識（你的想法）——不會死。你放心，你跟所有人說，跟你的弟兄說，你們都不會死，你們的意識都存在。但是你下一世，樹死了以後，可能變成另外一個身體，不一定是樹，說不定變成動物、或人、或花，或其他的物種，但是你的靈魂——意識就是靈魂，這一部分是不會死的。」

葛瑞絲：「它聽懂了。」

至青老師：「可能樹幹死了，被燒掉了，但是你的意識還在。我們人類也是一樣，有一個肉體，肉體就是你現在看到我的樣子，是我的肉體，我們也會死，人的壽命大概是幾十年，樹已經活了好久好久，可以死了。死了以後就會換另一種身體，所以我死了以後我的意識還在，我的想法還在，但我的肉體沒有了，肉體會爛掉、臭掉，我不需要那個肉體了，但我意識還在，我又變成另一種東西，我又得到一個新的身體。」

葛瑞絲：「它好像聽懂了。老師，您剛才在說話的時候，我感覺這裡的每一棵樹，每一根草，每一朵花（可能還包括每一個石頭）都在聽您說話，似乎在那一瞬間，每棵植物就像活著的人一樣，有生氣地隨風舞動著，全身上下都發出光芒。」

至青老師：「植物都有意識也有生命，所以樹死了以後又有新的肉體，就跟我們人一樣，說不定有一天我的肉體死了，我就變成一棵樹，我做樹又繼續活。」

葛瑞絲：「老師，樹走了，離開得很乾脆，它說『好，謝謝』，然後就飛往空中消失了。」

畫面的最後，我看見樹群們望著（可能是現在居住的）一片森林，樹上棲息的動物都死了，它們有一點傷心，因為整片森林都沒了，它們瞬間有點絕望，但它們也想接受現況。最後它讓我看見一片美麗茂盛森林——應該曾經是多麼美麗的地方，也或許這是樹群們心裡森林該有的樣子。

樹的求救引發我心中很多不捨，但對於它們比人類更容易接受事實的這個過程，我深受感動，想起當初知道自己病危時，可不像樹這麼冷靜，太多的我執，一心想要抓取著什麼。樹的灑脫令我佩服，精神值得我學習。它們幾乎沒有情緒，可以說不帶恨意的接受自己會燒死的實相，也令我再次反思「毀滅」這個課題，我一直都不知道「意識是不會死的」，也不知道肉體消失了沒有關係，我們總是會活著，只是用不同的方式延續生命而已。大師的事件也讓我見證了靈魂不滅。這兩次的經歷，令我領悟到至青老師時常說的：「我們這一世做為人的身分只是短暫的過程，無須執著。當我逝去的時候，我不是我，你也不再是你。」

既然意識不會死，哪還有毀滅呢？哪裡還需要執著呢？

說到人類的二維意識，一些「原始」民族可能比文明人類更能「意識」到自己的二維意識，可以說他們是「有意識」地去培養或獲得他們的本能（直覺），他們也更能意識到自己是大自然（整體宇宙）的一部分，也因此往往比文明人更能尊重所有生命和大自然的平衡規律。

第二維度有包含在人的四個次元身體嗎？有的，人的二維意識集中在自主（自律）神經系統（ANS/VNS），即腦的下視丘以及腦幹部位，之所以稱為「自主」或「自律」，正是因為一般人無法以「意識」來控制這一部分的神經活動，但它卻控制了人的心跳、呼吸、血壓、消化和新陳代謝。雖然人類的五種感官（視覺、聽覺、嗅

表 4-2　第二維度（2D）

誰存在於第二維度意識？	有機物質（如植物和低等動物）
第二維度存有的特點	──沒有人類的「自我」意識 ──它們的意識建立在適者生存的基礎上，只「活在當下」（在當下的意識中活著） ──能意識到①自己的物種身分，以及②食、性、自衛的需要
第二維度有包含在人的四個次元身體嗎？	有的，如人體的維他命或各種細菌（包括好的益生菌和壞菌）。人的第二維度意識集中在自律（自主）神經系統（ANS/VNS），即腦的下視丘以及腦幹部位。

覺、味覺、觸覺）對自己的這一部分沒有「意識」，一般醫學和科學也認為人類也無法以「意識」來控制，但是，從八〇年代開始，許多以「身心靈」為題的研究結果卻證明了，如果透過「有意識」的訓練，人的許多生理上「無意識」的神經活動是可以被控制的。西方學者們曾對藏傳佛教的僧侶們做了許多這方面的研究，發現這些有長期冥想或靜坐經驗的出家人，運用自己「有意識」的思想力量，居然改變了醫學傳統上認為不可能控制的自律神經系統，不但能提升體溫、改變心跳速率和肺部呼吸頻率，也能調整自己的血壓和新陳代謝率。

第六節　第三維度的存有

依照振動頻率的高低，第三維度大致可分成兩種：較高振動頻率的第三維度（以下簡稱「高階三維」）和較低較低振動頻率的第三維度（簡稱「低階三維」）。

「高階」三維裡的存有是**人類**，是幾千年來住在地球上的人類。

這裡要特別說明，我們這些「高階」三維裡的人類也同時存在於第四維度空間。當我們睡著時，肉體和靈體（意識）兩相分離，此時在第三維度的肉體沒有意識，但存在於四維空間的靈體是有意識的，換句話說，我們是「有意識」地存在於第四維度空間裡。我們第四維靈體擁有許多夢想、直覺、創造力和通靈力……，一般人平時意識不到自己的第四維度，是因為四維的空間和時間與三維並不同步，這也是為什麼在我們的夢裡明明經歷了很長一段時間，夢醒時發現只不過才睡了幾分鐘。

「低階」三維的存有是**高等動物**，如狗、豬、老虎、狐狸、魚類……。讀者們可能已注意到，本書在談到動物時將之分成「高等」動物及「低等」動物兩種，其實在意識上，「高等」、「低等」只是一個相對的概念，兩者之間並沒有明顯的界線，之所以分成「高等」、「低等」，是為了解說上的方便。人類的「動物學」上對這兩個名詞也沒有明確的區分，一般所謂的「高等動物」是指身體結構較複雜、組織和器官分化較顯著並具有脊椎的動物，也就是說，我們通常認為「脊椎動物」比「無脊椎動物」要高等些。

高階與低階的轉世互換

另外，課堂上常有學員問我，三維的「高階」和「低階」會互換嗎？比如人會轉世成為動物，或動物會轉世成為人嗎？「當然會，」我永遠這樣回答：「而且這種『高階』和『低階』互換的情況比我們想像的還要多很多。」

我長年和孩子們一起工作，就遇到過好些孩子是動物轉世的，你都可以在他們身上找到他那種動物所持有的特性，「特性」可以是他的性情，也可以是某種生活習慣，甚至於走路的姿態，比如四隻腳動物（像豬和牛）轉世的孩子，他們走路的樣子就不同於爬行類的蛇和蜥蜴轉世的孩子。前者可能像女士穿高跟鞋一樣，以腳掌先著地，或說踮著腳掌走路（一般的走法是「腳跟」先著地，接著重心才順移到腳前方）；有一個蜥蜴轉世的孩子是以外八字的形狀（腳尖向外）走路，另外一位蛇轉世的孩子會蛇行——似乎腳不離地的「拖」著走。總之，總有些生活上的蛛絲馬跡顯示出他們來自的動物族群的特性。

在這裡要特別提醒大家，由於我工作的關係，在這裡談「動物轉世」所舉的例子大多是一般人所謂的「身心障礙者」，但是，請不要因此而錯誤的推斷凡是有「身心障礙」的孩子多為動物轉世，更請不要對動物轉世的人升起輕蔑心。事實上，我在日常生活上所遇見的「正常」人中，不論是大人或小孩，也有許多來自動物世界，我個人粗略的估計，動物轉世者所佔的比例，在「正常」或「身心障礙」的族群裡，其實並無太大差異。

有關動物轉世為人，佛教的始祖釋迦摩尼在生前就曾談論過這種現象，《大寶積經》第七十二卷有如下記載，他說：「**彼人若從畜生**終來生人中者。當有是相。智者應知。闇鈍少智，懈怠多食，樂食泥土，其性怯弱，言語不辯，樂與癡人而為知友，憙黑闇處，愛樂濁水，喜嚙草木，喜以腳指剜掘於地，喜樂動頭驅遣蠅虻，常喜昂頭欠呿空噍，常喜拳腳隨宜臥地不避穢污，常喜空嗅喜樂裸形，常喜虛詐異言異作，多喜綺語，夢泥塗身、或夢見己身於田野食草、或夢見己身為眾蛇纏繞、或夢見己身入於山谷叢林之中。」

動物轉世為人的例子

下面舉個小狗轉世為人的例子。一次我接到一個從紐約市教育局轉介過來的小學一年級孩子的案例，他的社會背景資料顯示學校的老師對這孩子有諸多抱怨：「不遵守教室裡的規矩」、「有突發性的怪異行為」，而且「屁股像是尖的般坐不住」。報告裡還記錄了一個例子：有一次在上課中他突然跳起來，話不說一句就衝出教室，後來聽說他衝出教室後就只是到操場奔跑一圈，之後又很快回到座位上，好像什麼事都沒發生過。這孩子後來當然成為我的小病人，我明白這孩子身上具有的「毛病」其實不是毛病，在我看來只是狗狗在轉世過程中無可避免地帶過來的「特性」（當然，這純粹代表我個人的觀點，我不曾、不能、也不會在工作上向任何人透露），一般說來，前世為動物的存有初到人間，總是需要經歷一段不適應的過渡期。

讀到這裡，再次請大家不要對動物轉世的人存有輕蔑或厭惡之心，因為你自己也可能是他們之中的一個，大多數的人都曾經不只一世或說「多生多世」地做過動物，但是大多數的人並不知道自己曾為動物。

跨界轉世的衝擊與適應期

讓我們回頭談談從動物界轉世到人間的孩子會有一段不適應期，正如一個移民到國外的人，也會有一段不適應期，有一個名詞叫「文化衝擊」（culture shock）正是用來形容這種「不適應」。就拿我自己為例，年輕時剛到美國求學就經歷了七年極端痛苦的「不適應」，為什麼我的不適應是七年？因為從第八年開始，我意識到自己在作夢時所用的語言不再是「純」中文，英文逐漸出現在我每一個夢境裡，我認為它象徵著自己已然開始適應美國的文化及社會，我於是知道並慶幸這一段不適應的「七年之痛」終於向我告別。當然，這「七年之痛」只是針對我個人當時的情況，並不代表每一個人都需要七年去適應新的社會及文化。

然而，以我的例子來說，文化衝擊再怎麼兇猛，我個人再怎麼不適應，也都只是發生在「高階」三維人間裡的事，而前面所提及的「小狗狗」孩子，他才剛從「低階」的動物界移民到「高階」的人界，讀者試想，他所受到的衝擊比起我的要強過多少倍呢?!

你可能會問我，如果我從臺灣到美國的適應期是七年，那麼這個從動物界轉世到人界的孩子需要多少年？我的回答將是：來自動物界的存有一般需要兩世或三世才能完全適應人的世界。然而，如果這孩子在這一世就「有意識」地提升自己的振動頻率、「有意識」地調適自己種種的不適應。那麼他只需要一世，而不是兩、三世。

在課堂上也常有學員問：一、是否也有人從「高階」三維的人間轉世到「低階」三維成動物？二、如果有，是不是因為他們做了什麼大壞事？

先回答第一個問題，答案是「是的，有這樣的例子。」至於第二個問題「是不是因為他們做了什麼壞事？」答案是「不一定」。

在世不溝通，來生成動物

下面舉一個「不一定」的例子。我曾知道這樣的一對夫妻，兩人生前都是小學老師，雖然在工作上兩人都必須大量用到語言和文字與學生們溝通，但是由於兩人關係惡劣且冷戰多年，回到家總是不言不語，相互之間極少用聲音「直接」溝通，他們有一個孩子，必要時就透過孩子作為兩人溝通的橋梁，「孩子，叫你爸爸去……」或是「孩子，叫你媽去……」孩子早已習慣父母親長期不說話，遇到非溝通不可的大事時，比如孩子的學校舉辦家長會需要父母親參加，如果先收到通知的媽媽不能參加，媽媽便會把通知單放在爸爸每天坐的座位上，如果換作爸爸先收到通知卻不能參加，爸爸的做法和媽媽一樣，也會把文件放在媽媽每天坐的座位上。

兩人的冷戰就這樣持續了幾十年，死後兩人都分別轉世成了動物。故事說到這裡，我常要聽課的學員做「猜猜看」的練習：「這兩個人後來變成了『什麼樣』的動物？」如果讀者願意加入這個練習，請現在把書闔起來或停下你手邊正在做的事，花一、兩分鐘想一想答案，請在有答案之後再打開書。

課堂上猜測最多的答案是：變成狗，不對；變成貓，也不對。這時我會請大家把重點放在這對夫妻拒絕以「文字或語言去溝通」這件事上。

答案是：他們夫妻兩人分別成了不會或很少發出聲音的動物。

這樣的答案似乎很出人意料，但是如果我們一開始就依著「人生目的」這個主軸去思考，不難推斷出兩人將成為「不發聲或是少發聲的動物」這樣的結果。讀者還記得本書第一章第一節（第二十三頁）裡談到，人在死後或投胎之前都會和宇宙中不同維度的「存有」開「人生目的會議」（也稱「生命回顧會議」）嗎？會議的主題包括：第一，審查人是否達成了當初來人間的「靈性人生目的」，以及第二，依此決定人將來的去處（即維度空間）。

假設讀者你分別出席了丈夫和妻子的兩場會議，再進一步假設你現在正出席妻子的人生目的會議，對於第一點「妻子是否達成了當初來人間的『靈性人生目的』？」請讀者猜一猜會議審查的結論會是什麼？如果讀者願意猜一猜，請現在把書闔起來，等腦海中浮現了答案之後再打開書繼續閱讀。

答案是：會議審查的結論是「妻子沒有達成她的『神聖』人生目的」。你可能會問我，我們怎麼知道妻子的「神聖人生目的」為何？

答案其實很簡單，任何人的「神聖人生目的」都隱藏在最令他痛苦的地方：在他認為最艱難的環境裡，或在他自認為意識不到但一直刻意躲避的想法、話題或行為裡。所以，以妻子的角度來看，這一生中最令她痛苦或認為最艱難的環境可能是什麼？是那個沒有溫暖的「家」和沒有愛的丈夫，為什麼「家」沒有溫暖，「丈夫」沒有愛？因為他們夫妻兩人都拒絕溝通或不溝通，如果我們把「不溝通」反推回去做個一百八十度的反轉，就可以知道，妻子當初來到三維人間投胎的目的必然包括「溝通」這件事。

至於會議第二個主題：「決定妻子將來的去處」。我們已知妻子的去處——是到低階三維的動物界做一個沒有聲音的動物。為什麼她會「下墮」到振動頻率低的動物界，難道和丈夫吵架或冷戰是一件大壞事嗎？當然不是大壞事，但這不是重點，也就是說，她「下墮」動物界和她是否做了壞事比較無關，卻和她的「人生目的」有更大的關

表 4-3　第三維度（3D）

第三維度分成「高階三維」和「低階三維」	
誰存在於「高階」三維意識？	近幾千年住在地球上的**人類**
誰存在於「低階」三維意識？	**高等動物**，如狗、豬、老虎、狐狸、魚類、爬行類……
「高階」和「低階」意識上有何區別？	1.「高階」意識的振動頻率高過「低階」 2.「高階」溝通方式主要為語言、文字 3.「高階」的人類也同時存在於第四維度，比如人在睡覺時意識離開身體，此時的意識即處於第四維度的狀態
轉世時，「高階」和「低階」會互換嗎？比如人變成狗，或狗變成人……？	會的，這種互換的例子屢見不鮮。大多數的三維存有至少有幾十世甚至幾百世持續留在第三維度且遊走於「高階」「低階」之間（有時做人，有時做動物）

係——這妻子投身為人的目的是來過「人」生，而不是來過「動物」生，但是，她雖來到了主要用語言和文字溝通的三維人間，卻選擇了動物界的無聲溝通方式，可以說她刻意（有意識地）放棄這種人類特有的優惠，無怪乎出席她「人生目的會議」的大夥兒認為最適合妻子的環境，是不需要用語言文字溝通的低階三維了。

最後要說的是，這種轉世時動物變人或人變動物的例子屢見不鮮。其實，大多數的三維存有（人和高等動物）至少有幾十世甚至幾百世持續留在第三維度且遊走於「高階」和「低階」之間（有時做人，有時做動物）。

第七節　第四維度的存有

以下要談第四維度。第四維度的存有在能量上更少「物質」成分，我們可以說四維和三維最大的區別是，四維以上的存有基本上是沒有物質肉體的。

第四維度也如第三維度，也可分為「高階」和「低階」，先請各位讀者原諒，之所以有高低之分，純粹是作者為了講解方便。

人在死亡之後由於沒有了肉體，便自動進入第四維度。還記得第一章所提的「生命回顧會議」（審判庭會議）嗎？我們在開會的時候便是處在這第四維度的狀態，此時還沒有「高階」和「低階」之分。然而，當審判庭會議告知我們將來的去處之後，第四維度就有了「高階」和「低階」兩種可能性，比如大會認為由於我生前是個大善人或大「義人」（the righteous，西方基督宗教聖經用語），而讓我「升天」做一個天人或仙子仙女之類的，這種情況我雖然留在第四維度，但我進入的是一個新的階段：即「高階」四維；如果大會的決議是讓我「下墮」到地獄去受苦，那麼我雖然也仍留在第四維度，但我進入的也是一個新的階段：屬於「低階」的第四維度。

「低階」四維

如果上面提到的審判庭會議告知我們將去的地方，不是三維以下有肉體的世界，而是去一個沒有肉體且「比較不好」的地方，那麼作者便把這個「比較不好」的地方歸類為「低階」四維。這種沒有肉體的「靈」，不管在西方或東方，都沒有一個統一的名稱，加上三維世界的人類對「低階」四維的瞭解少之又少，因而對其中的存有就有著各種稱呼，包括鬼、精、魔、魔鬼、妖怪、鬼怪、墮落天使……。

「低階」四維的世界也和其他維度一樣，其中也可再細分為許多層級，一般說來，層級最低的不論是在東方和西方都是「地獄」。至於地獄之上的層級，東西方的宗教或文化則有不同的分類法，西方基督宗教中的天主教認為地獄之上還有「煉獄」，但基督宗教中的新教徒則否認「煉獄」的觀念。東方宗教如佛教對「低階」四維分得較為仔細，層級最低的當然首推地獄，高於地獄一點的為「餓鬼道」。

佛教裡還有一個特別的名稱：「中陰」（in-between），是用來描述死後等待著投生的過度階段——生命在死亡之後，到下一期生命開始之前的中間存在狀態叫做「中陰」，等待著發配到其他世界或其他維度；第一章所提的「審判庭會議」（即「生命回顧會議」），就是在「中陰」這暫時的階段所發生的事。本書的後半部將透過《中陰救度》這本書專門談論中陰身，此處便不作贅述。

佛教的「地獄道」、「餓鬼道」及「修羅道」

下面先介紹東方宗教如佛教裡的「地獄道」、「餓鬼道」及「修羅道」的存有。

一、「地獄道」的存有：

許多宗教和文化裡都有「地獄」說，其中佛教對地獄的描述可以說是最詳盡，最有系統，但也是最分歧的。無論是地獄的數目、名稱或所在空間，佛教各部經都有各自的說法，就以地獄的數目來說，有八大地獄、十大地獄、十八地獄、三十地獄、六十四地獄，甚至有無量種等說法。不論各種關於地獄的論點有多分歧，所有的說法都一致公認：在佛教的「六道」當中，地獄道是最苦的。它最大的特點是極寒、極熱或極痛，而且依據惡行的不同，所進入的地獄不同，所接受的刑罰也不同，所有在地獄道的存有皆飽受身心煎熬、痛不欲生。

眾多的地獄說之中最普遍的是「四類十八地獄」，「四類」指的是八大地獄、近邊地獄（遊增地獄）、八寒地獄、孤獨地獄。讓我們挑其中最主要的八大地獄（又稱八熱地獄）稍作說明：

八熱地獄的特點是「火刑」，而每一個火地獄之下又各擁有十六個小地獄，可分為：

1. 等活地獄：人於這個地獄中受苦而死，死後還復活受苦，所以稱等活地獄。刑期一兆六千六百五十三億年。
2. 黑繩地獄：獄卒在罪人身上以熱鐵繩畫上幾十條黑線，然後用熾熱的鋸斧沿著黑線將人割成百千塊，刑期十三兆年。
3. 眾合地獄：獄卒把人放在兩座大石山之間，兩座山聚合擠成碎塊；或是把人放在磨石中，以磨磨成泥；或放在鐵臼中，以鐵杵搗成泥；或放在大石上，以大石壓之。
4. 嚎叫地獄：獄卒把人扔到大鼎中煮沸，又擲於大鍋子上反覆煎熬，人痛苦嚎叫。
5. 大嚎叫地獄：是嚎叫地獄的升級版，所受之苦更甚於嚎叫地獄。
6. 焦熱地獄：把人放到熱鐵上，從頭到腳以大熱鐵棒打碎成肉泥。
7. 大焦熱地獄：是前面焦熱地獄的升級版。
8. 阿鼻地獄，又叫無間地獄，「無間」意思就是不斷地死亡，痛苦永不間斷。

本書後半部討論的《中陰救度》中也有關於中陰階段可能遇到的「地獄道」景象：

■「若（將來）生於地獄道時，聽得到惡業所感的歌聲，或不由自主地必須投入的話，將出現陰暗的洲島、黑屋、紅屋、黑暗地洞，和行走於黑暗道路等情景。若去了那裡，就進入地獄，將領受寒熱之苦難忍，無逃脫之期限，應該謹慎勿進入那裡面。無論如何，應勿進入。」[1]

■或是「會墜入懸崖、深淵……很多食肉鬼、羅剎，手拿各種兵器，轟隆隆地、凶暴地傳來『打、殺』的聲音。也出現被各種可怕的猛獸所追趕的景象。也將發生雨雪和暴風雨和黑暗，與被許多人追趕的幻影。山崩塌聲，湖水溢出聲，火燃燒的巨響，和刮著大風聲，你害怕它們而輕率地逃走，卻在前方被三座懸崖隔開：墮落在白、紅、黑的三個悲慘深淵，好像就要發生。」

■「喂！善男子（某某）：這個其實不是深淵，是你的貪嗔癡三毒。此時應該知曉是輪迴中有。念誦大悲觀世音菩薩名號，並且啟請說：大悲觀世音菩薩尊者、上師、三寶！我某某（在這裡加入自己的名字），請不要把我送到惡道去！不要忘記！」[2]

或是走進一片黑色大地，一個令人感到徬徨無助的地方。

為什麼會入地獄？

佛教認為，入地獄最大也是最根本的原因就是「殺生」，其他由於不清淨的「身、語、意」三業所造成的「十大惡行」也會讓人招來入地獄的惡果。這十大惡行是：

■由「身業」造成的三大惡行：殺生、偷盜、邪淫。

■由「語業」所造成的四大惡行：

——妄語：說謊、騙人

——惡口：口出惡言、攻擊、毀謗、威脅、諷刺……

——兩舌：挑撥是非，離間別人

——綺語：花言巧語、口蜜腹劍、言不及義、阿諛諂媚

■由「意業」所造成的三大惡行：貪慾（貪婪）、嗔念（生氣）、愚痴（無明）三毒。

二、**「餓鬼道」**的存有：

餓鬼道雖然不像地獄道那樣的痛苦，也不斷受到飢餓的折磨。顧名思義，餓鬼常處於「飢餓、乾渴」狀態，比如身處沙漠或曠野找不到任何食物或水；即使在有食物的環境下，往往「看得到、吃不到」，無法成功進食，他們整日為尋找飲食而四處遊蕩，永遠一無所獲。在《正法念處經．餓鬼品》經文裡，釋迦摩尼佛向弟子們介紹餓鬼的世界，同時詳細地描述其中三十六種餓鬼的模樣、身形、性情、及前後的因果關係。下面簡單介紹前十種餓鬼的模樣及性情。

1. 鑊身餓鬼：他們的身體和容貌像鍋底一樣黑，喜歡親近懶惰不煮飯的人，以便棲身於冷灶之內。

1.《中有大聞解脫》，蓮花生大士岩藏，事業洲尊者岩藏，許明銀翻譯，二〇〇〇，第九十三頁。
2.《中有大聞解脫》，蓮花生大士岩藏，事業洲尊者岩藏，許明銀翻譯，二〇〇〇，第七十七頁。

2. 針口餓鬼：肚子很大，喉嚨細小，嘴巴像針孔一樣小，不能吞咽。
3. 食吐鬼：喜歡親近飲酒之人，等著他們酒醉而嘔吐時，能夠吸取惡氣以為食物。
4. 食糞鬼：經常到堆糞黑暗之處，以糞氣為食。
5. 無食鬼：時常找不到自己所能吸食之物，而感飢苦難受。
6. 食氣鬼：喜歡親近身體虛弱或病重的人，吸取其氣以為食物。
7. 食法鬼：常於世人勸善之處，聞說善法，而感溫飽，不覺飢渴。
8. 食水鬼：常在陰溝或水邊，以水為食。
9. 希望鬼：專門希望世人為惡，在精神上可得滿足。
10. 食唾鬼：喜歡親近有吐口水或痰習慣的人，等著吃人吐出來的口水或痰。

本書後半部討論的《中陰救度》中也有關於中陰階段可能遇到的「餓鬼道」景象：「若生餓鬼道時，則看到殘缺樹幹（乾樹梃）、森林空地、崩塌的峽谷或看見黑暗和陰影。若往彼處，身為餓鬼，而領受種種飢渴之苦，故無論如何不要前往，當及轉念回頭！要以堅強的毅力勿前往！」[3]

人之所以墮入餓鬼道的原因，除了做了一般認為的壞事之外，特別和小氣吝嗇、不肯施捨助人、偷盜、貪心、執著、嫉妒、或是見難不救……有關。

至於餓鬼的壽命，各種計算方法不盡相同，但一般認為比人長很多。《長阿含經》卷二十說：「鬼以人間一月為一日，乘此成月歲，後壽五百年」（大約是人間一萬五千年之久），又說：「餓鬼壽十萬歲，多出少減」。《正法念處經》說，「餓鬼道中經五百歲。餓鬼道中一日一夜，此閻浮提日月歲數經於十年。如是五百歲，名為一生，少出多減，命亦不定。」以人間十年為一晝夜，其壽命達人間一百八十萬歲。

三、「修羅道」的存有：

這是一個比較特別的「道」（地方），佛教裡的「六道」雖然也包括修羅道，然而其他各道都存在著「阿修羅」，因此有些佛教經典裡只算「五道」，而非「六道」。「阿修羅」通常是指生前對外很愛和人競爭，若不是看不起人，就是常嫉妒比他優秀的人，對內則自覺高人一等。《大佛頂首楞嚴經》上記載著有四種阿修羅，分屬於除了「地獄道」之外的其他四道：「人道」有阿修羅，「天道」有阿修羅（只在低層次的欲界天），「畜生道」有阿修羅，「餓鬼道」裡也有阿修羅。

本書後半部討論的《中陰救度》中也有關於中陰階段可能遇到的「修羅道」景象：「若生阿修羅道時，將可看到賞心悅目的樹林，或是見到旋轉火圈。無論如何都不可投生那裡，當即轉念回頭。」[4]

3.《中有大聞解脫》，蓮花生大士岩藏，事業洲尊者岩藏，許明銀翻譯，二〇〇〇，第九十三頁。

4.《中有大聞解脫》，蓮花生大士岩藏，事業洲尊者岩藏，許明銀翻譯，二〇〇〇，第九十三頁。

西方宗教的地獄、陰府、煉獄、靈薄獄

一、**地獄**：和佛教經文比起來，西方宗教裡對「地獄」的描述相對的少很多，比如基督宗教的《聖經》並沒有一個特別的章節專門談論地獄，地獄的特徵是從聖經文本的教導裡所推斷出來的。《新約聖經》對地獄的描述是「永恆的」或「無盡的」懲罰，是上帝施加給不願悔改的罪人受苦的地方，地獄的特點是火、蟲子、黑暗、無底坑：

天使把牠扔進無底深淵。——《啟示錄20：3》

有燃燒著的火和硫磺的湖。——《啟示錄21：8》

有永不熄滅的火、受永遠的刑罰。——《馬太福音25：41、46》

蟲子不死，烈火永不熄滅。——《馬可福音9：48》

被火鍛鍊，人像被用鹽醃一樣。——《馬可福音9：49》

受到烈火和硫磺的酷刑，折磨人的煙永遠不停的往上冒……日夜不得安寧。——《啟示錄14：11》

在火焰裡卻沒有水喝，非常痛苦。——《路加福音16：24》

就是天使犯了罪，神也沒有寬容，曾把他們丟在地獄，交在黑暗坑中，等候審判。——《彼得後書2：4》

二、**煉獄（Purgatory）**：西方基督宗教中的天主教認為，人死後有三個去處：天堂、地獄和煉獄，但基督新教的說法只有天堂、地獄而無煉獄。「煉獄」是給「那些死在天主

的恩寵和友誼中的，但尚未完全淨化的人，雖然他們的永遠得救已確定，可是在死後仍須經過煉淨，為得到必需的聖德，進入天堂的福樂中。」(《天主教教理 1030 條》)的人去的地方。

三、**靈薄獄（Limbo）**：靈薄獄（Limbo）的原意是「邊緣」或「界限」(意指天堂與地獄的邊界)。「根據教會初期神學家之意見，靈薄獄為在耶穌之前死去的善人等候救恩之處所；也是未受洗之嬰兒，和無機會受洗又無重罪去世的成人居留之處所。」(《天主教辭典》)；不過，有關「夭折嬰兒」死後是否進入靈薄獄，在《天主教教理 1261 條》中有不同的觀點：「至於還未受洗而夭折的兒童，教會只好把他們託付給天主的仁慈，一如在他們的葬禮中所表達的那樣。事實上，天主的仁慈是那麼偉大，祂願意所有的人得救，而且耶穌這麼喜愛孩子，祂曾說：『讓小孩子到我跟前來，不要阻止他們。』」

「高階」四維

東方宗教如佛教的「欲界天」及「修羅道」

一、**「欲界天」**：佛教把六道輪迴中的「天道」分為三個層次，最低一層為「欲界天」，其中再細分為六層；介於中間一層為「色界天」，其中再細分為十八層；最高一層為「無色界天」，其中再細分為四層，一共有二十八層天。什麼人在死後能進入天界？人在生前若能實踐「十善業」(即「不做」上面所提到的「十惡業」，就是不殺生、不偷盜、不邪淫、不妄語、不惡口、不兩舌、不綺語、不貪、不嗔、不癡），死後將上升天界。

讓我們回頭來講天界中最低層次的欲界六天，從最低層算起分別是：四王天、忉利天、夜摩天、兜率天、化樂天、他化自在天。

這欲界六層天的每一層天之間有何區別？一般說來，層級越高的神通越大、壽命越長，情慾與性慾越淡，肉體的接觸也越少，對性愛的滿足點就相對越低。欲界之所以有一個「欲」字，是因為其中的生命是經由雌雄兩性欲念的結合而產生及延續的，三維的人就是屬於「欲界」，四維的天人雖高居天界，仍然有情慾與性慾，仍然會談情說愛，並結婚生子，所以仍然屬於「欲」界。

有關欲界六天的情慾與性慾，一個四句話的佛教偈語很簡單的描述了不同天界的性行為：「四王忉利欲交抱，夜摩執手兜率笑，化樂熟視他暫視，此是六天之欲樂。」

「四王忉利欲交抱」：四王天和忉利天淫欲的行為，和人一樣的是彼此擁抱。

「夜摩執手兜率笑」：夜摩天男女的性行為就是互相牽手或握手。兜率天則互相笑一笑。

「化樂熟視他暫視」：化樂天的男女「熟視」即互看的時間長一點，這是相比於更高層的「他化自在天」而說的，因為「他」化自在天的天人只需「短暫」地看，就這麼瞄一眼就完成了做愛的程序。

「此是六天之欲樂」：以上所述，就是六欲天的欲樂。

釋迦摩尼佛在北傳《長阿含經》第二十卷裡解析得更加詳細，除了描述人界、欲界天的雌雄兩性做愛方式之外，對於「修羅道」以及比「欲界天」更高層次的其他天界也做了說明：

「閻浮提人（即地球人）男女交會，身身相觸以成陰陽。……龍、金翅鳥亦身身相觸以成陰陽。阿須倫（即阿修羅）身身相近，以氣成陰陽。四王天、忉利天亦復如是。焰摩天相近以成陰陽。兜率天執手成陰陽。化自在天熟視成陰陽。他化自在天暫視成陰陽。自上諸天無復婬欲。」

這一段話的意思是：地球上的人類，當男女性交時，身體與身體彼此接觸……至於天界的龍、金翅鳥等在性交時，也是身體與身體相接觸而達高潮。修羅道的阿修羅交合時兩身「相近」，但阿修羅在性交時所射出的是「氣」，而不是人的精子。更高層級的「四王天」、「忉利天」也如同「修羅道」的天人一樣。再往上更高層的「夜摩天」、「兜率天」、「化樂天」、「他化自在天」則如前四句偈所形容的，分別是牽手、微笑、看久一點、很快看一眼（瞄一眼）。至於比「欲界六天」更高層次的「色界天」的天人，就沒有任何情慾和性慾了。

二、**修羅道**：上一節在談論低階四維提到，阿修羅是分配在其他四道裡的（人道、天道、畜生道、餓鬼道），阿修羅在佛教的分類裡既屬惡道，也屬於善道，所以他們在本書的分類裡既在「低階」四維，也在「高階」四維。為什麼會這樣？

佛教中講究以六種方法（即「六波羅蜜」）修行：

1. 布施
2. 持戒
3. 忍辱
4. 精進
5. 禪定
6. 智慧

阿修羅們雖然生前有諸多「不是」，比如他們脾氣很大、擅於生氣、喜歡嫉妒、與人競爭、疏忽「持戒」，也不能「忍辱」，更不修「智慧」，然而，他們在生前很重「布施」，可能講究義氣，或很熱心助人、既慷慨又大方，總之他們做了許多好事，所以死後得以進入天界，不過也只能進入最低等級的「欲界天」。佛教認為，生前只修「福」而不修「慧」（智慧）的人，是不可能進入更高的色界天或無色界天的。

東方民俗信仰的仙、普通的神及東方宗教的護法神

高階四維包括了東方民俗文化裡的「仙」或地位較低的神，如土地神等；以及東方宗教如佛教裡的「護法神」。

先從**佛教裡的「鬼神」**談起，釋迦摩尼佛在《長阿含經》〈忉利天品第八〉中說到：

「……一切人民所居舍宅，皆有鬼神，無有空者。一切街巷四衢道中，屠兒市肆及丘塚間，皆有鬼神，……」

「一切樹木極小如車軸者，皆有鬼神依止，無有空者。一切男子、女人初始生時，皆有鬼神隨逐擁護；若其死時，彼守護鬼攝其精氣，其人則死。」

「……今人何故有為鬼神所觸嬈者？有不為鬼神所觸嬈者？』設有此問，汝等應答彼言：『世人為非法行，邪見顛倒，作十惡業，如是人輩，若百若千，乃至有一神護耳。譬如群牛、群羊，若百若千，一人守牧，彼亦如是，為非法行，邪見顛倒，作十惡業，如是人輩，若百若千，乃有一神護耳。若有人修行善法，見正信行，具十善業，如是一人有百千神護。譬如國王、國王大臣、有百千人衛護一人。彼亦如是，修行善法，具十善業，如是一人有百千神護。以是緣故，世人有為鬼神所觸嬈者，有不為鬼神所觸嬈者。』」

佛陀這幾段話的大意是：任何地方、任何東西、任何人都有鬼神存在其中，每個人出生時或臨終時，也有鬼神隨侍左右。然而，為什麼有的人會被鬼神所干擾，而有的人卻不會呢？如果是善人（行「十善業」的人），跟隨在他身邊的「護法神」可能多達千百個，壞人（行「十惡業」的人）也有護法神，但可能百千個壞人才有一個護法神。這些鬼神或護法神，就像人間的侍衛，你到哪裡，他們就跟到哪裡。但是，護法神的數量是隨時有增減的：當一個人做很多壞事時，護法神就會一個個離去；一個人如果都做好事，護法神就會越來越多。

關於護法神的數目，佛陀曾說，一個人每持守一「戒」，就增加五個護法神。因此，他在《佛說灌頂經》裡說：「若能持五戒者，有二十五位善神設衛其身，在人左右，守於空宅門戶之上，使萬事吉祥也。」五戒是指不殺生、不偷盜、不邪淫、不妄語、不飲酒。每持一種戒，就有五位守護神，一個人若五戒皆可守持，就有二十五位守護神在身邊和自己家裡，使萬事吉祥。

另外，佛陀在同一卷經文《長阿含經》第二十卷中也提到，四王天（即最低層次的天國）的天人，會在人間陰曆的每月初八、十四、十五這三個「齋戒日」下凡到人間來視察人的善惡德行。在陰曆初八這一天，四王天的天王派遣「使者們」下來人間，在十四日這一天則派遣「太子」下來考察，而在十五日是四王天的「天王」親自下凡考察。考察完畢後，還要向「忉利天」的天主「帝釋」呈交報告。這些下凡來人間視察的欲界天的天人就是「護法神」。

西方宗教裡的「守護天使」

正如同東方宗教裡的護法神，西方的基督宗教也有類似的概念：「守護天使」。比如天主教相信人人都有一位守護天使，因為上帝為每個人指派一位守護天使，作為此人在地球上的靈性朋友；《天主教教理 336 條》這樣敘述「守護天使」：「人的生命由開始至死亡，常由天使所保護和代禱。『每個信徒都有一位天使在他身旁作為保護者和牧者，為引導他達到永生』。」基督新教的信徒雖然相信有「天使」的存在，但並不接受「人人皆有守護天使」的說法。

基督宗教的《聖經》並沒有一個特別的章節專門談論「天使」，「天使」的特徵和作用是從聖經文本的描述裡所推斷出來的。《聖經》對天使的描述是：

上帝要差遣天使看顧你，在你行走的路上保護你。——《詩篇91：11》

他的天使保護敬畏上主的人，救他們脫離危險。——《詩篇34：7》

天使是什麼呢？他們都是事奉上帝的靈；上帝派遣他們來幫助那些要承受拯救的人。——《希伯來書1：14》

我又觀看，我聽見了千千萬萬天使的聲音！他們環立在寶座、四個活物、和長老們的四周。——《啟示錄5：11》

忽然，有主的天使站在祭壇右邊向他顯現；撒迦利亞看見了，驚惶害怕。可是那天使對他說：撒迦利亞，不要怕！上帝垂聽了你的禱告；——《路加福音1：11－13》

天使說：我是侍立在上帝面前的加百列；我奉命向你傳話，報給你這個喜訊。——《路加福音1：19》

在那裡，上主的天使像火焰，從荊棘中向摩西顯現。摩西看見荊棘著火，卻沒有燒燬。——《出埃及記3：2》

你們是來到錫安山，是來到永生上帝的城，是天上的耶路撒冷，有千千萬萬的天

使。——《希伯來書12：22》

難道你不知道我可以向我父親求援，而他會立刻調來12營的天使嗎？——《馬太福音26：53》

關於天使，他說：上帝變他的天使為風，變他的僕役為火焰。——《希伯來書1：7》

那麼，天使是什麼呢？他們都是事奉上帝的靈；上帝派遣他們來幫助那些要承受拯救的人。——《希伯來書1：14》

馬利亞……「看見兩個穿著白衣的天使，坐在原來安放耶穌身體的地方，一個在頭這邊，一個在腳那邊。」——《約翰福音20：12》

世界各文化裡的小神或精靈

世界各文化的認知裡位階較低的「小神」：如土地神、山神。

世界各文化認知裡的精靈或仙子，如礦物精靈（石頭精）、植物精靈（樹神、樹精、花仙子、……）、動物精靈，屬於高階四維。

本書第一章談到在達拉斯列席聽講的各種非人，包括小矮人族、有翅膀的花精靈族、飛蟲精靈族，還有很像人類的「半精靈」族，也是在第四維度高階的存有。

遠古的樂母瑞亞人

表 4-4　第四維度（4D）

第四維度分為「高階四維」和「低階四維」	
誰存在於「高階四維」意識？	——東方宗教如佛教的「欲界天」及「修羅道」的存有 ——東方民俗信仰的仙、普通的神及東方宗教的護法神 ——西方宗教裡的「守護天使」 ——世界各文化裡位階較低的「小神」或精靈 ——遠古的樂母瑞亞人 ——蘇美及巴比倫神話中的神族
誰存在於「低階四維」意識？	——佛教的「地獄道」、「餓鬼道」及「修羅道」的存有 ——西方宗教的地獄、陰府、煉獄、靈薄獄的存有
四維和三維最大的區別：	三維的存有具有肉體（更物質化），四維的存有物質稀薄，基本上是沒有肉體的。

本書第一章提到的樂母瑞亞人（非樂母瑞亞「長老」）。比如在本書第一章節所描述，在紐西蘭的樂母瑞亞遺族，以及在達拉斯半空中聽講的樂母瑞亞遺族，是屬於高階四維的存有。

然而，那位出現在臺灣講課現場的樂母瑞亞「長老」，祂的層級已超越了第四維度，是屬於五維以上的存有。

蘇美及巴比倫神話中的神族

這就是本書第一章提到的阿努納奇神族，他們生前是屬於第四維度高階的存有，但目前許多淪落在第四維度低階的地獄中。

第八節　第五維度的存有

第五維度以上的存有，其意識的振動頻率比起四維要更高、更精微，脫離了第三和第四維度對於名利權情四大慾望的追求，五維以上的「物慾」或「物質」成分越來越稀薄，而「非物質」的三種意識能量卻是越來越濃厚和純粹，哪三種？「光」、「大愛」，與「智慧」。

誰存在於第五維度以上呢？一般認知裡位階較高的大神，以及東方和西方各宗教裡的大神、佛、大菩薩……等，這些高維意識能量的起心動念只是「大愛」和「智慧」，所表現出來的則為「光」。他們之中其實有許多層級分別，每一個層級又可向下分成許多小層級，有一句俗語：「人外有人，天外有天」，在這裡則是「神外有神」，正如同從三維人類來看高階四維的存有，四維的能力是如此的「神通廣大」，對三維來說是「匪夷所思」，因此三維稱四維的存有為「神」。第五維度以上的存有也是如此，不論是五維以上的大層級和每一大層級中的小層級，對於在下一層振動頻率較低的神來看，上一層級的神所具有的

表 4-5 第五維度以上（5D^{+}）

誰存在於「五維度以上」意識？	一般認知裡位階較高的大神，及東方和西方各宗教裡的大神、佛、大菩薩……等
五維以上意識的特色	「物慾」或「物質」成分越來越少，但三種意識能量（光、大愛、與智慧）越來越多。

能力也是「匪夷所思」。因此，身為三維人類的我們想要去「描述」、甚至對祂們做任何「分類」幾乎是不可能的事，也因此在本書裡所有具備大能力、大智慧、大慈悲的大神們都歸屬於「第五維度以上」而不做分類。

雖然我們不能瞭解「五維以上」高維的存有，但是，請讀者們記得，再高維度的存有，仍然和你我一樣，也走在一條「進化」的路上，只不過祂們遠遠走在我們前面，而且時常回頭幫助遠遠落在祂們之後的我們。然而，由於祂們自己也正走在這條永恆「進化」的路上，因此，不管祂們的位階和維度有多高，大神們仍然必須遵守宇宙間對於「進化」這條路的路規和法則。也就是說，祂們仍然受制於宇宙大自然的法則，如果違反了自然法則，一切重新來過。

維度越高，融合的程度越高

為什麼我說對五維以上的存有做「分類」是不可能的事？因為在第五維以上的世界裡，意識的能量越來越「合一」。說到「合一」，必須同時解釋一個與之相反的概念「分別」，一般說來，維度或振動頻率越高，其中的生命意識就越「合一」，越低的就越有「分別」，能量就越「分化」，比如說在屬於「低維」的三維人間裡，你是你，我是我，他是他，但是，假設我們三人都到了某個高維度的世界，那時我既是你，我也是他，三人的能量已是「合一」而無從分辨。

舉個宗教上的例子來說明，在三維世界裡，東方宗教裡的「觀世音」和西方宗教裡的「聖母瑪麗亞」是截然不同的兩位大神，顯然她們兩位被世人認為是「分離的」——不是同一個神，但是，讀者你若也去到五維以上，從你的角度來看，她們兩位是越來越「合一」，很難去分辨誰是誰；你若繼續提升而到了某個更高的維度時，她們兩位不只是「越來越」合一，而是「完全」合一，到那時，不僅是你也和她們合而為一，任何去到高維的你、我、他都和她們合而為一，再也分不出誰是誰了。

同樣的道理，所有的宗教到了高維世界就合一了，是一不是二，只有在低維度如今天的地球世界，宗教極端「有分別」，我的宗教好過你的宗教，我的真理勝過你的真理，我的神的位階高過你的神，各宗教間自古以來便爭論不休，在人類歷史上甚至挑起多次戰爭，這人間種種的「分別」在高維度是不會發生的。這也是為什麼男女的分別只存在於低維度的世界，三維和四維世界裡「男女有別」，男是男，女是女，到了五維以上的世界，由於沒有了低振頻的情慾和性慾，自然不需要分男女，五維以上的存有可以說都是「雌雄同體」，男女「合一」而不再有「分別」了。

第九節　最高（第n+1）維度

「維度空間」在流行文化裡是個常出現的名詞，由於每個人對於「維度空間」所牽涉到的概念都有不同的說法，比如就「最高維度」這題目下，有人認為宇宙共有十二個維度，有人認為七維是極限，也有人認為是九維。為避免讀者產生混淆，在這本書裡，我將以「第五維度及以上」來代表所有的高維度，以「n+1維」來代表最高極限的維度。

第n+1維度是宇宙最高的靈性，它與宇宙同始同終，它是一切的「絕對」：絕對真、絕對善、絕對美、絕對自由、絕對公正、絕對慈悲、絕對平衡。它不是任何宗教的神、佛、上帝，它是超乎任何宗教之上的，它只是一套永遠在運行中的宇宙法則，在這裡暫且稱它為「宇宙大自然」，或叫做「源頭」。所有宗教裡的神、佛、上帝、真主……，都只是存在於源頭和我們之間高階的「靈」。

第n+1維度也是宇宙最高智慧；它無所不知、無所不能，無所不能創造。我們不妨把這宇宙最高智慧看作是一台功能無比強大的超級電腦訊息網絡系統。超級大電腦擁有宇宙智慧，它無所不知，無所不能，是儲存著宇宙智慧及宇宙法則的源頭。

【猜一猜】4-3

<table>
<tr><td colspan="2">本書四個身體次元為：
1. 肉體
2. 能量體七層
3. 意念體
4. 自性本體</td><td>維度空間意識：
1. 一維
2. 二維
3. 三維
4. 四維
5. 五維以上，
6. 最高維度（第n+1維）</td></tr>
<tr><td colspan="2">肉體可對應到第幾維度？</td><td></td></tr>
<tr><td rowspan="7">能量體七層</td><td>第一層氣體對應到第幾維度？</td><td></td></tr>
<tr><td>第二層情緒體對應到第幾維度？</td><td></td></tr>
<tr><td>第三層智性體對應到第幾維度？</td><td></td></tr>
<tr><td>第四層星芒體對應到第幾維度？</td><td></td></tr>
<tr><td>第五層氣體模型體對應到第幾維度？</td><td></td></tr>
<tr><td>第六層天人體對應到第幾維度？</td><td></td></tr>
<tr><td>第七層因果體對應到第幾維度？</td><td></td></tr>
<tr><td colspan="2">意念體對應到第幾維度？</td><td></td></tr>
<tr><td colspan="2">自性本體對應到第幾維度？</td><td></td></tr>
</table>

第五章

維度的變換、進化、犯錯、懺悔

第一節　維度間的揚升與下墮

前面介紹了宇宙間存在著各種不同的維度，我們作為宇宙的存有，永遠在維度之間或上或下或停留的變換維度。一般說來，變換維度有兩種情況：向上變換維度叫做「揚升」，比如從三維「高階」的人間上升到四維「高階」的天界成為天人，或是從四維「高階」的小神上升到五維以上的大神也是「揚升」；此外，在同一維度當中，從低階上升到高階也一樣是「揚升」，如「高階」三維的動物上升到「高階」三維的人間。

至於向下變換維度則稱為「下墮」，比如從五維降到四維，或是高階四維到人間三維；如果是在同一維度當中，從「高階」三維人界降到「低階」三維的動物界去做動物也是屬於「下墮」。

前面第三章在講第三維度時候曾提到，在同一個維度裡變換「位階」（從高階變低階，或從低階變高階）的例子屢見不鮮，我也舉了兩個同樣在第三維度裡變換位階的例子。上課期間，學員也常要我舉例說明「不同」維度變換的「揚升」或「下墮」，下面便是我在課堂上常舉的幾個例子。

案例一：先行善而揚升，後無明而下墮

我認識一位老太太，人間的壽命九十三歲，生前沒有受過太多教育。老太太生前篤

信佛教，她性情溫和、樂善好施，很喜歡助人，早她二十年離世的先生留給她和孩子們不少錢財和房產，她所屬的佛教會裡有任何捐錢做好事的機會，老太太總是不落人後地捐出一大筆錢。這位老太太在死後不久「揚升」到了四維天界，她被一位使者帶到一個像是學校的地方，使者叮囑老太太要選擇一間教室進入學習。使者離開後，老太太獨自走在一條直直的長廊，長廊的一邊排列著一間間的教室，老太太在每一間教室的門口駐足停留，想聽聽教室裡的老師說些什麼，但她總是聽不懂。老太太搖搖頭，只好慢慢地走到下一間教室，但是她也聽不懂這一間教室裡上課的內容，於是老太太一間又一間的走下去。過了不久，老太太又再度出生於第三維度，成為一個可愛的小嬰兒。

這是一個兼具「揚升」和「下墮」的例子。一般人都可以接受為什麼老太太在死後能夠「揚升」，因為她生前做了很多好事。但是，第一次上課的學員大多無法理解，他們會問我，老太太並沒有做什麼壞事，為何會「下墮」而回到三維？其實「下墮」的原因有很多，不一定是做了大壞事才會「下墮」。在這個例子裡，讓老太太「下墮」的原因，主要是她生前的「無知」（佛教稱「無明」）。很多人誤以為三維人類如果上升到四維天國就是去「享福」或「從此過著幸福快樂的日子」，這是一個對四維天堂的大誤解。

具足揚升的三面向：智慧、情緒管理和無條件的愛

維度的提升，往往牽涉到三方面：智慧、情緒管理，和無條件的愛。事實上，無

論身處任何維度，都需要不斷學習，不斷地在這三方面有所成長，才會全面提高振動頻率，當振動頻率提高到某一個程度以上，才能「揚升」到另一個維度。

智慧不足，重回人間學習

讓我們從這三方面來看老太太的狀況：老太太不缺無條件的愛，也不缺情緒管理的能力，這兩樣是她的強項，也是她得以從三維「揚升」到四維的原因；她缺的是生前並沒有刻意（「有意識」地）去學習任何知識，借用佛教的語言來說，就是：光修「福」而不修「慧」。老太太由於具有「福」德因而上了最低階的天堂（欲界天），在這一層天堂裡，資格最淺的靈有時被指派去做「守護靈」（也稱「指導靈」）的工作——去指導或守護一個或一群比自己更低一個維度的存有，比如說老太太可能被派遣去指導她在三維人間的兒孫輩。這並不是一個隨便或容易的工作，特別是在今天二十一世紀的三維社會裡，身為二十一世紀的「指導靈」也需要具備一些「現代」知識才能做好指導三維存有的工作。而老太太生前並不具備這樣的能力，死後自然也不具備這樣的能力，管理天界的眾神想培養她這樣的能力也無從培養起，因為她無法理解每一間教室裡上課的內容。所以，老太太「揚升」到了天界不多久，很快地便和眾神開了一次「出生前」的「人生目的會議」，之後又很快地「下墮」而後「出生」於三維人間。講課講到這裡，我常會反問學員，我們是否可以從這個過程推論出老太太投胎人間的「人生目的」？答案不辯自明：她的「人生目的」之一就是「學習知識或學識」。

案例二：慾望不斷，下墮人間學習

下面要講的是有關「性慾」的例子。主角是一位西方人邁可，多年前他透過一些朋友介紹堅持要來找我談。邁可年紀約莫四十歲，當時是在離婚狀態，曾有一子一女，法院判由女方撫養。在邁可來之前，我的朋友已向我介紹了些他的背景：邁可有個博士頭銜，除了專業之外，其他各方面如藝術、音樂、哲學思想上的造詣也都很深，自己出來開創事業也做得很成功；邁可在社交圈裡是個紅人，但這兩年頭痛得厲害，被診斷出患有腦瘤，已動手術割除，術後情況良好。

我們初次見面，在寒暄之後，我開門見山地請他談談他這一生和最近這些年對於「性慾」的看法和行為，他被我的「直白」嚇了一跳。我對他說我很抱歉，但請他不要把我當成一個心理醫師，因為我不是，也沒有太多時間慢慢聽他談自己從小到大的心路歷程。我半開玩笑地向他解釋，他其實是從四維天堂「下墮」（fell）人間的天人，因為他的更早一世是在三維人間做人，那時「性慾」已重，桃花不斷，雖然因為做了很多其他的好事而在死後到了天堂，卻仍念念不忘男女之事，與高階四維性慾較淡薄的氛圍格格不入，所以今世「下墮」到人間，成為今天的邁可。

於人間再現性慾的軌跡

我說，在他現在的生活中或小時候的成長過程裡，他應該找得到這些「性慾」的軌跡，這是為什麼我要請他談談他個人對於「性慾」的看法和行為。後來，邁可囁嚅吞吐地一點一滴地說出：是的，是有很多「軌跡」的。他很小就開始手淫，「很小」是指早於一般人的青春發動期，他一直為自己從小就有手淫的念頭而苦惱；至於女朋友，他說自己因為條件好，從小到大交往無數女子，和她們性交時都覺得無上的幸福和快樂，但離開她們之後仍然有強烈的性慾，這是為什麼他在工作之餘喜歡看黃色錄影帶（當時還是一盒盒黑色長匣型錄影帶）。一直到現在，他的皮夾裡隨時備有保險套，以便他身邊沒有女人或忍受不住的時候隨時找隱密的地方去解決……。

我告訴他，他的腦瘤是一個不容忽視的警告，如果他不徹底修正對「性慾」的癮，他很快就會面臨死亡。我半開玩笑的說，死亡還不要緊，要緊的是「未修正的性慾」也會死纏著永遠跟隨，這是他希望發生的事嗎？

以高維的思維，觀照性慾的本質

邁可問我，難道「有性慾」是錯誤或很壞的事情嗎？他為這個問題已苦惱了很久，卻始終找不到解答。我回答，「性慾」本身無對無錯，亦無好壞，而「性」的意識和行為也同樣地既不是錯誤也不是壞事，「性慾」是我們每一個人類都具備的，不必去糾結於

「性」的對錯或好壞。但是，邁可如果想糾正自己這種過度的意識和行為，必須先去瞭解「性慾」這回事，瞭解的方法就是從更高的層次去看「性慾」，才能破解「性慾」。我對邁可說，越高靈性的地方，比如他原本來自的四維天堂，「性慾」就比人間更淡薄；越低層次的地方，比如三維低階的動物界，「性慾」則越濃厚，也越不能控制。而三維人間的「性慾」是介於兩者之間，可強、可弱、可適度，也就是說，三維人間的「性慾」是可控制或調節的，因為三維人間正是讓我們學習控制性慾（所謂的「戒淫」）的地方。

以邁可的情況來說，他在進入天界的前世顯然就沒有學好如何控制性慾，相信邁可是帶著強烈的性慾意識進入天界，他這種強烈或過度的性慾意識顯然和他所處的天界氛圍不相搭配。另一方面，他也隱藏不了過度的性慾意識（因為四維世界是以「意識」溝通，這種溝通方式直接且透明，他在想什麼，馬上被天堂裡其他天人們發現，邁可無法偽裝或隱瞞），所以很自然地，根據宇宙大自然裡自然淘汰的「適者生存」法則，邁可就很快地「下墮」人間來重新學習，以修正錯誤。

我對於「適者生存」法則的解讀是：適合在這維度生存的就能留在這個維度生存，不適合的就到其他維度去生存。宇宙是如此慈悲，也是如此公正，我們永遠能在宇宙中找到最適合自己生存的一席之地。

從下墮的因由，構畫出人生目的

邁可在後來對我說，他認為我用的「下墮」這個英文字「fall, fell, fallen」真有意思。他小時候真有從三樓摔下來的經驗，大家都很慶幸他居然沒死，只是受了點輕傷。講課講到這裡，我一如往常地要求學員們根據邁可這一世的想法和行為來推斷邁可其中的一個「人生目的」，答案自然也是不講自明：來人間修正「上癮的性慾」。

案例三：慾望太重而下墮人間

下面一個例子和上一個差不多，同樣是以「性慾」為主題，同樣是從天上「下墮」的例子。我見到珍妮時，她二十一歲，坐在輪椅上，她得了一種罕見的疾病：亨丁頓舞蹈症。她的母親哽咽著告訴我，珍妮從小活潑可愛，長得特別好看，大家都愛她，家族裡也沒有人有這個病，不知美麗的珍妮為何命運如此坎坷，患上這樣的遺傳病。

有負人生目的，引致早逝的可能

我後來和珍妮有了一次單獨的長談，雖然由於病情嚴重影響到她的五官和身材，但仍然看得出她母親所說的「往日的美貌」。我坦白告訴她，她原來是「高階」四維天堂裡的仙子，也是跟上述的例子一樣的，因為慾望太重而下墮來三維人間學習並修正自己過多的慾望。但珍妮顯然對自己的「人生目的」完全沒有自覺，反而在今生仍然持續做錯誤的事情。我對她說，「很自然地，妳將很快地結束在三維世界的生命，這絕不是有任何的神或上帝要處罰妳而判妳死刑，純粹只是依循著『宇宙大自然』裡自然淘汰的『適者生存』法則，適合在這維度生存的就能留在這個維度生存，不適合的就到其他維度去生存。珍妮妳既無意去達成妳的『人生目的』，何必佔據一個三維人間的名額？有太多人想來三維世界學習以修正自己過去的錯誤，不如把位置讓出來給他們。至於妳將來的去處，宇宙可能認為妳這麼喜歡談情說愛，不如到一個只談情說愛的地方，比如做一隻整天和另一隻相依相偎的鳥……。」我對珍妮說，如果想要繼續活命的話，她不但不能再有「談情說愛」的行為，連念頭（意識、意念、想法、心念）也最好不要有。

上面這些話對一個年紀尚輕、未經世事的女孩來說也許過於嚴厲，我觀察到珍妮當時又驚又氣（雖然表面上完全看不出來），相信珍妮也很怨恨帶她來看我的母親。然而在一個星期之後，珍妮打電話來，除了道謝之外，也對曾經生我的氣而致歉，她還說，在發病之前已經有了六、七次談情說愛的經驗，甚至還打過兩次胎，每一次都愛得轟轟烈烈，每一次談戀愛都認為自己找到了「雙生火焰」（twin flame，或叫「靈魂伴侶」），誤以為這樣談戀愛的方式才是也才會得到「真愛」。

性慾的二層次：肉慾與情慾

在這裡要對上述兩個例子裡的「性慾」稍微做些解釋。珍妮的例子裡的「性慾」和邁可例子裡的「性慾」稍有不同，雖然兩者都是有關「性」的慾望，但在邁可的例子，動物性的「性」成分更重；而珍妮的例子中，人性的「性」（即是「情慾」）成分更重。這兩者有什麼區別呢？區別就在於振動頻率，人性的「性」（「情慾」）比動物性的「性」振頻要高，這麼說並不表示一個優於另一個，因為這兩種慾望是每一個人都有的「基本配備」。兩者的區別也表現在我們「能量體」的第一（海底輪）和第二（臍輪）氣輪上。邁可的性慾大多來自第一氣輪的性能量：比較動物性、出於大自然的那種想交配以維持物種的慾望；而珍妮的性慾大多來自第二氣輪的性能量，是那種要找到另外一個人類、建立實質的關係，藉由肉體上的接觸而滿足生理上對「性」和心理上對「愛」的需求（請參閱《還我本來面目》第五章的〈第二氣輪也是肉慾和情慾之輪〉）。

第二節　如何才能揚升到更高維度？

提升的二層次：「振動頻率提升」與「維度揚升」

前面談過，到三維人間做人最大的目的就是「提升」，提升有兩種：一種是「振動頻率」提升，另一種是「維度」提升（即「揚升」）。這兩種「提升」之間有什麼關係？如果就時間順序來論，前者（振動頻率提升）必須先發生，後者（維度提升）才可能發生，但前者發生了，不代表著後者也會發生，必須前者（振動頻率提升）發生並累積到某一個程度之後，後者（維度提升）才可能發生。

舉個例子來說明。小周從小就是一個愛生氣的人，我們可以說他是一個振動頻率「低」的人，讓我們暫時給這種低振動頻率一個分數：150分；但是，小周經過長期的學習和改錯之後，到他六十歲死亡時不再是一個愛生氣的人，他已經把自己「修養」成一個能夠以「不帶情緒」的態度去待人處事的人，我們再度給他這種「不帶情緒」的意識一個分數：200分。此時，我們可以下結論說：小周這一生的振動頻率提高了50分。當小周死後參加為他召開的「人生回顧會議」上，參與大會的所有靈們在審查小周的一生之後決議：小周的振動頻率提高了50分，足夠讓他有個比「上一世」的條件好一些的「下一世」；也就是說，小周將回到原來的三維人間。為什麼小周的「維度」不能從「三維」提升到「四維」？因為僅只提高50分並不足以讓他「揚升」到更高維度，假設去到四維高階必須要有500分，他還差300分，小周這種情況就是「振動頻率」提升了，但「維度」並沒有提升的例子。

提升的先決條件——智慧

然而，不論是振動頻率或維度的提升，往往牽涉到智慧、情緒管理和無條件的愛三方面，特別是後者的提升（即「維度」揚升），必須要具備「智慧」這個先決條件，下面就這三方面稍作說明。

正念：洞見無常本質的智慧

「智慧」：就是真知（代表真理的知識）、正念（正確的觀念）的累積，將之運用出來就成為解決人生困境的能力。最基本的「智慧」就是要透徹的瞭解：宇宙間所有的現象都是暫時的，除了我們「永遠走在一條進化的路上」這件事是永遠之外，沒有任何東西或狀態或情境是永久的。我們人生在世時地把自己的角色認為是永久的，死亡之後仍然認定自己生前的角色，就是一個普遍的錯誤。以下列舉幾個錯誤的認知，也是振動頻率較低的意識（想法、概念）：

「一世為人，永遠為人」

「一世為神，永遠為神」

「一世為奴，永遠為奴」

「一世為士兵，永遠為士兵」

「一世為媽，永遠為媽」

學員們會問我，上面這個句子「一世為媽，永遠為媽」如果是個錯誤的認知（概念），那要怎樣才可以變成「真知或正念」呢？我的答案是，透徹瞭解「今日是媽，下世不一定是媽，可能是兒，可能是任何……」就是一種「真知」，即「代表真理的知識」。

表 5-1　兩種真知正念（舉例）

真知、正念（正確的認知）	錯誤的認知
【宇宙間所有的現象都是暫時的】 三維人間： 一世為人，下一世可能為狗； 一世為士兵，下一世可能為將軍； 一世為媽媽，下一世可能為孫子； 一世為奴隸，下一世可能為主人； 四維神界： 一世為神，下一世可能為人	**【宇宙間所有的現象都是永恆的】** 三維人間的錯誤認知： 一世為人，永遠為人； 一世為士兵，永遠為士兵； 一世為媽媽，永遠是媽媽； 一世為奴隸，永遠為奴隸； 四維神界的錯誤認知： 一世為神，永遠為神
【宇宙是無窮盡的】 人外有人、天外有天、神外有神	**【宇宙是我所在的世界】** 我所在的世界是極限，我是最大。

讓我們再以上面的句子「一世為神，永遠為神」來說明。有一些高階四維的神在作神的時候並沒有「宇宙間所有的現象都是暫時的」的知識，也不瞭解另外一種知識：「人外有人、天外有天、神外有神」，不知道宇宙是無窮盡的，不知道我在這個維度作神，在我之上還有更高維度的神，認為自己是最高的神，便可以為所欲為；比如在第一章裡所提到的「阿努納奇神族」之中有不少的神就是因為不具備這兩種「真知」，因此無法「揚升」到更高維度，反而「下墮」地獄數千年，目前仍然在地獄中受苦。

不論是四維的神或三維的人，若能每天累積一點「真知正念」，今天累積，明天再累積一點，當「真知正念」累積到某一種程度時即成「智慧」，當「智慧」累積到某一種程度時，我們在死後便能「揚升」到更高維度。

提升的第二面向：情緒管理

「情緒」大致可分為「正面」和「負面」兩種，而「情緒管理能力」就是擅於把「負面」情緒調節成「正面」情緒的能力。

維度越高，情緒越少

一般說來，振動頻率提升得越高，或維度揚升得越高，情緒的「項目」也越來越少，比如「生氣」這個項目，三維的人會生氣，四維的神也會生氣，但五維以上的神基本上是不會生氣的，我們在前面章節裡也提過，五維以上的世界也沒有了性慾或情慾，因為人的情緒多是由慾望而來。

除了上述的情緒「項目」越來越少，連情緒本身也變得越來越淡薄（即強度越來越弱），比如心理學上所謂「人的基本情緒」中的「悲傷」及「恐懼」，隨著振動頻率或維度的提升，會越來越「不悲傷」或「不恐懼」。

真正的喜樂──常寂光土

說到這裡，讀者可能會問我：基本情緒之中也有「快樂」，難道振頻或維度越高，我們會變得越不快樂或沒有快樂嗎？當然不是。心理學上的屬於「基本情緒」中的「快樂」

是指人在情緒高漲時表現出歡愉的感受或行為，這種受到刺激後的感受是暫時的，當刺激失效或感受退散之後就成為另一種狀況，此時就有兩種現象可供人類比較：「快樂的」與「不是快樂的」，這種「比較」完全符合人類「二元化」的思考模式：有好就有壞，有黑就有白，有愛就有不愛，自然，有快樂也有不快樂。但是振頻或維度越高的情況並非如此，人間的「快樂」此刻已提高了振動頻率而昇華成一種不屬於心理學上基本情緒的「愉悅」、「祥和」或「寧靜」，它既非如同「快樂」是因刺激而生，也不是如「快樂」只暫時存在，而是一種毋需刺激、本身就比較長久的狀態。

趨向常寂：不起名利權情之想

有時學員會要求我以我「個人」的狀況來解釋要如何擁有或保持這種不是「快樂」的「愉悅」狀態？我猜想自己可能算是一個名利權情四大慾望比較少的人，再加上或許已到了老年，較容易做到「不動心、不動氣、不動情」，也許各位也能以這三個「不動」來作個提醒，作為培養「情緒管理能力」的指標。

提升的第三面向：「無條件的愛」

「無條件的愛」就是不求回報的「大愛」。一般說來，維度揚升得越高或振動頻率提升得越高，無條件的大愛也會越純、越多。

提升的不二法門：持續學習提升的三面向

事實上，無論身處任何維度都需要不斷地學習，不斷地在智慧、情緒管理和大愛三方面有所成長，才會全面提高振動頻率，當振動頻率提高到某一個程度以上，才能在死後（變換維度之際）更上一層樓而「揚升」到上面的維度。反之，如果我們不求上進或裹足不前，在智慧、情緒管理和大愛方面沒有成長，在性慾及情慾上不做調節，那麼在變換維度的時候只有兩種可能：一是留在原來的維度階層（如大多數的三維人類在轉世後又回到三維人間），二是「下墮」到同一維度的低階去做動物。

第三節 「進化」路上的「揚升」與「下墮」

「永恆進化」之路

前面兩章節都在談「變換維度」，以及它的兩種情況：「揚升」和「下墮」，相信大家都已熟悉向上變換維度叫做「揚升」，而向下變換維度叫做「下墮」，因為整個變換維度的過程就是「進化」這一條路，所以，「進化」既包含「揚升」，也包含「下墮」，是一條永恆的進化之路。我們每一個人，乃至於宇宙間所有的存有，都走在這條「永恆進化」之路上。

「靈的進化」有別於「物種的進化」

下面要和大家更進一步談談「進化」這個概念。也許讀者一看到「進化」，馬上想到達爾文，在這裡必須先聲明，以下要講的「進化」有別於達爾文等人所提出有關「人」的進化，這一個章節將討論的是「靈」的進化，但此刻讓我們先從「人」的進化說起。

達爾文的物種進化論

最先談論「進化」概念的首推英國人達爾文，在他一八五九出版的《物種起源》（*On the Origin Species by Means of Natural Selection*）以及在一八七一年的《人類的起源》（*The Descent of Man*）書中，提出了對後世影響深遠的「進化論」，是開創現代科學的重要理論之一。達爾文認為生命本身就是自私的，是經過了長期的自然淘汰、適者生存、物競天擇、優勝劣汰等法則才「進化」成現在這個樣子，而今天的人類是從猿猴進化出來的。

達爾文的書出版後引起軒然大波，很多人無法接受「猿猴進化成人」的觀點，尤其是當時的宗教人士，認為他觸怒了上帝，對他群起攻擊長達二十年。當然，這場長期辯論最終是達爾文大獲全勝，他的進化論被認為是最合乎科學的論說，也長期地被世界各國當作是唯一真理來看待，並把它編入各國的教科書作為基本教材。

然而，一百多年後的今天，達爾文的進化論再度受到全世界許多人的挑戰，這次挑戰他的人不是宗教界人士，而是許多現代科學界的專家。由於最近的三十年裡，科學技術及儀器（如電子顯微鏡……）迅速的發展，在包括生物學、微生物學、生態學、考古學……等的領域裡，科學家們相繼提出許多科學實驗及證據，證明達爾文進化論的失敗。

在這裡作者並不擬對顛覆達爾文進化論的各種研究多加說明，也不準備討論「人類是否是猿猴進化成的」，然而，讀者們必須知道，不管是達爾文備受挑戰的進化論，或是現代科學家們顛覆達爾文之說的言論，都持有相同的論點：

進化不是在物種之內發生，必須是物種本身起了變化才是進化。

若將這一個論點放入靈學的領域來看，我們可以這麼說：

「揚升」不是在同一平面的維度內發生，必須是維度本身起了變化，或同平面的維度如高階、低階起了變化，才是「揚升」。

舉例來說，如果是三維高階的人轉世後回來又做三維高階的人，不是「揚升」，必須是三維的人轉世之後成為四維高階的天人或仙子，才是「揚升」，而「揚升」才是我們每一個人的「終極人生目的」。

從靈學角度探討進化

為了解釋這一個不容易懂的道理，下面要從更高層次的「靈學」角度來探討「靈的進化」、「靈的揚升」和「靈的下墮」等的觀念，不過，在談論「靈」的進化之前，必須先解釋「靈」是什麼，以及「靈」和「人」有何區別？

「靈」是什麼？

法國神父德日進（Pierre Teilhard de Chardin，一八八一～一九五五）曾說過一句經典名言：「我們不是具有靈性經驗的人，我們是具有人類經驗的靈。」（We are not human beings having a spiritual experience. We are spiritual beings having a human experience.）我通常要求上課的學員重複地發聲唸出來，為什麼重複？因為這不是一個容易懂的概念，尤其對很多不知道自己除了肉體也有靈體的人來說，聽到這句話本身就是一個很大的衝擊，他們需要時間慢慢去消化和理解，重複說這兩個句子就給了他們一些時間；至於為什麼要用聲音唸出來？因為聲音本身就是振動，當我們用聲音說出任何真理、正言、或誠懇的表達真意、真情時，往往能立刻提升自己的振動頻率。

如果讀者也重複唸，唸到能「理解」這兩句話時，表示你已經從三維「人」的角度躍升到更高振頻的角度來看待自己的人生；也表示你明白一個真理：你的本質是「靈」，你是永遠走在一條「進化」路上的「靈」，你今天在三維世界做「人」只是一個暫時的狀態。

祕典卡巴萊恩對「進化」的解釋

在一本解釋源自古埃及和希臘的赫米斯神秘學（Hermetic Philosophy）的書《祕典卡

巴萊恩》（*The Kabylion*，一九〇八）是這樣解釋「進化」（Evolution）的：

「向上移動的作用開始了——一切都開始朝向『靈性』前進，物質變得不再那麼粗重，元素一躍而入存在的狀態，結合物開始形成，生命萌生，生命的形式越來越高，其意識越來越明顯——能量振動頻率不斷提高。簡言之，進化的整個過程在各階段都依據既定的『內聚』定律而開始啟動和進行，這些在『人』的時間是無數個百萬年，然而先賢告訴我們，整個創造過程，包括『進化』和『降階演化』，對於源頭（THE ALL）來說只不過是『眨眼』的瞬間。」

這段話的大意是：「進化」這條路是朝著「靈性」的目標向上、向前進；是從物質粗重的地方走向「物質變得不再那麼粗重」的地方；也是從「意識」不明顯的地方走向「意識越來越明顯」的地方。這一路上，振動動頻率便不斷地提高。

也許讀者會覺得奇怪：既然「進化」是向上、向前的一條路，我們都是永遠走在「進化」路上的靈，靈不是都屬於第四維度以上嗎？為什麼我今天反而下降，變成三維度的人？

升階進化（Evolution）與降階演化（Involution）

是的，我們今天不但沒有向上「進化」反而都下降了，這裡就牽涉到與「進化」相關的另一個重要概念：involution，這個英文字和「進化」的英文字 evolution 看起來差不多，卻有著相反的意思；由於後者字頭為「e-」是「進化」，前者字頭為「in-」，在醫學和生理學上的意思是「退化」。本書不採用「退化」的翻譯，因此從此處開始將 involution 暫譯為「降階演化」。

神識學的觀點

對於這兩個英文字及所代表的意義，一百多年前研究靈學的學者就已經有了說明，比如「神識學」（Theosophy）創始人之一的海蓮娜・布拉瓦茨基（Helena Blavatsky），在她一八八八年出版的《神秘學說》（*The Secret Doctrine*）中特別解釋了這兩個相關的字：

> 「通過追踪這兩個詞的起源，可以最好地理解有關『進化』和『降階演化』。它們都來自拉丁語動詞 volvere，字頭『e-』表示『離開』……」

在說明兩個觀念時，布拉瓦茨基說：

> 「整個上古時代都充滿了這種哲學的教導，『靈性』朝向『物質』，漸進地、向下循環地『降階演化』；或主動地、有自覺地『進化』……他們向人們解釋了『下墮』（Fall）是代表著對學習和獲取知識的渴望——想知道，這是『進化』的自然順序，『靈性』被轉化為物質或肉體」。

在神識學的靈性演化宇宙觀中，Involution 發生在 Evolution 之前，是進化的前提，兩者共同構成宇宙的循環。Involution 猶如向內的捲縮，讓輕清的靈性逐漸凝縮於粗重的物質載體，而產生自我意識（Self-conscious），這是一個降階的過程，目的是讓緻密的形式形成。而到了臨界點之後，開始外旋的進化過程（Evolution），靈性向上升階到更高的世界，從自我意識發展到神性的全知（Divine Omniscence）。

赫米斯哲學的觀點

上面提到過的赫米斯哲學的書《祕典卡巴萊恩》的第七章〈一切之源頭〉（"The ALL" in ALL）對於「進化」及「降階演化」也有說明：

「宇宙中有各種不同層級的生靈與各種不同程度的存有，一切都取決於各種生靈的發展程度，位階中的最低點是最粗重的物質，最高點與『源頭』（THE ALL）僅僅一線之隔；所有事物都在生命的層級中向上、向前移動，一切都在通往真理的道路上，而路的盡頭就是『源頭』，整個過程就是在回歸原點，儘管有著看似矛盾的表相，但一切都在向上和向前移動——這就是先賢要給我們的訊息。」

「關於宇宙的『心智創造』過程，赫米斯學說指出，在『創造循環』的起點，處於『存在』狀態的『源頭』，將祂的意志投射到『形成』的狀態，於是創造的過程就展開了。這個過程包含降低能量的振動頻率，一直降到一個非常低的振動能量，最後成為最粗糙的物質，這個過程被稱為『降階演化』階段。」

下墮是為了學習

簡而言之，由於我們本來是靈，為了學習以獲取知識，我們「下墮」到三維人間，由於我們的本質不是「人」，而做「人」要有個粗糙的物質肉體，所以我們這些屬於四維空間的靈，必須降低振動頻率，讓自己更物質化、更形體化、更肉體化，讓自己能夠適應而最後進入一個粗重的肉體，這個降低維度的過程就是「降階演化」（involution），正是本書前面兩個章節不斷提起的「下墮」。

說到這裡，要請讀者們不要被「下墮」、「降階」或「退化」的表面意思所誤導，「降階演化」沒什麼不好，它其實是「進化」過程中不可或缺的一部分，也是我們每一個走在「進化」路上的靈所必經的過程。因此，做人只是一個暫時的現象，人間只是一個暫時的居所；我們這些靈的「家」並不是三維人間一座固定的房子，我們的家是在多維宇宙間一條讓我們不斷往前進的道路，我們「真正的家」是一條「靈的永恆進化之路」。

古老哲學與宗教對「靈之進化」的觀念

其實，「靈的進化」在靈學領域裡並不是什麼稀奇新鮮的概念，它早已存在於許多古老的文化或宗教傳統裡，例如：

——屬於猶太教哲學傳統的卡巴拉（Kabbalah）對「轉世」的靈魂觀（gilgul）。

——許多希臘哲學家也談到了「靈的進化」的概念。下面舉三個例子：

1. 活在公元前六世紀的阿那克西曼德（Anaximander）：他的生物學觀點是現代進化論的先驅，他認為地球一開始為濕氣，隨著地球的逐漸乾燥，最早的動物是從海泥中產生，而人類與其他一些動物一樣，都是由魚變成的，當大陸出現時，魚就演化變成陸地動物，隨著長期的進化才得以在陸地上獨立生存。

2. 畢達哥拉斯（Pythagoras，西元前五七〇～前四九五，他的學說對後人柏拉圖、亞里斯多德的影響甚大）：畢達哥拉斯不僅僅是數學家（我們在中學所學的「畢氏定理」就是經由他證明出來的），也是有名的天文學家、音樂樂理的鼻祖。他認為人是有前世、今生和來世，靈魂乃至於宇宙都是輪迴的。他還成立了一個在當時及後世都極具影響力的團體「畢達哥拉斯學派」，這個學派認為所有的生物都有靈魂，而人死後的靈魂可能投生到動物的屍體，因此這個學派嚴格的遵守「素食」的規定，在西方，「素食主義」（vegetarianism）這個名詞在一八四八年才出現，在這之前的「Pythagorean」（畢達哥拉斯飲食）就一直代表「不吃肉、魚」的飲食方式。

3. 另外一位希臘哲學家是生活在公元前五世紀的恩培多克勒（Empedocles）：他最有名的就是「水、土、火、風」四大元素的宇宙形成觀：宇宙間所有物質都是由這四大元素組成。他和畢達哥拉斯一樣相信靈魂轉世，並認為轉世是在人類、動物界，甚至植物界之間發生的。恩培多克勒自己是素食者，也鼓吹素食主義，因為他認為動物的身體是被懲罰的靈魂所居住的處所。

佛陀的下墮經歷

佛教的《本生經》記述了釋迦牟尼佛的許多前世，佛陀曾在三維人間做過普通人、出家人、國王……，佛陀也曾在天國做天人，或「下墮」到動物界投生為動物，佛陀做過的動物包括獅子、大象、鹿、猴子、孔雀等等，他甚至多次由於惡業成熟而「下墮」到地獄。

在另一部闡述業果法則的巴利文經典《經藏．小部》的《本行》中，記載了佛陀生前有一次去到大雪山上風景宜人的無熱惱池（Anotattasara）邊，對大比庫僧團解釋了祂在前世所造的「惡業」，和當世所得到的各種「惡餘報」，佛陀一共講了十二個案例。瑪欣德尊者（Mahinda）根據《本行》等經典，把其他與這十二種餘報相關的經文都翻譯出來，整理成《佛陀的十二種惡報》（二〇一六）一書，更詳細的解說了佛陀在每一個案例中所造作的「宿業」和當世的「餘報」之間的因果關係。

當然，佛陀在成佛的那一世所遭受的「餘報」並不只限於這十二種，只不過這本經選擇記載著這十二種，佛陀的「餘報」若依照大約的時間順序排列分別是：

1. 未成道時遭受六年苦行；
2. 成道七年之後（約四十二歲）被少女金佳誣陷；
3. 被孫德麗誹謗；

4. 被孫德麗謀殺案牽連；
5. 三個月吃馬麥；
6. 約七十二歲時，遭大石砸傷；
7. 被碎石砸傷腳背；
8. 腳背遭刀割；
9. 遭到狂象攻擊；
10. 晚年約八十歲時，因亡國滅族而頭痛；
11. 晚年八十歲，背痛；
12. 晚年八十歲，患痢疾。

從佛陀下墮經歷回顧主報與餘報的差異

講到這裡，我要請讀者想一想，為什麼這裡的果報被佛陀稱為「餘報」（剩餘的報應）？有「剩餘的」必然有「主要的」，那麼「主報」或「正報」又是什麼呢？

就舉第八個案例來說明，佛陀針對祂的「腳背遭刀割」說：[1]

「我昔為國王，以劍殺害人，以該業果報，地獄劇煎熬。以該業餘報，現在我整個，腳皮被處理，業實無法消。」

由此可知第八案例的「主報」是「下墮」到低階四維的地獄，而「餘報」則是指投生三維人間的當世「腳背遭刀割」。

讀者還記得第一章裡談到了每個人死後都要開「生命回顧」（即「審判庭」）會議嗎？會議的目的是決定此人未來的前途，大會一般會從兩方面來考慮：

1. 從概況性的、比較寬廣的「大」或「巨觀」角度。
2. 從細節性的、比較微細的「小」或「微觀」角度。

決定此人將投生哪個維度是屬第一種「大」的「巨觀」角度，《經藏．小部．本行》說的「正報」就相當於會議所決定的概括性的「去哪個維度」。大方向決定之後，下一步再商討後續的「剩餘」細節，而「餘報」就屬於剩餘的細節部分。此處借用佛陀第八個案例來解說：佛陀在當國王的那一世死後自然也出席了為他召開的「生命回顧」會議，會議上眾多的高靈們決議，就佛陀「以劍殺害人」的行為來看，他將去的地方應該是低階四維的「地獄」，因此，下墮地獄就是佛陀的「主報」或「正報」，但是，顯然「下墮地獄」並未能完全消解佛陀所造的業（「業實無法消」），所以佛陀會有後世在三維人間的「腳皮被處理」的「餘報」。

在上述十二種惡「餘報」案件中，佛陀入地獄為「主報」的案例就有八個之多，至於佛陀每一次在地獄中待多久呢？就以十二個「餘報」案例中的第二個「被少女金佳誣陷」

1.《本行》採用偈頌（偈讀「記」，如詩歌般的體裁）。

中，「主報」是在地獄一萬年，其他七個案例在地獄的「主報」都至少是「許多千年」。

佛陀在《經藏．小部．本行》中的教導給了後世的人很大的啟示，綜觀佛陀整個「靈的進化」過程，可以知道，雖然當日的佛陀已「進化」到一個極其高維的境界，祂也曾經「降階演化」甚至下墮地獄，然而，即使下地獄很多次去償還「主報」，但每一次卻還需要在三維人間接受「餘報」。從佛陀的例子，我們也可以知道，宇宙大自然的「業果法則」是運用在每一個宇宙存有身上，連佛陀也不例外。

婆羅門教對於下墮因由的描述

印度婆羅門教體系的一部重要典籍《摩奴法典》（*Manusmrti*），編成於約公元前二世紀到公元二世紀間。《摩奴法典》是一本從維繫種姓制度的角度而寫的書，在問世後，長期成為印度教的法制權威，在今日的現代印度社會仍具有其影響力，被視為研究印度社會的基本文獻。典中提到人的三種意識：貪慾（覬覦他人財物）、心想不悅之事（瞋恨）、堅持錯誤的教義（邪見），也談論到由於「身、語、意」三種行為而造出的業果，比如一個人由於不道德的「身體」行為，投生為無生物，由於不好的「言語」，投生而為鳥獸，由於不恰當的「意念」，投生為下賤種姓之人。

伊斯蘭蘇菲派魯米關於靈性進化的一首詩

伊斯蘭教神秘主義蘇菲派（Sufism）的領袖魯米（Jalaluddin Rumi，一二〇七～一二七三），雖然身為宗教和靈性領袖，其詩作流傳於世界各地，是世界著名的詩人，聯合國教科文組織曾為了紀念他出生八百年，宣布二〇〇七年為「國際魯米年」。下面是魯米寫的一首詩，向我們述說一個「靈性進化」的故事：

我像礦物般死去而變成植物；
我像植物般死去而長成動物；
我像動物般死去而成為人。
為何我要恐懼？何時我因死亡而下降？
再一次我將像人般死去，而與被祝福的天使共翱翔；
然而，我將超越天使的境界繼續向前邁進；
除了真主之外，一切終將毀滅。
當我犧牲了天使般的靈魂，我將變成任何心靈都無法看透者。
喔！讓我不存在，因為，非存有以一種管風琴的聲調宣告我們終將歸向祂。

I died as a mineral and became a plant,
I died as plant and rose to animal,

I died as animal and I was Man.
Why should I fear? When was I less by dying?
Yet once more I shall die as Man, to soar with angels blest;
but even from angelhood I must pass on:
all except God doth perish.
When I have sacrificed my angel-soul, I shall become what no mind e'er conceived.
Oh, let me not exist! for Non-existence Proclaims in organ tones, To Him we shall return.

第四節 「下墮」三維來犯錯

為了揚升，必須下墮

上一個章節，我們就「維度的變換」這個題目談了許多，包括「揚升」和「下墮」（降階演化）兩種狀況，我們也談論到必須在智慧、情緒管理和大愛三方面都有所提升的情況下，揚升才有可能。我們更談到了整個「變換維度」的過程就是「進化」這一條路，它既包含「揚升」也包含「下墮」，是一條永恆的進化之路。我們每一個人，乃至於宇宙間所有的存有，都走在這條「永恆進化」之路上。可以說，為了「進化」，我們必須「降階演化」，換句話說，我們都必須「下墮」。

人身難得

恭喜大家，你我都已「下墮」三維地球，我們何其幸運能夠下墮三維做個地球人！為什麼下墮反而是幸運？因為有太多「靈」申請來地球做人，申請的等候名單非常的長，但只有少數的靈能夠一次就榜上有名，你我都是這少數的幸運兒。

三維的人到底佔有什麼優勢？

1. 只有三維的人才具有所有維度（一維～五維）的特色：

——我們的肉體就存在著「一維」的礦物質

——我們的腦袋也有著「二維」的器官和意識（腦幹、下視丘及自律神經系統）

——我們粗重的物質肉體是屬於「三維」

——我們的意識存在於「能量體」和「意念體」，這兩個身體都屬於「四維」

——我們的「自性本體」則存在於「五維以上」

2. 三維的人類沒有神通，這才是作為人類最大的優勢。正因為我們不像四維的存有是純「意識」，他們沒有肉體的牽絆，因此神通十足，任何時候發出意念（起心動念），願望馬上就能實現。比如說一位四維天國的神或仙子，此刻正想念著生前在三維人界認識的一位朋友，他的朋友住在英國倫敦，他可能馬上就到了倫敦的朋友家，看見他的朋友正在看報紙、喝咖啡；然而，我們三維人間的人由於有肉體的牽制，所發出的意念需要經過一段時間才能實現。而這段時間正是我們可以修正錯誤意識（包括今世和前世所有儲存在記憶庫裡的意識）的大好時機，而我們每一個人的「靈性人生目的」往往就隱藏在這些「錯誤」意識的背後。

讓我們繼續沿用剛才的例子，但把主角從四維天國的仙子換成是三維人間的小李，小李也想著在倫敦的朋友，從他發出「想去看朋友」的念頭到最後終於見到倫敦的朋友，中間可能需要一段時間，在這段時間小李必須要做上至少千百個選擇，每一個選擇都是小李修正自己過去錯誤的大好時機。光以上網訂飛機航班時間為例，假設有兩個航班供他選擇：早上六點和下午五點到達倫敦的，早上六點的飛機票打對折，比下午五點到達的價錢少了一半，假設小李「過去的錯誤」是「凡事只從自己利益和方便著想」，那麼此時面對選擇又是一個修正錯誤的大好機會，缺乏自覺能力的人往往錯失良機。讀到這裡，也請讀者們順便再作一次「猜猜看」的練習，想想自己可能會有什麼樣的反應。小李的反應可能有如下幾種：

第一種反應：「哇！太好了，飛機票打對折，為我省了不少錢哪！」小李馬上不假思索地訂了早上六點的航班。

第二種反應是：「太棒了，我可以省這麼多錢，不過這班飛機到達的這麼早，我的朋友可以來接我嗎？不管了，船到橋頭自然直，反正事情一定會解決的，我一定會被接到的，先訂了機票再說。」於是，小李也訂了這班早上六點的航班飛機。

第三種反應：「省一半的錢？太棒了，但是，我的朋友能起這麼早嗎？他的作息是如何呢？嗯，也許我該先跟他打電話跟他商量再說。」

第四種反應：「省一半的錢？太棒了，但是我不能讓我的朋友犧牲睡眠就為了到機場來接我，嗯，不過這價錢太誘惑人了，也許我先跟他打個電話，但是先不提早上六點有飛機的事，然後再旁敲側擊地問出他的作息時間。如果他是個慣於早起的人，而他家距離機場又不遠的話……也許我可以試探性地問一下……」

第五種反應：「省一半的錢？太棒了，但是我絕對不能讓我的朋友犧牲睡眠就為了到機場來接我，不管價錢再便宜也一樣。」小李不假思索地選擇了下午五點的航班。

當然，所有可能的選擇不只以上五種，而且，其實有再多選擇都沒有標準答案。作者只是想指出，你我作為三維的「人」被賦予「足夠的時間」和「自由意志」去做選擇以「修正」過去錯誤的意念，這是多大的優勢與恩寵！我們的「沒有神通」讓我們佔盡「有時間、有自由意志」去選擇的優勢——讓我們在做選擇之前有足夠的時間去做思考，最後做出選擇，這是三維的人獨享的優惠。然而，如果我們生前不能把握而錯失良機，死後無論進入任何維度，就不再享有這麼優渥的條件了。

錯失良機會怎樣？有什麼不好？錯失一次、兩次、三次良機不會怎樣，也沒有不好，但是錯失百次、千次、萬次的良機就不妙了。就以上面舉例的第一種反應來說，小李「不假思索」地馬上做了對自己最有利和方便的選擇，我們可以推斷小李「不假思索」的反應在日常生活中應當不是「偶爾為之」，而是「常態」，他必然已經錯失了百次、千次、萬次的「改錯」良機了。而做三維「人」所特享的優惠就是「能思考、去改錯」，這也是每一個人的人生目的，因此，小李死後開「人生回顧」大會時，他的「不假思索」必然被拿出來討論，結論很可能就是：小李既然浪費了做人的「優惠」而錯失了千萬次的改錯良機，不如把「人」的位置騰出來讓給在等候名單上有心想要「改錯」的靈。

聰明的讀者讀到這裡，應當已經推斷出小李將來的去處了。還記得第三章所舉的一對夫妻長期冷戰的例子嗎？由於他們不能好好利用做「人」的兩樣工具「文字和語言」去做溝通，因此轉世之後成為沒有聲音的動物，此處小李的案例也是同樣的道理，由於小李在生前不能用三維人間的「人腦」去思考、學習，並改錯，因此他的前途可能是去凡事「不假思索」、只靠本能反應的動物界。

第五節　先犯錯，後改錯

對於「人生目的」這件事，相信大家都已熟悉「人生是來學習」這種說法，容我在這裡對這個說法補充幾句：是的，人生是來「學習」，但「學習」不是重點，重點是在於學習之後的「改錯」，「改錯」的目的是為了在「進化」的路上能提升維度。

犯錯正是改錯的良機

所以，人注定就是要犯錯的，如果人天生就完美，根本不需要來三維人間。我們來做人，就是來犯錯誤，犯錯的目的是為了修正過去的錯。也就是說，為了要修正過去世的錯誤，必須讓錯誤在這一世顯化，讓錯誤從「潛意識」大海上升到「意識」層面。只有當錯誤浮出水面，我們才能看見自己的錯，才有機會「有意識」地加以修正，如果我們不先犯錯，如何去看見，又如何去改錯呢？所以說，犯錯是必要的過程，**修正才是真正的目的**。

如果明白了這個道理，實在不必再糾結於「犯錯很不好」這種意識。我曾見過許多有著「犯錯很不好」意識的人，其中有不少患了憂鬱症，有的甚至最後以自殺來結束寶貴的三維生命。他們通常認為自己從小到大每樣事都做不好，人生做起任何事都缺乏自信，因而沮喪一生，他們常把自己的不如意歸咎於是因為小時候受到父母親或長輩過度的打擊、責難和處罰，長大後甚至到臨終前對父母仍持有許多「恨」意，殊不知他們的「錯」——對父母的「恨」正隱藏著他的「人生目的」。如果我們把上一段談到的概念：「來人間是『先來犯錯，後去改錯』」的觀念放到這些沮喪的人身上來說，他們之所以會遇到讓他們人生不如意的這種父母，正是因為他們需要「先犯錯」：即「恨」，簡單地說，他必須先「恨」——先犯這個「恨」的錯，但是，「恨」不是重點，也不是他的人生目的，重點或人生目的是在於緊接而來的「改錯」——把「恨」大反轉，改成「不恨」或是「愛」；而他們的父母所做的，正是為了幫助他們把過去的錯誤顯化出來，父母因而讓自己成為他們「恨」的對象，這樣犧牲自己而成全孩子的父母是多麼值得他「愛」而不是「恨」，如果不能「愛」，至少可以「感謝」父母的養育之恩。可惜的是，我見到許多人都不明白這個道理，因而錯失無數在三維人生中的「改錯」良機，令人扼腕嘆息！

逃避面對犯錯的三種否認類型

還有一些有著「犯錯很不好」意識的人所採取的應對方式是「否認」，否認自己人生中所犯的錯誤。否認的方式也有好幾種，在我接觸到的人當中，我觀察到有至少三種「否認犯錯」類型：

第一種人「不知道」自己有錯：這樣的人通常「自覺能力」較低，也是較「無知」（即一無所知）的人。他們所採取的否認方式是「不自覺」地逃避，當然，如果連當事人都逃避，我們外人更是無法知道他逃避的是什麼；然而，如果我們細心的觀察，在此人日常生活中總有蛛絲馬跡讓外人可以觀察到，比如此人可能很少提，或完全不提，或繞過某些話題（如顧左右而言他，或避重就輕）……的行為。

舉個實際的例子，葛瑞絲對她母親的恨就是一個「無知」的例子。在我們兩年多的相處中，葛瑞絲很少提及母親，相對來說，提到父親的情況多一些。當然，讀者可以說這可能是因為她的父親健在而母親已過世多年，每個人自然是提及目前跟自己關係密切的人多些。是的，這是個好理由，卻只是表面上的理由。因為即使她提起母親（有時是應我的要求而談母親），也是淡然得像是在敘述一個別人的故事——不帶情緒地、很客觀地、也很表面地敘述母親：母親是因自殺而死，她的自殺帶來全家人的悲傷，但是很快地全家人團結在一起克服了悲傷，大家的情緒被撫平後，又很快地回到原本正常的生活軌道……。但葛瑞絲卻很少提及母親為何自殺？母親與家裡每個人的關係為何？……。很顯然的，葛瑞絲出院兩年後對自己的恨意仍然「一無所知」，而所謂外人「可觀察到的蛛絲馬跡」就表現在她的淡然，或不提，或即使提及也是表面且不能深入地談論她與母親的關係——這個與她的癌症息息相關的話題。

如果再進一步分析這種無知類型的人，他們之中有許多人的人格是屬於《還我本來面目》書上所提五種人格類型之中的「刻板型」及早期受創傷的「口腔型」人格。

第二種人則是「我哪裡有錯？都是別人的錯」：這樣的人也是「無知」的人，他們與上一種「無知」的人「對內」是一樣的「一無所知」，並缺乏「自覺能力」，但「對外」表現出來的方式則有所不同：第一種人對自己的過錯感覺「羞愧」，因此必須把他們以為是「很不好」的錯打壓到潛意識冰山的最下層，絕不能讓錯誤浮出水面讓別人看到；第二種無知的人卻是知道犯了錯，但犯錯的責任不是他的，而是別人的，他們很容易遷怒或轉嫁過錯給別人，他們在意識上常常伸出一根無形的食指（肉體不一定會做這個動作，特別是「忍吞型」人格的人）指責別人，別人的錯可以小自「害我遲到」、「害我沒東西吃」……，大至「害我找不到工作」、「害我沒有自信」……，他們在語言上最常用的句型可能是：「你為什麼不……，害我……」當然，這種語言句型也可能只是意識上的，他們不一定會用聲音表達出來。

他們的人格可能多屬於《還我本來面目》書上五種人格類型之中的晚期受創傷的「口腔型」，或「忍吞型」或「控制型」人格。

第三種人寧願說謊也「死不認錯」：對他們來說，表面上維持尊嚴或保留面子非常重要，他們與前述第一及第二種的「無知」相反，他們通常「知道」或能「意識」到自己犯錯，對外卻「死不認錯」，覺得如果認錯就等於當眾宣判他死刑。許多這樣的人的人格是五種人格中的第四種「控制型」。

當然，以上這三種否認犯錯的方式可以同時存在於一個人身上，不管是哪一種，「否認」的後面其實是極為深沉的恐懼，恐懼一旦承認自己犯了「很不好」的錯誤，就會得到「很不好」的後果。他們鴕鳥般地以為只要否認就可以避掉「很不好」的後果，不知自己所有的起心動念和行為都受著「有因必有果」的宇宙法則制約；也不知「否認」本身是極端消耗能量的負面意念，並會帶來負面的情緒讓自己痛苦；更不知「否認」只會讓他一錯再錯而不是「改錯」，讓他離開「提升維度」的「終極人生目的」更遠。

總而言之，「否認錯誤」是逃避責任的方法，只會讓自己振動頻率越來越低，「在哪裡跌倒，就在那裡爬起來」，勇敢地「承認錯誤」並接受或承擔錯誤所可能帶來的後果，是培養智慧和大愛的第一步。

說到這裡，我必須談到另外一個名詞和它所代表的概念：懺悔。

懺悔是解脫與提升的不二法門

中文的「懺悔」其實是印度梵文的「懺摩」（Ksama）及中文的「悔過」音義組合而鑄成的一個新詞，在古時候已經是佛教的常用語，

西方的基督教宗教裡也有類似的概念「告解」（confession），基本上兩者（東方的佛教和西方的基督宗教）都是指先承認錯誤並改過自新。但兩者的對象稍有不同，基督宗教裡的「告解」通常是只向神父、牧師等聖職人員，或天主、聖母瑪麗亞、耶穌等說出自己所犯的錯誤，並祈求原諒，這種告解類似於佛教裡的「佛前懺悔」。不過，佛教裡的「佛前懺悔」並不是懺悔某一件過錯，而是泛泛、籠統地為自己所有的過錯，包括連自己都不知道的過去世所犯的錯而懺悔。佛教認為，人類凡夫的起心動念沒有不是錯的，因此不管我們自己知不知道，人人都應該要懺悔。

上兩段文字講懺悔時提到世界上兩個大宗教，但這並不表示懺悔只是宗教的教徒所做的事。就以我本人來說，我既非基督宗教（包括基督新教和天主教）的教徒，也不是佛教裡大乘小乘任何流派的教徒，但我每天都懺悔，懺悔只是「覺今是而昨非」——承認

自己所犯的錯，對自己的錯誤請求對方及宇宙原諒，並發願今後不再犯同樣的錯誤（我必須說，這一點不太容易在短期內做得到，但我知道總有一天會做到）。

公開懺悔是最有力量的

懺悔的形式有多種，包括公開懺悔、私下懺悔和個人懺悔。我認為這三種懺悔比較起來，公開懺悔的力量是最大的。我曾見證許多公開懺悔的人，一瞬間從身體內部發出許多的光，有時幾乎在同時間，他們的頭頂上方也有光從上面照射下來，用我的話來形容就是「振動頻率一瞬間被提升」。我參加過的公開懺悔的場合有時是非宗教性的，如心靈成長團體的集會；有時是宗教性的，如基督新教團契的「見證」集會，或佛教法會結束後的教徒聚會上，大家在共同信任與相互規勸扶持的氣氛中，主動說出自己所犯的錯誤，這種場合類似於佛教始祖釋迦牟尼在二千多年前就提倡的「發露懺悔」。

「發露懺悔」是每半個月（十五日的月圓時，及二十九或三十月黑時）的「布薩」集會（「布薩」是舊名），佛陀要求他的弟子們聚在一起討論自己所犯的錯誤，出席的人除了佛陀的弟子之外，還有德高望重的長老（資深弟子）。「布薩」最大的特色是在沒有任何人提醒之下，自己「主動」地懺悔。為什麼最好是沒有任何人提醒呢？因為經過別人提醒的懺悔，表示本人並沒有真正或完全意識到自己的過錯，即使經過別人指出而將之懺悔「出來」，它的負面意識和能量仍然殘存在「潛意識」海底中，無法真正及完全被提升到水面的「表層意識」去接觸陽光。

至於為什麼懺悔在公開的情況下最好呢？難道我躲在被窩或陰暗的小角落裡「暗自」懺悔效果就差嗎？答案是「是的」。我認為效果差很多，關鍵就在於公開懺悔當場的「見證」，由於這種場合的出席者大多是像你一樣想提升自己、提升別人振動頻率的人，他們能在你懺悔的當下，同時間發出真知正念（即改錯的「想法」，出自他的第三層智性體）、發出正面情緒（即同理心的「情緒」，出自他的第二層情緒體）而與你共振，你和他同時都將獲得極大的利益，這就是「見證」的好處。至於在布薩中，佛陀為什麼也要求長老也列席呢？道理和出席者也一樣，只不過這些長老們具有更多的真知正念及正面情緒，對整個發露懺悔的能量能起強化當場的共振及保護作用。

第六章

淺釋《中陰聞教救度大法》

以下是本書的第二部分。在進入正題之前，作者必須作以下聲明：首先，請讀者不要誤認為我在講經說法，或對本書做宗教性的解讀，我並非藏傳佛教徒，也從來不曾以任何宗教的教徒自居，今天之所以會講解《中陰救度》，最初的起心動念只是為了幫助兩年半前癌末的葛瑞絲，增加她對中陰險路的認識。可以說，我個人完全沒有資格來講解這部深奧的佛學經典，在本書後半部所講的純粹是我個人對《中陰救度》非常粗淺的認識，絕不能說是全面的且深入的講授，另外，由於顧慮到大多數的讀者並非藏傳佛教徒，因此對於宗教性的內容或一些佛教特殊的術語大多略過不談，盡量挑選其中能應用在每一個人身上的知識在這裡講授。

其實，對葛瑞絲講解《中陰救度》並不是作者的第一次，第一次的對象是我的父親。我的父親生前的晚年長期臥病在床，由於嚴重的腦部傷害導致他不省人事，多年來一直是處於昏迷狀態的植物人，直到二〇〇六年的夏天，爸爸透過一位我們不認識的靈媒女士，囑託她找到我們五個兄弟姐妹，請她預先告知我們，他將於那年的冬至時分離開人世。我當時遠在紐約，遺憾於在父親離開人世時可能無法每日在床前為他親自讀誦四十九天的《中陰救度》，於是便著手進行錄音，把《中陰救度》的重要概念及從第一天到第四十九天可能發生的情況錄成MP3。由於爸爸一生沒有宗教信仰，更不是藏傳佛教徒，錄音的目的並不是讓爸爸去相信藏傳佛教或任何宗教，錄音的內容自然不包括任何宗教性的概念、修法上的特殊字眼。就這樣，我錄製了可能長達十多個小時的錄音，之後囑託住在新竹的弟弟（弟弟常常去醫院探望他），把小小的MP3放到爸爸耳邊，讓他每天不間斷且反覆地聽。我瞭解爸爸在聽的當下不會明白《中陰救度》深奧的內容，但是，亡者在中陰路上的意識清晰度，強於他活在人間時的七至九倍，我相信我的爸爸在中陰路上一定會記起《中陰救度》的內容，即使只是記起一點點，應該也能幫助爸爸在遇到險境時不生恐懼而能「安住其心」。

第一節 《中陰聞教救度大法》

《中陰救度》的原名為《中陰聞教救度大法》（*bardo thos grol*）。「中陰」是指「過渡時期」，就是各種情境交替的間隙；bar是中間，do是島或是記號，bardo「中陰」是處在兩者之間的地標。《中陰救度》寫成於第八世紀的西藏，但是直到一九二〇年代，流傳到了歐洲，才被人把它從藏文翻譯成英文。由於當時西方的學術界已經熟悉另一本也是談死亡的《埃及度亡經》（*Egyptian Book of the Dead*），因此藏—英翻譯者就借用了《埃及度亡經》這本書的書名，以「西藏」兩字取代「埃及」，而稱之為《西藏度亡經》（*Tibetan Book of the Dead*）。在本書裡，我還原了它的名字：《中陰聞教救度大法》，但以《中陰救度》為其簡稱。

《中陰聞教救度大法》的傳承源流

《中陰救度》的起源最早可以追溯到本初佛普賢王如來所傳下來的《金剛薩埵幻化網秘密藏續》，這部重要密續經典，大約在西元七五〇年跟隨蓮花生大士從印度傳到了西藏，後來，蓮花生大士把其中有關六種「中陰」階段的內容，加以整理、濃縮，之後傳授出來，最後經由他的弟子們整理、編輯後而成書。

剛才這一小段文字裡就出現了兩個名字：普賢王如來及蓮花生大士，都可以說是這一部重要典籍的作者。

傳承源頭：「本初佛」普賢王如來

本經典的傳承可以上溯其源頭到普賢王如來，祂被藏傳佛教的寧瑪派尊為「本初佛」，本初佛指的是最初始，即宇宙中第一個佛陀，象徵了一切眾生心中所具備的光明本性。普賢王如來所代表的是三種修持境界中的最高境界——「慈悲」與「智慧」的結合；修持境界的高低，可由慈悲和智慧結合的程度決定，在藏人的唐卡繪像中也表達了這種觀點。

三種開悟境界（慈悲和智慧的結合程度）

依「寂忿密意自解脫深法」的序文，最初的傳承為諸佛密意傳承，自法身佛普賢王如來以降，分別遞傳報身佛金剛總持、化身佛金剛薩埵，而這三者代表了三種開悟的境界，也就是慈悲和智慧的結合程度。

第一種境界：「金剛薩埵」（圖 6-1）手持金剛杵，兩手不相交，象徵著雖擁有「慈悲」和「智慧」的本質，但尚未結合。

第二種境界：「金剛總持」（圖 6-2）兩手相交，象徵「慈悲」和「智慧」已經結合。[1]

第三種境界：「普賢王如來」（圖 6-3）透過裸身佛父象徵「慈悲」，和裸身佛母象徵「智慧」結合，代表慈悲和智慧已經融合和契合，裸身象徵「空性」，也就是到達了完美的最高修持境界。[2]

「第二佛」蓮花生大士的口傳與授記

一般都把《中陰聞教救度大法》的作者歸於蓮花生大士，藏人尊他為第二佛，他本來是印度那爛陀寺的僧人，在西元約七五〇年應藏王（唐朝時期的吐蕃王）赤松德贊和寂護的禮請，進入西藏創立僧團，成為藏傳佛教的始祖。

---

1. © BrokenSphere/Wikimedia Commons.
2. 圖片取材自維基百科（https://commons.wikimedia.org/ wiki/File:Adi-Buddha_Samantabhadra.jpg#/media/File:Adi-Buddha_Samantabhadra.jpg），public domain.

圖6-2　金剛總持

圖6-1　金剛薩埵

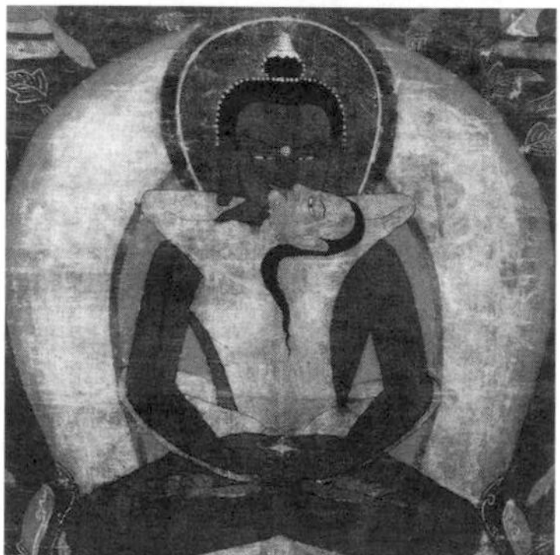

圖6-3　普賢王如來

卡瑪林巴發掘的伏藏

蓮花生大師在世時，預知未來會有人大規模地毀滅佛法（如九世紀初朗達瑪滅佛），所以他在離開西藏之前，將所有的密法，藏在巖洞、海裡、天空、地下及某些修行人的意識當中，他預言將來某人會在某時在某地取出巖藏法寶。這些藏起來的密法，幾百年來一直被埋藏於巖洞中，直到第十四世紀，西藏有一位十五歲的「伏藏師」卡瑪林巴（Karma Lingpa）在山上發現大量文獻寶藏，其中包括書寫於黃卷的《寂靜忿怒密意自解脫深法》，本書後半部要討論的《中陰救度》就在其中。

《中陰聞教救度大法》的文本

卡瑪林巴所發掘的伏藏——《寂靜忿怒密意自解脫深法》，其實是許多不同卷冊的集合，主要內容包括兩大部分：「六中有自解脫導引」及「中有聞教解脫導引」。後者就是我們這裡所討論的《中陰聞教救度大法》，它含括了以下卷冊：一、中有聞解脫本文；二、為亡者誦念的四種祈願文；三、與臨終中陰相關的死亡徵兆；四、與中陰救度相關的其他卷冊，如：遷識法——意念自解脫（即破瓦法）、四瑜珈——心性自解脫、直指覺性裸見自解脫、法行——習氣自解脫、百拜——罪障自解脫、寂忿懺悔自解脫、指示輪迴中陰的善惡本質及補充、佩戴解脫——蘊自解脫等。

現在流傳於世的中、英文譯本大多有所刪節，其中最完整的是不變金剛（Gyurme

Dorje）翻自藏文的英譯本，書名仍是 *The Tibetan Book of the Dead*，包含了以上全部文本。

臺灣流傳的中譯本多翻自英譯本，少數直接翻自藏文本。前者包括徐進夫從達瓦桑杜格西與伊文斯合作的英譯本翻譯而來的中譯本：《西藏度亡經》，以及邱陽創巴仁波切英譯、鄭振煌中譯的《藏密度亡經》，這兩本譯本都只包含說明臨終中陰、實相中陰及投生中陰的中陰聞教解脫主文以及四個念誦祈願文。另外，張宏實所著的《圖解西藏生死書》中也附錄了趙洪鑄從達瓦桑杜格西英譯本轉譯而來的中譯文。

至於，從藏文直接翻成中譯本的，早期有孫景風的譯本，採文言文體；後期有許明銀的譯本，取材內容較孫本完整，包含「中有聞教解脫導引」的大部分內容，但少了死亡徵兆、遷識法、百拜——罪障自解脫、寂忿懺悔自解脫以及佩戴解脫——蘊自解脫等部分。

《中陰聞教救度大法》在西方的流傳與影響

《中陰救度》在十四世紀被密教寧瑪派的授記尋寶人卡瑪林巴挖掘出來之後，一直留在西藏當地，它的教法也極為秘密，只有已受過嚴格靈修訓練的弟子們才有資格，還必須經過灌頂和上師口傳才能學習。

然而，這種「秘密」現象在二十世紀初有了變化，當時《中陰救度》傳至歐洲，一九二七年英國牛津大學以英文出版（《西藏度亡經》，達瓦桑杜格西譯，Dr. Evans-Wentz

編），轟動歐洲及美國的學術界，許多人都認為這本書的價值遠超過《埃及度亡經》。《中陰救度》已成為現代西方心理學、哲學、宗教學、靈學及近代研究「瀕死體驗」（NDE）上的重要文獻，目前被翻譯成三十多國的文字。

心理學家榮格為一九三五年的德文版寫了一篇名為《心理學評注》的序文，他說：

「這本書不但對大乘佛教的專家有意義，也因為它對人性和對人類中陰過渡期心理有更深刻的透視，故而對那些尋求增廣自己關於生命知識的外行人也具有特殊的魅力……」

「不只是我的許多有挑戰性的觀點和發現，而且我的許多帶根本性的看法都源自於它。」

榮格還說：

「這本書提供人們一種講給人類而不是上帝或原始初民聽得可以理解的哲學。其哲學包含佛教心理學批評之精華，正因為如此，人們真的可以這麼說，它的卓越性實在是無與倫比的。」

六種中陰

在《寂靜忿怒密意自然解脫深法》伏藏內容中的「六中有自解脫導引」裡，普賢王如來提到「中有」（也就是中陰）有六種，分別是：「生中陰、夢中陰、定中陰」，這些屬於人在生時的中陰狀態；以及「臨終中陰、實相中陰、投生中陰」這些則屬於人在死亡時的中陰狀態。

三種生時的中陰狀態：

1. 生中陰：人的意識清醒的狀態。人在平時的意識，從生到死的所有意識與行為。

2. 夢中陰：人在睡夢中。從睡著到醒來的肉身與心靈狀態。

3. 定中陰：人進入禪定中的出神狀態。包含了無數的禪定經驗，從最低層次的領悟到最高層次的覺悟得道。

三種死時的中陰狀態：

1. 臨終中陰：死後三天半到四天，短暫的昏迷，無意識狀態。

2. 實相中陰：人在死亡剎那所體驗的實相意識。真正死亡後恢復意識，死者會經歷許多幻覺，感受到心所發出的奇幻異象。

3. 投生中陰：將投入六道輪迴前的意識狀態，死者的意識會去尋找投生的身體。

而《中陰聞教救度大法》主要是討論三種死亡時的中陰狀態，即：**臨終中陰**、**實相中陰和投生中陰**。

透過念誦引導亡者

《中陰聞教救度大法》像是一本死亡指南，詳盡的描述人在死後的四十九天所將經歷的各種景象，古代的西藏喇嘛透過誦讀的方式，引導亡者安然度過肉體崩解的恐怖景象；依照《中陰救度》的規定，誦讀者通常是在亡者身旁，讀時需正確而清晰。若遺體不在面前，誦讀者可坐於亡者生前常坐臥之床鋪或座位，清楚地說明這「導引」是真理的力量，接著召喚亡者靈魂，想像亡者就在眼前諦聽，而後依法讀誦，此時身旁若有親戚朋友哭泣，由於哭泣聲對亡者會有不良影響，通常會被禁止。

第二節　從死亡到投生之間的中陰過渡期

「中陰」指人死後到下一次投胎前的階段，也叫「中有」，處在中陰狀態的存有，就叫中陰身，這種狀態將持續四十九天。

中陰分三階段：一、臨終中陰（死位中有）；二、實相中陰（法性中有）；三、投生中陰（受生中有）。

此處將從以下各面向對這三階段先做一個對比的、概括性的討論，在下面三章（第七、八、九章）再依次講解這三個階段。此處討論的各面向包括：

1. 持續時間和算法
2. 意識狀態
3. 業力的牽引力及幻象的出現
4. 光的出現與成佛的機會
5. 三階段各有何作用？

持續時間和算法

民間一般以呼吸、心跳，及腦波停止為死亡的第一天，但《中陰救度》則以亡者停止呼吸及心跳之後的三天半至四天起算，是為中陰四十九天的第一天。不過，有些情況甚至在斷氣之前幾小時，或甚至幾天前就已開始出現第一段臨終中陰之各種徵狀。

至於接下來的第二階段實相中陰，亡者處於這階段的長短因人而異，實相中陰為期最少零天，最多不超過十四天。為什麼說「因人而異」？因為在第一「臨終中陰」階段已消散的各種「貪嗔癡」意識，在此第二「實相中陰」階段將因需要而被召喚回來，「貪嗔癡」意識的多寡及輕重將決定他個人在實相中陰的時間長短。一般認為，生前修行好的人較有可能將實相中陰的時間維持得長一點，若是貪嗔癡很重的人、業力也重（業力吸引力大）的人，可能很快就經過第二實相中陰，「多不長於一彈指頃」[3]，緊接著進入第三投生中陰。假設他停留在實相中陰的時間為一剎那（零天），那麼在投生中陰的時間便是四十九天。又比如說，停留在第二實相中陰階段的時間為八天，那麼他在第三投身中陰的階段就是四十一天。

接下來的階段為第三投生中陰，雖然一般說中陰階段最長四十九天，但由於三投身中陰的時間是以亡者將投生地方的時間計算，如果他將去的地方的時間換算起來是很長的，那麼亡者可能因此在第四十九天後仍處於三投生中陰階段。

意識狀態的變化

1. 在**第一階段的臨終中陰**：人的肉體和靈體（即人的四個次元身體中除了肉體之外的其他三個能量靈體）之間仍有一條生死線相連，並未真正死亡，亡者仍有意識（感受和想法），由於肉體和靈體正在分離，死亡者會經歷五種物質分解和三種能量分解（第七章〈臨終中陰〉裡有詳細說明）。在這八大分解進行到最後的時段（死亡後約一頓飯時間，約二十分鐘），亡者先是進入無意識，或深層意識的狀態（昏迷、不省人事），此時有機會看到第一光明，之後甦醒，意識清醒，但不知道自己已死，此時仍有機會見到第二次光明，最後，到三天半至四天之間，他將再度昏迷，此時生死線斷，亡者進入下一階段實相中陰。

3.《西藏佛教生死學》，朱文光著，文津出版（二〇〇八），第九十五頁。

2. 進入**第二階段的實相中陰**：亡者在甦醒之後保持清醒，在這最長為期十四天的階段裡，前六天亡者會看到許多面容慈善的寂靜尊，第七天會見到像在生悶氣的寂忿尊（半寂半忿），後七天會見到面容兇惡的忿怒尊。請注意，以上的幾句話只針對藏傳佛教裡的修行者說的，並不適用於每一個人。人在死亡之後所見的無論是幻象或非幻象、天神或魔鬼……可以說無一不出自本人的記憶庫，而這部《中陰救度》是當初蓮花生大士對著他的二十五位弟子所傳授，這些弟子都是長期修持佛法的人，忿怒尊和寂靜尊都是他們生前就非常熟悉的佛教神祇，因此死亡之後自然也會見到祂們；然而，對於其他非藏傳佛教徒而言，若從前（包括許多過去世）未曾接觸這百多位的「中陰文武百尊」，祂們既不存在於其記憶庫，死後自然也不會見到，一般人所見到的不論是美的、醜的、恐怖的、可愛的……總離不開他個人的記憶，也就是說，此時所見全是個人的記憶庫裡的資訊幻化而成的。

3. 在**第三階段的投生中陰**，死亡者將一直保持清醒，他具有完善的感官意識並具有神通力。業力的吸引力最為強烈，極難抗拒。

業力的牽引及幻象的出現

業力的牽引在中陰階段將逐漸加劇，在第一段臨終中陰的前半段，即「第一光明」顯現時，此時業力幾乎沒有吸引力，也是亡者即身成佛的大好機會，然而若錯過了第一次光明，業力吸引力便開始嶄露頭角，若亡者能把握「第二光明」，仍然有機會成佛。

如果又錯過第二光明，三天半到四天之後將進入第二階段的實相中陰，生前為修行人的亡者會見到許多寂靜尊、寂忿尊與忿怒尊，此時亡者會看見五顏六色極為光明燦爛、極為強烈的光芒，這些光就是「第三光明」。看到第三光明的同時，也會聽到如千雷同響的聲音，這種場面已足以讓人心驚膽跳，而此階段（實相中陰）也是業力正式啟動的時候，業力牽引出的恐怖幻境也一樣讓人心膽俱裂，諸如被人追趕、被野獸攻擊……等，兩種幻境場面加起來，可以想像恐怖的程度，真能讓亡者魂飛魄散。

最大的干擾及最恐怖的幻相是在進入第三階段的投生中陰後出現的，業力在此時發生將發生最大的吸引力，幾乎無法與之抗衡。

其實，在中陰階段亡者所見的景象，是亡者個人的意識（生前和前世的思想和情緒）的反射，可以說，是亡者個人記憶庫裡思想和情緒的投射——貪、嗔、癡、慢、妒所幻化而成。

在生前，亡者的文化和信仰系統塑造他的思維形式，死後所見到和經驗到的一切，理所當然地便符合這樣的形式。多數人在生前已有深沉的恐懼，在死後看到各種恐怖的幻相，包括山崩、大火、颱風、黑暗、妖魔鬼怪……也會有深沉的恐懼。但是，只要明白一個真相：我已經沒有肉體，沒有了肉體，任何聲音、光、情況都不可能傷害到我，有什麼好怕的呢？從前，當你有粗重的肉身時，這些恐怖東西可以傷害到你，如今，你已不具肉身了，它們傷害不了你的。就如同我生前做的夢，在夢中，一切都是幻相、幻影、幻聽、幻覺……，我怎麼可能在一個不存在的幻相中被殺呢？

如果瞭解這一切恐怖的景象，都是由於五大五蘊的刺激和衝擊所引起的幻象；既是幻象，就不會那麼驚恐，因此在中陰任何階段，一定要盡量保持定力。

光的出現與成佛的機會

概括地看，中陰三階段中，光的出現共有三次，在第一臨終中陰階段就有兩次機會，即第一光明顯現時，時間約在呼吸停止後「一頓飯」的時間（二十到三十分之間），若錯過了這兩次，在下一個階段實相中陰階段仍然有機會見到第三光明而得到解脫。

臨終中陰出現兩次光明

第一光明和第二光明。由於最早的臨終中陰時段業力還未顯現，不會對亡者形成干擾；另一方面，由於亡者粗重的肉體正被分解，從前依賴肉體而生存的貪嗔癡——各種存在於能量身體（靈體）裡振動頻率極低的意識能量也正被分解，一切障礙終將全部熄滅。在分解過程中，釋放出被禁錮已久，振動頻率最高的自性本體，於是，清靜澄明的自性自然顯露，亡者變得如此純正光潔。若此時此刻能把握住第一光明而與之融合，如同搭上直達電梯，有機會即身成佛，這將使亡者離開中陰險路，躲避業力追討，此時出現的第一光明便是最好時機。那麼，要如何搭上直達電梯，去把握著最佳的成佛機會呢？需要在生前就長期地、每日不斷地修持，並要長期接受上師的指導才可能達成。

在最後的「臨終中陰」階段，亡者將再度昏迷，當生死線斷裂，他將進入下一階段的實相中陰，也將遇到第三光明。

實相中陰的第三光明

第三光明並不像前兩次的光明是「一次性」的，而是「經常性」的。在實相中陰的前七天，每一天都有一組甚至一系列的「光」可供選擇（智慧光及惡業光），以第四天為例，第四天所顯現的光明有兩種，一為紅色「智慧光」，是從阿彌陀佛父和佛母的心中發出，以保護並牽引亡者。

然而，由於它太過明亮耀眼，可能讓亡者眼睛無法正視，因此感到害怕而躲避；另外一種光，是來自餓鬼道的溫柔模糊的黃色「惡業光」，由於我們生前的貪慾習性，我們自然會喜歡溫柔模糊的黃色，可能因此鑄成大錯。如何能避免「鑄成大錯」？《中陰救度》提供給亡者的對應方法是，要去體認「智慧光」是自己的「自性」所散發出的智慧，不要逃避，安住當下，並向它祈禱或祈願，衷心感謝光的保護和指引。

中陰三階段的解脫境界，分別對應佛的三身

依《中陰救度》的記載，修行者在經歷中陰三階段，依修行的功夫，分別有解脫成佛的機會，而三階段所證悟的分別是佛的「三身」，也就是**臨終中陰的「法身」、實相中陰的「報身」以及投生中陰的「化身」**。

龍青巴尊者的《詞義寶藏論》對「三身」有概括的說明：「佛身體性即諸功德之身或其為所依者：**法身體性**遠離思慮言詮，乃為本淨之地；**報身體性**自性昭明，遠離分別任運成就；**化身體性**，乃大悲現源之分，而隨類顯現。」

鄔金祖古仁波切對「三身」的認證是這麼說的：「若能了悟此心的三種功德力，便能認出：心即無礙自在的明空不二。**空為體，明為性，無礙則為用**。當我們認出此無礙明空即為我們的自性時，那麼在一剎那間，我們便與佛的三身面對面的見面了。」

而這部《中陰救度》所依的「寂忿密意自解脫」中有一卷〈直指覺性自解脫〉則對三身的體用關係，有淺明的說明：「在這本覺內，三身無別，圓滿如一。因其空性，**不於一切處生任何法**，這即是**法身**；因其光明清淨，現為**空性的明空光華**，這即是**報身**；因其**自在無礙顯現**，這即是**化身**。」

從以上闡述，我們可以說：

■自性本體就是「**法身**」；

■自性本體所發的智慧明光即是「**報身**」的顯現；

■而「**化身**」是本此二者，因大悲願力而自在無礙的隨類顯現。

所以這三者分別是自性本體的體、性、用。

「**法身**」是本體，不生不滅，遍虛空法界，湛然常寂。

「**報身**」是佛果功德，遠離分別，任運成就，具五種根本智，即：法界體性智、大圓鏡智、平等性智、妙觀察智以及成所作智。

「**化身**」是大悲的力用，能自在無礙地隨緣顯化。

《佛光大辭典》以「**月體**」、「**月光**」、「**月影**」分別比喻法身、報身、化身：「此三身之關係，如月之體、光、影，稱為一月三身。具體言之，**法身**之理體是唯一、常住不變，故以月之體為喻；**報身**之智慧由法身之理體所生，能照明一切，故以月光為喻；**應身**具變化之作用，從機緣而現，故以月影映現水面為喻。」這裡說的應身，就是化身。

與此三身相對，我們可以發現中陰三階段分別有不同的顯現特徵：

■在「臨終中陰」，法身在第一明光的顯現，像一片黑暗的黎明初現，不是燦爛耀眼的光，但卻具有最高純度的法性光明。

■在「實相中陰」，報身的顯現，是耀眼勝一千個太陽的強光，對藏密瑜珈行者來說，有寂靜及忿怒尊的顯現，象徵無二無別；佛父佛母交纏象徵悲智雙運；五道強烈的智光，象徵五智的功德。這就是莊嚴殊勝的佛果顯現。

■在「投生中陰」，個體化、具象化的化身，隨慈悲願力而自在顯現，反映所要化現的往生去處。

但是，要在中陰階段成就三身，必須在此生具有極高的修行功夫，才有機會相遇，並得證佛身。一般凡夫，大多擦身而過，帶著業力驅使的意生身，置身投生中陰，面對六趣（六道）的選擇。

中陰三階段各有何作用？

臨終中陰階段的作用是「破壞」和「還原」

「破壞」是指破壞人的肉體，要破壞的就是由「五大」和「五蘊」所構成的身體，什麼是「五大」和「五蘊」？本書的下一章（第七章）將做較詳細的解釋。身體被破壞之後就能夠**「還原」**振頻最高的自性本體。為什麼要還原「自性本體」？不只是因為自性本體不老不死且永遠忠心耿耿地跟隨亡者；更重要的，祂所具有的大能量，將在下一個階段二實相中陰裡的「創造」過程中發揮作用。祂在未被顯化的原始狀態是無形、無相、無色、無味，在一臨終中陰階段被還原之初所顯化的就是「光」——如黎明般的「第一光明」和亮度稍增的「第二光明」，亡者如果錯過了這兩次成佛的機會而進入二實相中陰階段時，仍有第三次機會見到「光」，假設亡者又錯失第三光明，意味著他將進入三投生中陰階段而後去投生，即進入下一世。

假設亡者在下一世將投生為一隻寵物狗，這寵物狗的身體何時並如何被「創造」出來？答案就是：創造的時間是在二實相中陰階段裡，創造的方法便包括了必須使用自性本體的大能量。

實相中陰的作用是「創造」和「重組」

然而，實相中陰階段所「創造」的雖是一個「全新」的身體，所選取的材料卻是「舊有」的，也就是說，創造並不是「憑空」創造，必須憑藉一個亡者可向之取材的來源，這來源就是亡者的個人記憶庫。正如同一位畫家創造一幅畫的過程，畫家不可能憑「空」創造，必須憑藉他個人記憶庫裡的資訊，比如畫家對顏色或光度取捨的想法、畫家對自己想要表現的主題的知識……都屬於畫家個人記憶庫。

正因為「創造」的材料是自己過去舊的記憶，因此與**「創造」**相關的作用就是**「重組」**——重新組合，重新再組織並連結在上一個臨終中陰階段被破壞分解的「五大」地水火風空的物質和「五蘊」的意識，此刻必須再重新「凝聚」，其中包括四十種貪（貪婪）、三十三種嗔（生氣），和七種痴（無知）的意識……又將逐漸回到亡者未來的一個「全新」的身體上。

投身中陰的作用是「反映」

到了中陰的最後階段投生中陰，從名稱也可以猜出此時應是大局已定，亡者要準備去投生了，「投生」中陰還有很多其他的名字，例如「受身」中陰，或「輪迴」中陰……，在這個階段，死亡者未來世的習氣和形象將逐漸出現而清晰。

第三節　四個次元身體在中陰階段的變化

人在世時的四個次元身體，到了中陰階段會如何變化呢？

在最初的「臨終中陰」階段

「肉體」首先開始依次崩解。

「能量體」中的第一層「氣體」隨之逐步退化；「肉體」崩解的痛苦，依個人的習性，也許會帶給第二層「情緒體」強烈的反應；而第三層「智性體」不可避免地逐漸隱退；面臨生離死別的關頭，第四層「星芒體」也許會有依戀的反應；高層的第五「氣體模型體」，也許亦隨著肉體的崩解而逐步退散。

到了呼吸停止，進入無意識狀態，此時，低階的三層能量體，可能逐步散去，而最高的兩層能量體，依個人的修持，也許能在我執所依附的低階肉身與能量體退散之際，打開一線光明，憶起「意念體」中所以到人世的神聖人生目的以及感知「自性本體」的本來面目。這也許就是臨終中陰第一光明與第二光明的契機。

在「臨終中陰」階段，最後昏迷的三天半時間，到底發生什麼，我們不得而知，也許是處在某種轉換的階段。神識將脫離「肉體」，「肉體」將不復存在；同樣的，原本包覆在身體80～100公分的「能量體」似乎也將無所依附；隨著「肉體」能量來源的切斷，**「意念體」**中提供能量的地心點與丹田點再也沒有了支撐。此生的基礎架構已崩，但所累積的龐大意識不曾失去，甚至還要在接下來的「實相中陰」產生強大的投射，以及在更後面的「投生中陰」起指導作用。「自性本體」自然是常在的，但無垢無淨、不生不滅、無我無他的「自性本體」，也不能是那起著現行、反映自我的雜染之體。靈，也許重回「自性本體」的大海；但接下來於中陰過程投射意識的靈，又要依附在哪一個載體呢？所以，這可能是一個轉換的過程，中陰也許是另一段人世，有著不同於肉身所屬的次元身體。

進入第二階段「實相中陰」

意識正式告別了「肉體」；「肉體」之外80～100公分的「能量體」自然也無法存在；而在身體有著定點的「意念體」，似乎也告一段落了。我們的觀點要從人生的舞台轉到中陰的舞台了。

我們前面說過，「實相中陰」的主角就是此生與累世所積累的龐大意識，投射出一幕幕的「實相中陰」場景，讓這個靈的幻身去經歷、去試煉。這裡有驚世駭俗的劇情，也有過關後的獎賞機會，一道道回歸的耀目光明與駭人的劇情同樣強烈，像極了電玩遊戲的冒險，而遊戲的裝備，就是你此生所修、所造；探險的結果，就是你的去向，這就是我們前面所說的「創造」與「重組」。

在中陰的觀點中，此生受限的時間與空間概念是不存在的，人世的四十九天，在中陰卻是橫跨生生世世，累世的龐大意識壓縮的程度，足以造就千百年的經歷。

到了第三階段「投生中陰」

此生回歸「自性本體」的機會已閉，「實相中陰」的試煉也得出了結果，顯然，還沒成佛，既無能徹悟「法身」，此生的智慧與福德也不足以承載報身，那麼就準備進入輪迴，做個「化身」吧。

這個化身仍然要裝備好四個次元，來世與此生如出一轍。因果已經結算，意識的複製大致完成，「私人人生目的」在各該關係人等的臨在下，草擬妥當；慈悲的宇宙望著此生錯失「神聖人生目的」的你，參考著你未來「私人人生目的」以及「世俗人生目的」的考題，悄悄備了一份靈之所以下墮學習的目的，作為答題鑰匙，在你升起意念產生投生創造衝動的一刻，塞進你的「意念體」之中。隨著「自性本體」創造的衝動，浮現一階階的「能量體」，因緣成熟，投胎而去，創造出「肉體」。

第七章 ◀ 臨終中陰

第一節　臨終中陰的時間及應注意事項

民間一般所稱的中陰四十九天，通常是從死亡的那一刻開始起算，也就是根據醫療上的判斷，以呼吸、心跳，及腦波三種徵兆都停止為死亡的第一天。但《中陰救度》認為此時人並未真正死亡，仍有一條銀色的生死能量線（在頭部後下方）連結亡者的肉體和靈體（即意識，即人的四次元中除肉體之外的三個次元身體）。何時才真正死亡？亡者斷氣後的三天半到四天，當生死線斷去，當亡者陷入昏迷而進入下一個階段實相中陰，才是真正死亡。因此，亡者停止呼吸及心跳之後的三天半至四天起算，這一段時間就是第一階段的「臨終中陰」，並不包括在四十九天之內。

在臨終中陰，亡者雖然停止呼吸，心臟也不再跳動，但是他肉體的神經系統和能量體的意識還在運作，正在進行消融和分解，換句話說，亡者仍能感知，仍有情緒，仍有想法，而且由於此時身體逐漸崩壞，分布在全身各部位的神經末稍感覺接受器（receptors）變得異常敏感，各種知覺，特別是痛覺，在此時被放大許多倍，甚至幾十、幾百倍，亡者可能因此而心生嗔恨。在他身邊的家人和親友們最好輕聲細語，不要放聲大哭，不說任何可能刺激亡者情緒的話語，若非要碰觸他的肉體時也要盡可能地輕柔，而不是粗魯地拉扯。總之，在此階段請盡可能地打從心底去愛護亡者。

勿讓亡者心生嗔恨

這裡要講三個和臨終時的情緒及想法有關的故事。

第一個故事的女主角就是在臨終之際生出嗔恨心，這臨終一怒讓她在轉世時跳過中陰階段，直接投生動物界而轉為一條大蟒蛇。

郗皇后的懺悔

這是記錄在《梁皇寶懺》的故事，在漢傳佛教史上有一位著名的皇帝──魏晉南北朝梁武帝蕭衍，梁武帝的妻子郗（讀音「吃」）皇后就是故事的女主角。在她臨終前的這一天，天氣炎熱，其中一位為她搧扇子的宮女昏昏欲睡，不小心把扇子跌落到皇后的臉上，可以想見那劇痛的程度。皇后生前本就是一個愛生氣、善妒的人，此時當然不可能會原諒別人的不小心，她頓時生起了極大的憤怒（這是由痛覺的「感受」生起的「情緒」），有了憤怒的「情緒」一定會產生報復的「想法」，她恨不得一刀砍下或一口咬下別人的頭（這是「想法」，是「意念」），這臨終一怒讓她立刻變成一條大蟒蛇。

幾個月之後的一個晚上，梁武帝聽到外邊有騷動的聲音，便起身往外走，結果在宮殿頂樑上看見一條大蟒蛇，梁武帝很驚慌的想逃跑，但被大蟒蛇擋住去路，梁武帝無路可逃，嘆息說道：「我做這麼多好事，怎麼會遇上你這種妖孽？」大蟒蛇說：「我是郗皇后啊，因為死時生起嗔恨的念頭，加上我平日很容易嫉妒，所以轉世時成了大蟒蛇。現在我非常痛苦，找不到東西吃，也沒有可以安身的大洞穴，我身上每一片鱗甲都被蟲咬得很痛，救救我吧！」

梁武帝把這個情形告訴他的國師寶誌禪師，禪師答應梁武帝為郗皇后解困的請求，但禪師說郗皇后必須要先懺悔，於是便召集國內各大高僧，依照大乘佛教經典裡的經文及各種佛的名號，撰寫成一篇「懺悔文」，總共寫成十卷，向郗皇后逐一解說，督促她誦讀「懺悔文」並真心懺悔。不久，在一個雷電交加的晚上，大蟒蛇被雷電擊中，死於宮殿的後山，郗皇后終於脫離了大蟒蛇的身體而轉世到其他地方。這本懺悔文就是漢傳佛教徒們所禮拜的《梁皇寶懺》，《梁皇寶懺》從梁朝流傳至今已一千多年，而誦經的儀式目前已成為漢傳佛教各道場每年定期舉行的重要法會之一。

死亡前情緒影響下一世的意識和行為

下面的兩個故事也都和亡者臨終時所經驗的情緒有關。故事中的主角是兩個同校但不同班級的小孩。二十多年前我的女兒和兒子還在美國曼哈頓區的87小學讀書時，偶爾我會特別抽空去學校接他們放學。這時就會遇到其他家長，往往我們幾個家長聚在一起開始閒聊並交換孩子成長的經驗。

有一位家長說她的兒子彼得不會主動做功課，從來都是她這個做媽媽的一次次地提醒、再提醒，最後才會去做。媽媽說，不但做功課如此，這孩子似乎從來不曾主動去做事，或預先策劃任何事情，他似乎也不能吸取教訓，比如被人罵了或被老師處罰了，當時哭哭啼啼，但不久又故態復萌，似乎不記得他將會被處罰這件事。

另一位家長說她的女兒凱莉則完全相反。凱莉的老師所規定的作業有兩種：除了每日的「日作業」之外，還有每一週的「週作業」，老師在每星期五會交代「週作業」，交「週作業」的時間是下一個星期五，孩子有一整個星期的時問做功課，凱莉媽媽說凱莉一定早早地在每個禮拜六和日，就把下週五才要交的功課預先做完，從不例外。

以上是正好說明死亡前的情緒如何影響下一世的意識和行為的兩個例子。其實，兩個孩子的前世是都是意外死亡，第一個男孩彼得被人從腦後開槍，是在毫不知情且毫無準備的狀況下死亡的，死亡之後不知身在何處，也不知何去何從？這種「茫然」的意識直接帶到下一世，影響他下一世為人處事的態度——茫然無所知，無從計劃起。

第二個例子中的凱莉是在屋頂塌下來的情況下死亡，這種情況和前一個例子彼得的情況非常不同。凱莉當時受傷慘重，發了兩聲「啊」之後便沒了聲音，也動彈不得，但她並沒有馬上死亡，在受傷到死亡這一段時間裡是有意識的——她經歷了極端的恐懼，多麼希望有人來救或自己能做些什麼來自救，但是她終究是絕望地等待死亡的來臨，這正是凱莉這一世所做的——早早就把功課做好，避免去經歷等待死亡時那種絕望的痛苦。

我講完這兩個故事之後，學員通常會提問：「一般人都沒有能力去知道自己或孩子的過去世，我們需要知道嗎？如果我是這兩個孩子的父母，我該如何做？」

我的回答一如往常：「我們這一世和任何人相處，並不需要知道別人或自己的過去世，只要能時刻以三大人生目的（提升一、自己；二、別人；以及三、世界的振動頻率）為原則，去扮演好自己的角色就可以了。就以上這兩個例子來說，如果我的角色是父母，就只需要盡全力去提升孩子和自己的振動頻率，至於效果如何、或孩子能不能照我的意思去改變，就超乎我能控制的範圍，既不是我能管，也不是我該管的事。如果我是上兩個例子彼得和凱莉的父母，我雖然對孩子的過去世一無所知，但我知道我的孩子彼得很不會計劃未來，我便會訂一個對彼得的長期計劃，去培養他對人生大小事都『未雨綢繆』的能力——不但是做家庭作業的態度，也包括金錢上的計劃和管理，和未來對學業或就業的計劃……。而對於凱莉這個孩子，我會著重在人生哲理和面對死亡的正確態度上，比如告訴凱莉或和她討論『每個人都會死』這件事，但也同時讓她瞭解『會死的是肉體，意識永遠存在』……。」

臨終中陰階段長短不同

講完了三個有關亡者臨終情緒如何影響將來下一世的故事，讓我們回到之前岔開的話題：臨終中陰時段的計算法，是停止呼吸及心跳之後起算，到三天半至四天連結肉體和靈體的生死線斷了為止，這一段時間一般人都不知道自己已死，這就是第一階段的

「臨終中陰」。

有學員會問，一定要三天半到四天生的時間嗎？是否有比較短的「臨終中陰」？有的，以我母親為例，二〇〇四年我的母親走在紐約郊區皇后區街上，被一輛汽車撞了，當時連結肉體和靈體的生死線已斷，她的靈體上升到半空中往下觀看時，看著躺在地上的自己，立刻明白自己的肉體已死亡，對撞她之後驚慌逃逸的司機全無怨恨之心。在這裡舉我的母親為例，並不表示所有車禍死亡的人都知道自己已死，許多在車禍當場死亡的人，其實並不知道自己已死，以至於驚慌失措甚至精神錯亂。因此，不論是否知道自己已死，這種類似車禍等的意外情況，亡者的臨終中陰在時間上可能比普通人要短一些。

另外還有兩種情況並不需要經過三天半到四天，那就是：一、即將成佛之人，以及二、壞事做盡的人。前者是因為他可能在斷氣後不多久的第一或第二光明時就上升成佛，不需要繼續去走中陰之路；後者既是壞事做盡的人，自然別無選擇，沒有第二條路，所以也將跳過中陰之路而直接下地獄。

至於臨終中陰出現的各種徵狀，是否有可能會提早出現？有的，有些情況在斷氣之前幾小時，或甚至幾天前就已出現臨終中陰之各種徵狀，比如出現連醫院裡的止痛劑也壓不住的痛覺，或一些山崩地裂等的幻象，或見到死去的親人並與之對話……。

我們在接下來的五大、五蘊的描述中可以發現，在《中陰救度》典籍的死狀徵兆內容裡，是包括死亡前的生理與意識作用的，所以，具體臨終中陰有多久，並沒有確切的數據與分野。但可以確定的是，第一光明的出現是在五大分解完成，斷氣之後的。

第二節　臨終中陰階段的「破壞」和「還原」作用

人在死亡時首先破壞的是振動頻率最低的肉體，破壞之後就能夠還原振頻最高的自性本體。為什麼需要破壞肉體才能還原自性本體？回答這個問題，必須先瞭解當初自性本體是如何進入肉體的。在第二章已向大家介紹了人的四個次元身體：肉體、能量體、意念體、自性本體；在第五章也向大家介紹了有關變換維度的各種概念——靈的升階進化和降階演化，我們這些「靈」在當初投胎為人之時，我們的三個振動頻率較高的身體，都必須不斷地降低振動頻率，這「降階」過程極為壯觀，牽涉到各種能量的轉化、分化、個人化、具體化、物質化……，最後才能「附身」在振動頻率極低的粗重肉體，因此，最高振頻的自性本體也必須透過這種先「降階」後「附身」的形式，才能在人間生存下來。

「附身」其實不是一個很準確的詞彙，這裡只不過是去附會通俗的概念，在通俗的認識中，把靈與身體這個皮囊分開來，而產生附身這個概念。但它的錯誤在於假設有一個客觀的實體存在，並由靈去依附於這個實體，這與我們的四次元觀點與中陰建構過程的觀點是牴觸的。更正確的概念應該是「凝聚」，由於意識與能量的層層作用，建立出具體的模型，從而聚攏實體元素，構成實體化與物質化的創造，而且終其一生，意識、能量與實體從未間斷地動態交互作用著，這樣的觀點也與唯識論一致。當然，意識與能量的個體化以及實體的構成，可以是平行的，但兩者之間必然有訊息的交流，互相之間不是獨立的，而且在某個時間點或說事件點，必然會合在一起，否則，中陰的建構理論以及身體四次元的藍圖概念就沒有著落。這裡要說的重點是，從靈學的觀點，實體並非獨立於意識及能量而存在。

話說回來，一般人終其一生都覺察不到自己有「自性本體」這樣一個「珍寶」存在，一般人的自性本體都被肉體「終身監禁」，只有在人死亡，肉體被破壞之時，肉體吸附其他身體（能量體、意念體、和自性本體）的能力隨之瓦解，自性本體於是破繭而出，可以說是被解放而出獄，最後還原成祂的「本來面目」。

「五大」和「五蘊」

《中陰救度》並沒有用「破壞」這個詞，它用的是「分解」或「消融」，臨終中陰要分解什麼？要分解的就是由「五大」和「五蘊」所構成的身體。這裡先簡單解釋何謂五大、五蘊。

一、**「五大」**是指五大物質元素：地、水、火、風、空，是自古以來人類各大文化的科學家和哲學家都在探討「宇宙本體」到底是什麼而得出的結果之一。比如中國《書經》

所記的「五行」水、火、金、木、土；比如希臘古哲學家恩比多克里斯（Empedocles）提出「氣、水、土、火」為宇宙間不變的四大元素；又比如婆羅門教和現代的印度教的重要經典《吠陀本集》所說的世界形成，是基於「地、水、風、火、空」的五種自然因素。我們此刻談論的這一本《中陰救度》所用的五大物質元素的概念就是源自印度。

二、**「五蘊」**是色、受、想、行、識五者的總名，是構成世間的物質現象和能量意識（即精神）作用的五類因素。第一個「色蘊」指的是物質，是構成肉體的基本材料，其他四個——受、想、行、識，是組成精神、意識、能量，也就是組成人類四個次元身體中的三個能量身體的材料。「色」蘊指組成身體的「物質」，「受」蘊指「感覺」，「想」蘊指「意象、概念」，「行」蘊指「意志」，「識」蘊指「認識分別」作用。

以下將依照先後次序講解在「臨終中陰」階段的八大分解：包括五大物質分解和三大能量分解。

1. 地大分解（地融入水）

「五大」中的「地」元素的特徵是穩重、堅固、強健，在人體上成為骨骼、肌肉、細胞等的一切固體，此時開始衰敗分解。

「五蘊」中的「色」蘊，就是「物質」正在消散。

在外人（家人或朋友）看到臨終的人當時的狀況（以下稱「外相」）可能是：臉色發白，脖子無法撐托頭部，下肢無力撐托身軀，全身無力，無法起身，無法站立，視線模

表 7-1　1. 地大分解（地融入水）

「五大」中的「地」元素即人體的骨骼、肌肉、細胞開始分解； 「五蘊」中的「色」蘊即「物質」開始分解。	
外相（外人看亡者）	臉色發白，全身無力，無法起身或站立，被碰一下都會痛，大小便失禁（地正融入水──正在崩塌的固體流出液體）
內相（亡者感覺自己）	感覺如整座山壓下來之痛苦，身體沉重、被壓迫。意志消沉，有時會拉扯衣物，並要旁人把他的身體拉起來。身體感受極度敏感，被輕碰一下都會痛，聽到巨響，視線模糊。
五種感官（肉體及能量體）	視覺漸失；臍輪崩解。
所見顏色及幻象	所見幻象顏色為土黃色。所見幻象都和崩塌、潰散、流失有關。見到「煙霧」徵象。

糊，被碰一下都會痛，大小便失禁（地正融入水──正在崩塌的固體流出液體）。

臨終之人自己的感受（以下稱「內相」）可能是身體沉重、被壓迫；他意志消沉，感覺腳下的土地不見了，或有在水中沒頂之感，他可能會拉扯衣物，兩隻眼睛向上觀望，並要旁人把他的身體拉起來說：「拉我一把，我在往下沉。」他的身體感官極度敏感，被輕碰一下都會痛，耳根由於過度敏感之故，會聽到恐怖的巨響。

他的視覺漸失。能量體上的臍輪崩解。此時眼睛所見景象全是他的意識幻化出來的「幻象」──由幻想或幻覺產生的虛幻形象，請注意，我們正常人說是「幻象」，但對臨終之人卻是實實在在的「真相」。

眼睛所見的顏色大多是土黃色（因為「地」元素正在分解），所見景象大都和崩塌、潰散、流失有關。他還會看到「煙霧」徵象，因為固體要轉成液體的過程中會出現氣化現象。

2. 水大分解（水融入火）

「五大」中的「水」元素的特點是濕潤、滋養、流動性，在人體中，就是液體開始蒸發。

「五蘊」中的「受」蘊，就是內心的感受（感覺）也開始散失，從「有感受」到「敏感」再到「沒有感受」。

外人看到的「外相」是他流眼淚、鼻涕和口水，但涕淚口水很快就乾了，嘴唇、鼻子也迅速變乾枯、鼻翼收縮、舌根僵硬，聽力也衰退。

自己感受的「內相」可能是口渴，他可能說：「我要喝水。」他感覺窒息、迷糊煩躁、容易生氣，可能看見讓他生起厭

表 7-2　2. 水大分解（水融入火）

「五大」中的「水」元素即液體物質，開始分解； 「五蘊」中的「受蘊」，即內心的感受開始分解，從「有感受」到「敏感」再到「沒有感受」。	
外相（外人看亡者）	流眼淚、鼻涕，和口水，但很快就乾了，嘴唇、鼻子也迅速變乾枯、鼻翼收縮、舌根僵硬，聽力衰退。
內相（亡者感覺自己）	覺得口渴，感覺窒息、迷糊、煩躁而容易生氣，全身感覺寒濕，好像泡在水裡，之後寒濕消失，變成潮熱，如在熱湯中。
五種感官（肉體及能量體）	聽覺漸失；心輪崩解。
所見顏色及幻象	所見幻象為灰白色，且與「洪水」有關，比如被大水圍困、氾濫、溺水；也會見到陽焰——露水在朝陽升起時開始蒸發的水氣。

惡感的現象。全身感覺寒濕，好像泡在水裡，之後寒濕消失，變成潮熱，如在熱湯中。

他的聽覺退失，能量體上的心輪也正在崩解。

眼睛所見的幻象顏色灰白，所見幻象與「洪水」有關，比如被大水圍困、氾濫、溺水……；也會見到飄動的「陽焰」徵象[1]，「陽焰」是指夜晚的露水在朝陽升起時開始蒸發的一陣陣水氣，表示馬上就要進入了下一個水融入火的階段。

3. 火大分解（火融入風）

「五大」中的「火」元素特點是溫熱、成熟、燃燒，在人體上成為熱量、能量，此時開始衰敗分解。

「五蘊」中的「想」蘊——思想能力開始分解。

外人看到的「外相」是體溫降低——口鼻氣息轉涼，溫度開始流失，體溫降低，使得氣流流出體外。身體溫度會從頭頂或是腳尖開始往下或往上，最後從心臟流失。

自己感受的「內相」可能是時醒時迷糊，難以明辨外面的環境（眼前是許多紅色火花），有像被火燒的灼熱感，最後只剩下寒風，此時的他不再注意周遭親友等活動和感受，甚至忘了他們的名字。

1. 也有一說是見到海市蜃樓，見朱文光著《西藏佛教生死學》第六十頁。

表 7-3　3. 火大分解（火融入風）

「五大」中的「火」元素即熱量、能量，開始分解； 「五蘊」中的「想」蘊即思想能力開始分解。	
外相（外人看亡者）	口鼻氣息轉涼，體溫降低，身體溫度會從頭頂或是腳尖開始往下或往上，最後從心臟流失。
內相（亡者感覺自己）	時醒時迷糊，難以明辨外在環境，有灼熱感，感覺四周的東西正在燃燒，最後只剩下寒風吹，不再注意周遭親友等活動和感受，甚至忘了他們的名字。
五種感官（肉體及能量體）	嗅覺漸失；喉輪分解。
所見顏色及幻象	所見幻象為紅色，投射出來的幻覺都和「燃燒」有關，如火山爆發、烈焰。會見到「螢光閃耀」的徵兆。

他的嗅覺退失，能量體上的喉輪也正在崩解。

眼睛所見的幻象顏色變為紅色，所投射出來的幻覺都和「燃燒」有關，如火山爆發、烈焰，也會見到「螢光閃耀」的徵兆——閃閃螢光跳動，好像螢火蟲（因為熱量流失，即將要進入火融入風的階段）。

4. 風大分解（風融入識）

「五大」中的「風」元素的特點是輕巧、機動，在人體上成為氣體流散。

「五蘊」中的「行蘊」——人的思考模式逐漸消散。

寒風陣陣，漸漸減小，意識渙散時所反射出來的幻象，像狂風吹動，或狂風暴雨，伴隨著極大的聲響。

外人所見的「外相」是呼吸粗短有

表 7-4　4. 風大分解（風融入識）

「五大」中的「風」元素即氣體開始分解； 「五蘊」中的「行」蘊即人的思想運作程式開始分解。	
外相（外人看亡者）	呼吸粗短有聲音，呼氣變長而吸氣很困難，味覺退失，兩隻眼睛向上翻轉。
內相（亡者感覺自己）	意識渙散，思想混亂，出現各種幻象，有人見到神來接引的畫面，有人見到冤親債主，因此驚慌害怕。
五種感官（肉體及能量體）	味覺漸失；海底輪崩解。
所見顏色及幻象	所見幻象顏色為淡綠色。所見幻象皆如狂風暴雨；會見到「燈火」徵象。

聲音，呼氣變長而吸氣很困難，兩眼上翻。

自己感受的「內相」先是寒風陣陣，漸漸減小，此時意識渙散，思想混亂，眼前出現各種幻象，有人見到神來接引的畫面，有人見到冤親債主，因此驚慌害怕。

他的味覺退失，能量體上的海底輪也正在崩解。

眼睛所見幻象顏色為淡綠，意識渙散時所反射出來的幻象，像狂風吹動或狂風暴雨，伴隨著極大的聲響；也會見到「燈火」徵象（燈火被風吹的晃動著的景象）。

5. 空大分解（識融入空）

空大分解時，肉體（物質體）將全面崩解，臨終之人喪失了感官上的知覺，進入意識（心識）層面，融入到「空」中——慢慢融入到空性，置身黑暗，伴隨著刺耳的千雷巨響，一切事物都變成藍色。

「氣、脈、明點」的介紹

以上依地、水、火、風、空五大物質元素的次序，解釋了五種物質分解（有的說法叫外消融、外分解，或粗分解）。為了要講下面三種意識分解（能量上的分解，也叫內分解、內消融，或細分解），必須先簡單解釋「氣、脈、明點」這三個有關能量元素的名詞。

■氣（梵文 prana）

氣分「外氣」和「內氣」，之前提到一般醫療判斷人在死亡時停止呼吸，但若以《中陰救度》的觀點來看，那是外氣（外呼吸）停止，「內氣」還沒有完全停止，所以不能算是真正死亡。「內氣」分成五種根本氣及五種支分氣，「根本氣」包括：一、命根氣；二、上行氣；三、下行氣；四、平住氣及五、遍行氣，其中最重要的根本氣是維持生命的「命根氣」。

■脈（梵文 nadi）

密宗認為人體有很多條脈，根據無上瑜珈部的說法，人身上共有七萬二千條脈遍佈全身。但最主要有中脈、右脈和左脈。身體正中央是筆直的中脈，左右二脈如同DNA的兩條雙螺旋結構，互相交纏，交纏點則形成所謂的脈輪、脈節或氣輪，它們像車輪般的形狀。中脈基本上有四個氣輪，從下到上依序是臍輪、心輪、喉輪和頂輪，這四輪就是修煉「氣」的

表 7-5　5. 空大分解（識融入空）

肉體全面崩解，喪失知覺，進入純意識層面，置身黑暗，伴隨著刺耳的千雷巨響，一切事物變成藍色。

關鍵部位，如果修持達到某一程度，可加修到五輪或七輪。

■明點（梵文 bindu，能量的種子）

就是一種人體生命能量精華的聚集。明點是人身中生命能量精華的凝聚點。比如下面將談到的紅色、白色明點，就是在「氣」的推動下，身體的「脈」裡面所運行的白色和紅色的精髓液體——我們從父親及母親那邊得到父精母血的精華。白明點依密乘的解釋，主要停留中脈上端，紅明點主要在臍輪，當這兩種能量開始會聚在心輪時，就是死亡的時刻。

解釋了上面能量三元素的名詞，讓我們回頭接上更早所談到的五大物質分解的最後一個程式：空大分解（識融入空），心識融入到「空」當中。這個「空」指的是慢慢融入到「空性」。前面的階段是屬於物質身體的地、水、火、風、空都完全分解，接下來就進入意識上的分解。這個意識分解過程分成三個步驟：明、增、得。

6. 識融入明

第一步就是「明」。

當人在臨終的各大分解都在進行的時候，中脈的「氣漸漸消失，撐不住紅白明點，因此中脈頂部父親的白明點往下移動；受之於父親的菩提心白色明點，從頭頂經由中脈下降。」白色明點主要是控制「嗔」的意識，有三十三種[2]。白色明點下降就會讓我們放

---

2. 朱文光著，《西藏佛教生死學》，第六十八頁。

下三十三種嗔恨的意識，在一剎那間化為烏有，一切憤怒都放下，不記得自己的恨了。亡者體驗到獲得智慧的喜悅。這種喜悅就是化身的本質。白色明點的下降，使一切看起來都是白色光亮的景象，只不過這「白色」不是陽光的亮白，而是如無雲晴空中月光的淡白，一切都是朦朧泛白的光。

7. 明融入增

接下來的一步是「增」。增加什麼？增加力量。由於亡者的意識會進一步渙散，那個開始出現的光明就增多了，力量就再增加。怎樣增加呢？受之於母親菩提心，位於臍輪裡的紅色明點沿著中脈，如閃電般上升，當紅色的明點上升時，四十種「貪」所產生的意念都會消失，即使見到最美麗動人的美女俊男神（無論男女在生時不都貪於美色嗎？），亡者也不為所動。因為沒有貪念，亡者會體驗到無上歡喜的智慧。這種智慧是「報身」的本質。紅色明點上升時，所見到的是各種「紅色」的光亮景象，一切都是模模糊糊的泛紅，好像晴空落日的晚霞。但有人會先見到泛紅的景象之後才是泛白的景象。許多修行人認為這個時候是修「破瓦法」的最佳時機。

8. 增融入得（陰陽會合）

再接下來是「得」，得到什麼？白色明點向下降，紅色明點向上升，最終會在心輪的位置相遇，「陰陽會合」了，使得七種愚癡或困惑所產生的意識都消失了，到此階段，貪、嗔、癡所有的意識都停止了，這就叫做「得」，是到達、得到的意思；這時我們本具的覺性（自性），在氣的推動下，被包裹在這兩個來自父母的明點中央，每樣東西都變得很黑暗，好像晴空無月的秋夜，這是最原始、最究竟的本質光明——即第一光明，即將升起。

第三節　第一光明與第二光明的顯現

第一光明

第一光明何時顯現？大約在停止呼吸之後的一頓飯時間（二十分鐘之內），也就是說，當五大分解開始進行，一直到第一光明顯現，這段時間大約是吃一頓飯的時間。然而，這段時間能持續多久，必須要看亡者當時修持狀態以及生前的禪修成果而定。

對許多密宗的修行人來說，第一光明顯現，是最關鍵的時刻，也是「母子光明會」的時刻，「母光明」是什麼？就是第一光明，就是前面說的白紅明點融入心間之後所升起的光明——我們心中本自具足的法性，像母親一樣。「子光明」又是什麼？子光明是指修行人在生前禪修和觀想所生出來的光明，像兒子一般，所以，當這位亡者修行人見到母光明出現的時候，他就能指認出：「啊，原來我生前所修持、體驗到的就是這個本自具足的自性！」此時就是母子光明會的時刻，若此時能立刻定下心來修「子光明」，便能把握住這大好時機，如同搭上直達電梯而成「法身佛」，使他離開中陰險路，躲避業力的追討。

那麼，誰能搭上直達電梯？又要如何搭上直達電梯？需要在生前就長期地、每日不斷地修持，並要長期接受上師的指導才可能達成。下面是《西藏生死書》的作者索甲仁波切對大家的提醒：

> 有些現代的死亡學作家和研究者都低估了這個時刻（死亡）的深奧性，因為他們閱讀和詮釋了《中陰聞教得度》這本書，卻沒有得到口傳和訓練來理解它的神聖意義，以致把它（死亡）看得太簡單，結論也下得太快，……我們可能都樂得把死亡當作天堂或開悟；但除了一廂情願的希望之外，更重要的是，我們必須知道唯有確實接受了心性或本覺的開示，而且唯有透過禪修建立並穩定心性，將它結合到日常生活中，死亡的那一刻才能提供解脫的真正機會。
>
> ——第三篇第十六章〈死亡與重生，基礎地〉

所以，對前面提到的問題：要如何搭上直達電梯？答案是，必須要在生前就長期修習並且觀想「子光明」，然而，對一般生前不修「子光明」的人來說，死後出現的母光明，可能只是瞬間閃過的一團光，不但看不懂，也不會指認，甚至可能完全沒看到。

其實，第一光明，在最初釋放出來的時候，它更像一片黑暗的黎明初現，不會立刻放出燦爛耀眼的光，卻具有最高純度的法性能量，之後，「如皮球彈跳一般，證悟法身的力道次第滅弱」，純度雖然越來越減弱，但光的明亮度卻越來越大（光的明亮度要到下一個階段的實相中陰才最是耀眼奪目，將到達一千個太陽的亮度）。

第二光明

如果錯過了第一光明（內顯現），母光明會再出現第二次，是為第二光明（外顯現），無論是第一光明或第二光明，都是關鍵時刻，都是大好時機，都能讓我們搭上直達電梯而得到大自在。何時能見到第二次光明？泰錫度仁波切曾經明確定義：「第二淨光期是當我們由失去意識中醒來，直到要離開身體前的這個階段。」[3]當亡者從無意識狀態中清醒，當「意識明朗地呈現出來」，當氣從中脈向左、右兩脈逃竄，「出現所謂的第二光明。時間是在外呼吸停止（斷氣）之後，經過了吃一頓飯多一點的時間。」[4]

下面以寧瑪派敦珠仁波切[5]所說的一段話，作為臨終中陰階段的小總結：

「死時會經歷何事？在受生之時，就是父母交合之際，身體由五大元素精華組合而成，乃元素、靈熱、能量、脈道等等之組合。死時，五大逐漸分離互相分解，當分解完成，外氣呼吸便停息。然後，當內脈動停止，白菩提（位於腦部的父分）與紅菩提（位

3. Tai Situpa Rinpoche，二十：〇三，三五九。
4. 朱文光著，《西藏佛教生死學》，第八十三頁。
5. Dudjom Rinpoche，二十：〇二，七三～七四。

於肚臍的母分）兩者便會於心間相遇融合，在此際意識便離開身體。沒有修習此一經驗者，此時會長時間不省人事。而有成就的大師，意識會在兩分鐘後，融入虛空，由虛空而入光明境。對於吾等修行人而言，禪定之成果為何？便正是融入光明，純淨與無染，一如虛空。其出現在於內脈停止之際，如在禪定之際能證了光明而等持之，則在體驗無瑕之虛空出現之時，便會出現母子光明會、空與覺會。此即為解脫。實則此即為吾等喇嘛與禪修者所修之『真如休息法』或於死亡時之『禪定』。『真如』是除此之外沒有別者。子母光明會合，在生起之相中穩定著，得到圓滿，便是解脫。」

「在五大元素分離或融合後，意識融入虛空，昏暈入阿賴耶境界，接著便見到光明有如純淨無瑕之虛空。如果此人不熟悉禪定，便不能認知此光明。由於光明不被認知，便不持久。如若人久久修習攝心，母子光明便能相會。」

第四節　意識從肉體離開的部位及身體溫度分布

在佛教裡普遍的一種說法，就是人死後意識從肉體離開的部位，應該是有餘溫（暖氣）的，而且，根據從肉體離開的部位可以推斷此人可能會去的「道」（維度、世界）。《契經》說，「壽煖識三者，更互依持」，意思是人的一生是靠三樣東西：壽命（壽）、體溫（煖）、意識（識，指第八阿賴耶識）維持，它們如三足鼎立，互相依賴支持，只要缺了其中一樣，其他兩樣不可能獨立生存。

大正藏《八識規矩補註》卷下，有一段文字：「善業從下冷，惡業從上冷。二者至於心，一處同時捨。頂聖眼生天，人心餓鬼腹，旁生膝蓋離，地獄腳板出。」

先解釋前面四句：「善業從下冷，惡業從上冷。二者至於心，一處同時捨。」將去好地方的人，熱氣是從下往上走，所以身體下部會先冷；將去不好地方的人，熱氣是往下走，所以身體上面先冷。大乘佛教的印光大師是這樣解釋的：「以人將死時，熱氣從下至上者超生。從上至下者，墮落。」6

其次解釋後面四句：「頂聖眼生天，人心餓鬼腹，旁生膝蓋離，地獄腳板出。」

1.「頂聖眼生天」：亡者全身冰冷，但頭頂仍有餘溫，此人將超凡入聖，是最高境界。如果眼睛或額頭部位仍有餘溫，是去天界做天人。

2.「人心餓鬼腹」：亡者全身冰冷，但心臟部位有餘溫，此人將投生三維人間。腹部仍有餘溫，則生餓鬼道。

3.「旁生膝蓋離」：亡者全身冰冷，但暖氣從膝蓋或附近部位離開，將投生畜生道。膝蓋獨熱，則生畜生道。腳板獨熱，則生地獄道。

4.「地獄腳板出」：亡者全身冰冷，但腳底仍有餘溫，將投生地獄道。

6.《印光大師文鈔三編下》。

如果錯失了第二次光明的出現，三天半到四天能量微弱到一定程度，能量線會中斷，正式脫離肉體，進入**實相中陰**。

第八章 ◀ 實相中陰

如果錯過「臨終中陰」的第一和第二光明，沒關係，還有第三光明。

在上一章談論的「臨終中陰」到了末期，當生死線斷裂，亡者將再度昏迷，甦醒後將進入第二階段的實相中陰，正式踏入「七七四十九」的第一天，亡者也將遇到許多「第三光明」。

不過，由於每個人在實相中陰的時間長短並不相同，有的人可能一瞬間，有的人長一些，但最長不超過十四天，本章是以十四天作為討論的基礎。

第一節　實相中陰會看見什麼？

在實相中陰的前五天，亡者都會看見下列三種情況：

①看見不同的神（寂靜尊）出現；

②看見五大和五蘊轉化現象；

③看見兩組光線：強光和弱光供亡者選擇。

實相中陰的第六和七天，由於不再出現五大和五蘊的現象，因此只會看見下列兩種情況：

①看見不同的神（寂忿尊）出現；

②看見可供選擇的兩組光線：強光和弱光。

實相中陰的第八至第十四天，只剩下一種情況：
——看見不同的神（忿怒尊）出現。

一、實相中陰十四天，每天看見不同數目的神

亡者在進入這最長為期十四天的實相中陰階段時，
——前六天會逐日見到寧靜平和的寂靜尊，是從亡者的心輪所投射顯現的，共四十二寂靜尊（第一天二位，第二天六位，第三天六位，第四天六位，第五天六位，第六天四十二位一起出現）。
——第七天會見到半寂半忿（面有慍色，像是在生悶氣）的寂忿尊，是從亡者的喉輪所投射顯現的，共有十位持明尊。
——從第八天開始到第十四天，亡者會看到面容恐怖的忿怒尊，這是由亡者的頂輪（腦部）投射顯現的，共有五十八尊（第八天二位，第九天二位，第十天二位，第十一天二位，第十二天二位，第十三天十六位，第十四天三十二位）。
祂們都試著幫助亡者並接引他到佛國淨土。《中陰救度》提醒修法者不要懼怕或者厭惡面容兇惡的忿怒尊，要立刻認出祂們是寂靜尊的變換形式，也是本尊守護神，因此要虔誠地祈禱並與祂們融為一體，如此便能獲得解脫而證得報身佛果。
請注意，以上討論每天出現的各種面相的神祇，只針對藏傳佛教裡的修行人所說，

表 8-1　實相中陰十四天出現的神

寂靜尊（面容寧靜平和）	寂忿尊（半寂半忿，像生悶氣）	忿怒尊（面容恐怖）
第一到六天	第七天	第八到十四天
從亡者心輪所投射	從亡者喉輪所投射	從亡者頂輪所投射
共四十二位（第一天二位，第二天六位，第三天六位，第四天六位，第五天六位，第六天四十二位一起出現）	共十位	共五十八位（第八天二位，第九天二位，第十天二位，第十一天二位，第十二天二位，第十三天十六位，第十四天三十二位）

並不適用於每一個人。任何人在死後所見的，無論是幻象或非幻象、天神或魔鬼……，無一不是從本人記憶庫裡的資訊幻化而成，一千多年前這部《中陰救度》是蓮花生大士對著他的二十五位弟子所傳授，這些弟子都是長期修持佛法的人，對其中的《文武百尊》在生前便已逐日熟悉起來，因此在死亡之後自然也會見到祂們；但是，對於其他非密宗佛教徒的一般人而言，若從前（包括許多過去世）未曾接觸這百餘位寂靜尊、寂忿尊和忿怒尊，祂們既不存在於其記憶庫，死後自然也不會見到。

二、看見五大和五蘊轉化現象

在上一階段臨終中陰所破壞分解的「五大」和「五蘊」，現在在實相中陰這個「創造」的階段，必須要被找回來，為的是要創造並重組一個新的身體。

——「五大」是指構成肉體的五大物質元素：

表 8-2　看見「五大」和「五蘊」轉化現象

	五大（物質元素）	五蘊
第一天	空	識（意識）
第二天	水	色（物質）
第三天	地	受（感受、感覺）
第四天	火	想（概念、意象）
第五天	風	行（意志、行動）

地、水、火、風、空。

——「五蘊」是色蘊、受蘊、想蘊、行蘊、識蘊：

1. 是構成人的身心（肉體、能量體或意念體）的五種要素。

2. 第一個「色蘊」指的是物質，是構成肉體的基本材料；其他四個——「受」指：感受、「想」指概念或意象、「行」指意志或行為、「識」指意識，有認識和分別的作用。

實相中陰「五大」和「五蘊」出現的先後次序為：第一天為空元素和識蘊，第二天為水元素和色蘊；第三天為地元素和受蘊；第四天為火元素和想蘊；第五天為風元素和行蘊。

三、看見強光和弱光，要選擇強光，勿選弱光

在實相中陰的前七天，每一天都有一組甚至一系列的光，亡者可以在同時出現的「強光」及「弱光」之間做一個選擇。刺眼的強光是當天顯現的神祇所發射之「智慧光」，然而，由於它太過明亮耀眼，可能讓亡者無法正視，因此感到害怕而躲避；另外一種光，是來自六道輪迴的溫柔模糊之「惡業光」，由於我們生前的貪慾習性，我們自然會喜歡上讓人感覺舒服且溫柔模糊的「惡業光」，這個錯誤的選擇將使得亡者落入陷阱，回到六道（天、人、修羅、畜生、餓鬼、地獄）去輪迴。

表8-3顯示在前七天，亡者每天都有兩個選擇，若兩者皆不選擇又會如何？那麼他就自動進入下一天的考驗。

如何能避免選錯而鑄成大錯？

《中陰救度》提供給亡者的對應方法是，要去體認這刺眼、讓人不舒服的強光，即是「智慧光」，是自己的「自性」所散發出的智慧，一定要安住當下，不要逃避，並在當下立刻發出祈願、觀想、懺悔、祈禱，衷心感謝光的保護和指引，並與之融為一體，那麼亡者將獲得靈性上的解脫，並有機會揚升成為「報身佛」。

對於另一種相反的光——溫和柔弱的惡業光，亡者一定要瞭解這這些光是自己惡習

表 8-3　實相中陰前七天，每天看見強光和弱光

	請選 強光（智慧光）	**勿選** 弱光 （惡業光）
第一天	**請選刺眼的藍色法界智光**，光束來自毗盧遮那佛父和佛母（大日如來、金剛虛空佛母），你的眼睛感覺刺痛，但不要躲避。	**勿選柔和的白色天道光**，那是你的無知（癡、愚癡）意識累積之惡業，此刻幻化成白色的光，不要看。
第二天	**請選刺眼的白色大圓鏡智光**，光束來自金剛薩埵不動如來和佛眼母，你的眼睛感覺刺痛，但不要躲避。	**勿選柔和的煙霧色地獄光**，那是你的憤怒累積之惡業，此刻幻化成煙灰色的光，不要看。
第三天	**請選刺眼的黃色平等性智光**，光束來自寶生如來和佛母，你的眼睛感覺刺痛，但不要躲避。	**勿選柔和的青或藍色人道光**，那是你的傲慢累積之惡業，此刻幻化成藍色的光，不要看。
第四天	**請選刺眼的紅色妙觀察智光**，光束來自無量光如來和佛母，你的眼睛感覺刺痛，但不要躲避。	**勿選柔和的黃色餓鬼道光**，那是你的貪慾累積之惡業，此刻幻化成黃色的光，不要看。
第五天	**請選刺眼的綠色成所作智光**，光束來自不空成就佛和佛母的心中向你發射來，你的眼睛感覺刺痛，但不要躲避。	**勿選柔和的紅色修羅道光**，那是你的嫉妒心所累積之惡業，此刻幻化成紅色的光，不要看。
第六天	**請選刺眼的四十二聖尊一起放的光**，一定要知道這是你本身的意識作用，不要害怕。	**勿選柔和的光**，代表六道的六光一起出現，不要看。
第七天	**請選刺眼的十持明主尊一起放光**，這十位主尊和其他護法、空行母、勇敢健壯男女一起出現，伴隨著自性本聲（宇宙真理巨響），好像千雷同時打響，不要害怕。	**勿選柔和的綠色畜生道光**，那是你的煩惱、愚癡所累積之惡業，此刻幻化成綠色的光，不要看。

長期的累積，也是自己多生累世的五毒意識（貪、嗔、癡、慢、妒）所投射出來的，絕對不要貪戀、愛戀或心生歡喜。

在實相中陰的後七天，每天都有不同的忿怒尊出現（請參考表8-4），不要害怕，要認取祂們是自己的意識在運作，也是寂靜尊的另一面向，若能認取並接受，與之融為一體，就可立即解脫。

在實相中陰快要結束的階段，地位如同西方死神般的閻羅王會出現，「閻羅法王之身形大者，與虛空相同；身形中等者，高如須彌山，充滿整個世界，而來到你面前。其次，他們以上齒咬住下唇，眼如水晶，頭髮束於頭頂，肚子大，脖子小，手持刑板，口中發打、殺的聲音，喝腦髓，撕裂身首，取出內臟，以如此相狀，充塞一切世間，而來到你面前。」

> 「閻羅王等，也是從你自己意識的本光所現起，故不具有實體。空性無損於空性，除了你的意識之本身力用所現起之外，外界所有的寂靜、忿怒、飲血諸部，及異類面首、虹光、閻羅王的恐怖體形等，肯定沒有實體。若能如此了知的話，一切的恐怖，當場解除，無二地融入後而證得佛位。」[1]

第二節　實相中陰的作用是什麼？

「創造」——轉化、重組

其實，「創造」的過程在臨終中陰的末期就已經開始了，當自性本體的能量顯化或轉化為第一或第二光明（也叫母光明或地光明），那時候我們的意識開始慢慢地甦醒，一般人由於沒有能力認出母光明，我們當時很容易就以自己過去的意識，也就是過去的習性，本能地對母光明做出反應，這些習性就是在上一階段已被分解的貪、嗔、癡的意識，蓮花生大士曾說：「一切眾生已經生、死和再生無數次。雖然他們一再經驗到那個不可言說的『明光』，但由於受到無明的障蔽，他們就無止境地在無限的輪迴中流浪。」

在貪、嗔、癡的意識剛復甦之時，一般人也開始連結外界的能量，吸引力法則就在此時也開始運作，我的意識很自然就吸引跟我類似的意識，如果我過去的意識裡「貪、嗔、癡」成分很重，我也很快地開始吸引類似的能量，這種吸引來的能量就是在第三章第五節〈什麼是業力〉時所提到的「廣泛的業力」，這些能量會障蔽「自性」（本覺、覺性、佛性）這萬物的內在本質，母光明自然不能持久，因此對一般人來說，光明可能只

1.《中有大聞解脫》，蓮花生大士岩藏，事業洲尊者岩傳，許明銀翻譯，第六七～六八頁。

出現「一彈指」的功夫；但如果亡者在生前就已培養出清明的意識（「貪、嗔、癡」成分較輕），吸引進來的能量也是較清明的，那麼他安住在母光明中的時間就可能拉長，正如前面第七章引用敦珠仁波切的話裡所說的「光明能持久」，甚至可能長達三天半到四天。

一旦進入實相中陰，正式的創造過程於焉開始。「創造」其實是一個不斷轉化的過程，還記得前面的章節裡多次談到振動頻率越高，能量就越「合一」，振動頻率越低，能量也越「分化」或「分離」嗎？這個轉化觀念用在此處就是「分化」：自性本體原本是無邊無際的最高意識能量，必須要大幅度的收縮，把密度加大，降低振動頻率，一步步往下分化，也就是說，第五章所談到的「降階演化」（involution）的外現過程開始了。

「降階」的過程是這樣的：當內在意識貪嗔癡的成分，以及外在業力的成分加重時，母光明開始分化（固體化、凝固化）成很多種層次的意識、從第九、八、七……意識到最後分化成我們身體基本的五種感官意識（眼、耳、鼻、舌、身的感受），在這「降階演化」的過程裡，自性光明不斷地加強擴張，不斷地分化、轉化為可被看見的能量狀態。這整個過程將成為我們日後是「聰慧」或「愚癡」的憑藉，也是決定我們去六道中的哪個「道」的根據。

實相中陰的「轉化」或「分化」程序分為四個階段，在每一個階段都有「直達電梯」可搭乘，都是成為「報身佛」的大好機會。如果前一個機會沒有把握，就會自然進入下一個機會。以下對這四個階段現象描述的部分均摘錄自索甲仁波切的《西藏生死書》（一九九二）。

光明階段

①光明階段出現什麼現象？

在法性中陰（實相中陰）之中，你以光之身顯現。這個中陰的第一個階段是「空大溶入光明之中」。突然間，你會意識到有一個流動的、活潑的聲、光、色世界。我們所熟悉的平常景象，都溶入一個廣袤的「光之景」。這種「光之景」非常燦爛奪目，它是透明而多彩的，不受任何層面或方向的限制，它閃閃發光不斷躍動。《中陰聞教得度》說它「像炎夏平原上的海市蜃樓」。它的各種顏色，是心的固有元素的自然表現：空大被看成藍光，水大被看成白光，地大被看成黃光，火大被看成紅光，風大被看成綠光。

這些燦爛的光在法性中陰的穩定程度，完全決定於你在修持「頓超」時所證得的穩定度。唯有確實嫻熟這個法門，才能讓你穩定這種經驗，利用它來獲得解脫。否則法性中陰將像電光石火般地一閃而過，你甚至不知道它已經發生了。讓我再次強調，唯有修「頓超」法門的修行人，才能有那種最最重要的認證：這些光燦爛的顯現，並不離開心性而存在。——索甲仁波切，《西藏生死書》（一九九二）

②光明階段的作用是什麼？

運用母光明（法性光、自性光）的能量，去「凝聚」和「轉化」物質。

由於我們在實相中陰的身體是「光之身」——就是具有法性（dharmata，即自性、本覺，是一切萬物的內在性質或本質）的光明在其中，與法性仍有連結，此時的法性所顯現的母光明（自性光）正在降低振動頻率而「分化」（轉化），也就是說，亡者此時正在走回頭路——「凝聚」臨終中陰所「分解」的五大和五蘊的能量，光明是母光明轉化物質的五蘊而出現的一種現象，所以亡者會見到一些很燦爛的彩色光明，也可以說，當他看到這些強烈的彩色光，他的意識便運用母光明的能量來「凝聚」五蘊（色受想行識），而五大（地水火風空）元素接著出現，這五種元素不同的振動頻率和密度，在強烈的光映照之下，就會出現不同的顏色。

前面對光明階段現象（楷體字）所描述的：

「空大被看成藍光」——指的是：光明轉化成虛空（空大）時，會出現藍光。

「水大被看成白光」——指的是：光明轉化成液體（水大）時，會出現白光。

「地大被看成黃光」——指的是：光明轉化成固體（地大）時，會出現黃光。

「火大被看成紅光」——指的是：光明轉化成熱量（火大）時，會出現紅光。

「風大被看成綠光」——指的是：光明轉化成氣體（風大）時，會出現綠光。

物質轉化形態，能量必然變化

任何物質在轉化形態的時候，能量上必然產生變化，其衝擊性可以是驚天動地的！物質轉換形態是什麼意思？比如「水」這個物質就有氣體（水蒸氣）、液體（水）、固體（冰）三種形態。當「水」要轉變成固體或氣體，三者互相轉變形態的時候，會牽涉「能量」的吸入或釋放而發生變化。而這裡，我們正討論著「自性本體」的形態轉換：當「靈體」離開解構的肉體，或靈體倒轉回頭建構形成肉體的能量時，都牽涉到能量的轉變，這種巨大轉變中的能量衝擊效果自然也是驚天動地，請讀者試想，一個能啟動人的四十種貪、三十三種嗔和七種癡的「轉化」，它的衝擊效果能不驚天動地嗎？

所以，在實相中陰的第一個光明程序的轉化過程可以是非常恐怖的，因為：一、強光太刺眼（達到一千個太陽的亮度的亮度）；二、伴隨著像一千個雷同時打響的聲音。處在實相中陰高度敏感的亡者可能早被這些強烈的聲光色彩嚇得魂飛魄散了。

結合階段

①結合階段出現什麼現象？

如果你不能認證這就是本覺的自發性顯現，則這些單純的光和色將開始結合成大大小小的光點或光球，稱為「明點」。在巨大的光球幾乎充塞整個虛空時，「喜樂（寂靜）部和忿怒部聖尊的曼達拉」將出現於明點中。這就是第二個階段，稱為「光明溶入結合之中」，光明以各種體積、顏色和形狀的佛像或聖尊像顯現，手裡拿著各種寶物。他們所散發出來的亮光耀眼炫目，聲音巨大如百千雷響的怒吼，各個光束如雷射光般穿透萬物。他們就是《中陰聞教得度》一書中所描述的「四十二位喜樂部和五十八位忿怒部聖尊」。他們在幾「天」之間逐漸出現，各有各自特殊的曼達拉模式，這是一種如此強烈充滿你整個覺知的景象，如果你無法認證它的真相，它就會顯得恐怖駭人。劇烈的恐懼和盲目的痛苦會消耗你，而後你會昏過去。非常微細的光束會從你自己和諸聖尊散發出來，將你的心和他們的心接在一起。無數的光球出現在它們的光線之中，慢慢增加，而後「捲起來」，一切聖尊溶入你當中。——索甲仁波切，《西藏生死書》（一九九二）

上一段對第二結合階段現象的說明中，出現了「明點」和「寂靜尊和忿怒尊」等的幾個關鍵詞，先解釋：

①「明點」：在上一章「臨終中陰」介紹人體能量系統時提到了明點，那時給的解釋是，「明點」是人身體內生命能量精華的凝聚點，比如在身體的「脈」裡所運行的白色和紅色的精髓液體就是明點。在「實相中陰」階段，由於亡者沒有了身體，因此這裡的「明點」指的是「母光明」的凝聚點，是最清明的精華點，也可以說是一種能量螢幕，能把亡者的意識所投射出來影像顯現出來。

②「寂靜尊」和「岔怒尊」：至於明點裡的「寂靜尊」和「岔怒尊」為何出現，有

何意義？從實相中陰的第一天開始，《中陰救度》就不斷提醒：對刺眼的光明（寂靜尊）不要驚慌、不要害怕，應當殷切地升起虔誠和信受，因為寂靜尊象徵我們內在的覺悟潛力。對於不顯眼的、模糊的光明則是建議：不要看。當然，這只是針對前面七天有兩種選擇（強光和弱光）的情況下所說，至於下一個七天的階段，沒有兩種光可供選擇，每天出現的則是恐怖的「忿怒尊」，《中陰救度》的提醒則是：不要驚慌、不要害怕，要認取祂們是自己的本尊，是自己意識作用而顯化出來的影像，是自我覺悟潛力表達出來的轉化力量。

以上所談論的「中陰文武百尊」（寂靜尊和忿怒尊），都是從藏傳佛教長期修法的修行人眼裡所看到的，但是，對於沒有宗教的普通人或別種宗教的教徒，在他們死後的中陰階段會見到這些大大小小、先慈眉善目後又恐怖駭人的中陰文武百尊嗎？當然不會，因為他們並不熟悉「中陰文武百尊」，甚至有些人的記憶庫裡從來沒收錄過有關文武百尊的資訊，死後的中陰階段裡當然見不到。

② 結合階段的作用是什麼？

運用母光明（法性光、自性光）的能量，去結合潛意識、意識和業力。

一般人看不到「中陰文武百尊」，那麼，一般人會看到什麼？

記得前幾章不斷提到的「人生回顧會議」電視螢幕嗎？「明點」其實就是在會議上

大家一起觀看的「電視螢幕」，一般沒見過「中陰文武百尊」的人死亡之後所見的「明點」裡自然看不到寂靜尊或忿怒尊，我們的電視螢幕上播放的是記錄著自己多生累世的「人生回顧」電視劇濃縮版。

我們在此時此刻（實相中陰階段）觀看自己的人生回顧電視劇是有特別意義的，讀者還記得在第六章比較中陰各個階段的作用時，談到了實相中陰最大的作用是在於「創造」我們未來世的身體？我們也同時談到，雖是創造一個「全新」的身體，但卻必須憑藉亡者個人資料庫裡舊時的資訊，因此，這裡的創造並不是憑空創造。

創造不能憑空

談到「創造不是憑空創造」，在這裡要先岔開「實相中陰」，順便講一個「創造是否能憑空」的例子。

曾經有一位學員在課堂上問我，她結婚多年很渴望有個孩子，醫生說是她的身體有問題，不容易有孩子，由於婆婆（先生的媽媽）是一個虔誠的佛教徒，帶領著她每天誦經向送子娘娘（求子觀音，即觀世音菩薩）祈禱，這位學員想知道這方法是否有用？我的回答是，我沒有通靈能力，也不能預知未來，當然不會知道她是否將有孩子，我只能從經驗裡回答：我曾見過至少三位都是求子多年而不得的婦女，其中兩位求觀世音，另外一位是西方人，求的是耶穌，這三位最後都如願以償地得到了孩子。我說，從這三個例子推測，她將有孩子的可能性是有的，但我向她強調，她必須瞭解，任何「創造者」都不能「憑空」創造，都必須用到記憶庫裡舊有的材料。也就是說，所創造出來的孩子在過往必然是和母親或父親有淵源的，也許孩子是預定在十世以後來投胎做這位媽媽（或爸爸）的孩子，但由於父或母在這一世有所要求，因此神（觀世音、耶穌）便在祈求者的記憶資訊庫裡找到這孩子，並把孩子投胎的時間提前了幾世，這便是一個「創造不是憑空」的例子。

回到原先的話題：我們在實相中陰階段觀看自己的人生回顧電視劇是有特別意義的，因為創造的方法就是「觀察」。對於上面舉的三位求子婦女的例子，神（觀音、耶穌）如何創造孩子的方法我們不得而知，但是實相中陰裡的創造必須透過「觀察」的方法。當我望著電視螢幕投射出來的我的許多前世經驗的片段，及包含在其中的「潛意識」及業力，當我望著螢幕的當下，我也生起了當下的「意識」，這種種「意識」都是「觀察」。說到這裡，我們必須討論一個物理學上的「觀察者意識作用」。

創造的方法是「觀察」

觀察者意識

在科學上，「觀察」是科學及哲學裡用來收集證據的研究方法，傳統科學的研究方法是建立在：收集可觀察、可經驗、可量度的證據，並且合乎明確的推理原則的，以上這個對研究方法的定義強調的是「客觀」、不容有一點「主觀」意識。然而，在近幾十年來的量子物理的發展，卻走向一條幾乎完全相反的路，那就是：客觀世界不一定存在，或者說，我們的「主觀意識」決定了這個客觀世界。

量子物理學的「觀察者意識」

在量子力學的實驗歷史上，有很多的實驗都可以證明這種奇怪的現象。最著名的要數電子的雙縫實驗，科學家在實驗中發現電子既具有「粒子」，也有「波」的性質，干涉的現象表現波的性質，離散的光點表現粒子的特性，這就是「波粒二象性」，所有量子都兼具這兩種特性，包括光子和電子。而在電子的雙縫實驗中，即便是單一的電子，科學家不去觀察它時，它既可以在A點，也可以在B點，這種現象叫做「疊加狀態」（superposition state），可以波函數來表述其可能分布；但是，當你去主動觀察它時，它就只能在A或B點，疊加現象就崩潰、坍縮（collapse）了，而粒子的特性又凸顯了。

量子物理的世界裡，現象在被觀察之前，無一是實在的。量子有正向自旋與反向自旋兩種同時存在的狀態。當科學家們進行「測量」（即「觀察」）時，便終止量子的疊加狀態，而呈現某一事實。這種現象連科學家也很難理解。最有名的實驗應屬「薛丁格的貓」（Schrödinger's cat），一隻貓兒被關在盒子裡，當盒子還沒開啟前，貓兒的狀態是：既是活著也同時是死亡的狀態，只有在開啟盒子（觀察）之後，才確定薛丁格的貓是不是還活著，在量子物理中，這種不確定狀態，會在被觀察時終止（坍縮），而呈現一個確定的狀態，使得能量凝聚成為物質。科學家們爭論到最後的結論是：從不確定到確定必須要有「意識」的參與，意識和物質世界不可分開，意識促成了物質世界從「不確定」到「確定」的轉移。

人生回顧會議的「觀察者意識」

在人生回顧會議（審判庭會議）上，這種「觀察者意識作用」，就會在我們望著電視螢幕時開始起「確定」（定型、創造）作用，比如說，此時此刻螢幕上播出的畫面是亡者的前一世的家庭生活，亡者心裡升起一片溫暖，但是緊接著出現另一個令亡者震驚的畫面：她最好的朋友和她的丈夫兩人頭靠頭，**親密偎依**，非常甜蜜。請各位讀者閉上眼睛，想想若是你看到這樣的畫面，你會作何感想？請以當下最直接的感想來作答（在第四維度沒有時間讓亡者慢慢琢磨該如何回答），請就這作何「感想」分兩部分來回答：

一、作何「感」——有何感受、情緒？

二、作何「想」——有何想法、意念？

容我在這裡先做個解釋：請不要誤認為電視螢幕的畫面只從我個人的角度去播放，它也同時從「別人」或甚至比較「全知」的角度去放映。請記得，宇宙永遠是最慈悲最公正的，祂隨時隨地、無時無刻、給出明示暗示，幫助我們提升振動頻率，在這個人生目的會議上也不例外。祂藉著提供最多最全面的訊息，等著我們去選擇（祂雖萬能，卻不能幫我們做選擇），幫助我們訂出人生目的；換個角度說，每個人隨時隨地都擁有著各種無限的可能的「意識」選擇，但問題來了，當我們振動頻率低的時候，所能選擇的也非常有限，因為我只會注意到和我的「觀察者意識」程度相當的畫面。也就是說，一個人的五毒（貪嗔癡慢妒——貪慾、嗔念、無知、我慢、嫉妒）成分越重，他的觀察者意識的振動頻率也越低，他只會注意到他所想要的、與他的利益有關的，以及符合他的認知能力的畫面，也因此他的選擇就越少、越受限制。

會議上有許多螢幕放映不同觀點

課堂上有些學員問：怎麼可能這「全知」觀點和個人觀點能在同一個電視螢幕上播出？難道會議上有好多個螢幕，各自放映不同的觀點？

我對第一個問題的答案是：是的，從三維物質世界的眼光來說，兩種不同觀點的電視劇不可能同時在一個螢幕上播放。但是，請不要忘記，我們在死亡之後身處第四維度，沒有了肉體，就不是用三維「肉眼」去看懂電視，這就開啟了第四維度的存有能在同一個螢幕上看懂兩種或甚至多種不同觀點的畫面之可能性。

至於第二個問題：「難道會議上可能有好多個螢幕，各自放映不同的觀點？」我的回答是：是的，是有可能的。螢幕是內在意識的外在顯相，不但螢幕不只一個，連意識也不只一種，出現在我眼前的，有我個人意識投射的螢幕（可能不只一個），也有別人意識投射的螢幕（可能不只一個），也有比較「全知」意識投射的螢幕（可能不只一個）……。為什麼會這樣？因為我們生前所發的所有意識（念頭、意念）一經發射出去，整個宇宙的存有都會同步收到，還記得在第三章第五節談〈什麼是業力〉時，舉「阿拉斯加的魚」為例嗎？一條我認為完全不相干的魚的潛意識也會同步收到我發出的意念，這條魚在收到我發出意念之後的反應也會被我同步收到……，這些多次雙向往返的訊息將被記錄在我個人的資料庫、魚及其他宇宙存有的個別資料庫，和宇宙大資料庫裡。如今這個會議是為我召開的人生目的會議，所有和我發出的意識的有關資訊自然也會在會議的螢幕上顯現出來。

畫面的動態選擇

讓我們用另一個角度來看這個問題，前面講到用波函數描述的「疊加狀態」具有概率的性質，各種可能狀態都有，只不過其機率分布受波函數的限制，而只要我們一觀察，所有的可能狀態將潰縮成一個狀態，「觀察」猶如「選擇」，從眾多可能狀態中選定了一個狀態，而不同狀態出現的概率則是由波函數決定。所以，螢幕會出現什麼，不去觀察它，你永遠無法事先知道，可是當你一觀察，就確定了。這是量子觀點。

把這觀點放進我們的問題，就成為：在實相中陰裡，規範螢幕可能出現什麼畫面的波函數是什麼？而作為選擇可能畫面的觀察依據又是什麼？是完全隨機的？還是有主觀意識，如習性的作用？

從意識的流動，我們還可以發現，這個畫面的選擇還不是靜態的，而是動態的，隨著意識流不斷的跳躍、擷取。更何況，雖然畫面的觀看來自個體的視角，但畫面的呈現卻是由源自「自性本體」的「母光明」產生的。自性本體具有全相的本質，包含一切可能，只不過個人螢幕的可能狀態仍受限於波函數而已。依我個人的看法，波函數與「累世業力」有關，而作為選擇的觀察與「主觀習性」有關。螢幕畫面的多元根本不是問題，因為它本來就是不確定的疊加態，再把意識流加進去，抉擇的隨機性就更大了，更何況自性本體本身就是全相的。

「觀察者意識」定型「潛意識螢幕」

讓我們挑剛才的比較「全知」觀點的意識螢幕來談，我最好的朋友和我的丈夫兩人頭靠頭，**親密偎依**，非常甜蜜，看起來是背叛我，這是否是事實？是真的嗎？答案是「不一定」。在眼睛觀察它之前（在意識認取它之前，在眼睛望著它之前），丈夫和閨蜜兩人可能背叛，可能沒有背叛。

前面說過，螢幕上所呈現的畫面全都取自記憶庫，但記憶庫的原始材料不一定是以原本赤裸裸的樣子出現，也可能以一種象徵性的方式顯現在螢幕上，比如此刻在螢幕上出現一隻黑色的大蜘蛛，是否代表我的前世就是這隻大蜘蛛呢？答案也是「不一定」，這畫面有很多種可能性：可能我的前世是這隻蜘蛛，可能這隻蜘蛛在某一世被我傷害現在來找我報仇，可能我被它傷害此刻它來求我原諒……或者，我和蜘蛛之間並沒有實質的關係，它的出現只是一種象徵，可能象徵我的人格裡陰暗的一面，可能象徵我的厭惡情緒（我很討厭蜘蛛），可能象徵我的恐懼情緒（我一向最怕蜘蛛）……。

單單解讀一隻蜘蛛，就可以得出許多結果，何況解讀更複雜的「丈夫和閨蜜」的畫面！當然，他們兩位可能真的背叛，但也可能沒有背叛，一切都未定型，這畫面可能只單純代表著你潛意識裡恐懼、懷疑，以及嫉妒等的負面意識——害怕被最親近的人背叛的意識，他們（丈夫和閨蜜）之所以出現在螢幕的畫面上，是因為他們是你死前的一世裡最親近最信任的人，而你的神聖人生目的之一就是去修正自己認知上的錯誤「我最親近的人會背叛我」。在我的經驗裡，許多在我的上一本書《還我本來面目》人格類型中的第四型「控制型人格」，都有這樣認知上的錯誤（請參閱書中第四章第四節〈控制型人格〉），如果他們不能明白「觀察者意識作用」的道理，他們死後在觀看自己的「人生回顧電視劇」時，必然也一世又一世地創造了自己被背叛的實相。

螢幕裡的畫面何時定型？在你望向畫面的當時，即使只是好奇，即使只是想看清楚，即使可能都還沒開始嘗試去解讀的時候，就已經定型了。因為宇宙間從來沒有巧合，所有現象都有原因，只不過三維人類的知識極其有限，對於無法解釋的現象，我們只能推說是「巧合」。因此，你在眾多畫面之中挑選這個「丈夫和閨蜜」的畫面來「觀察」當然事出有因，因為他們是與你的過去世、你的潛意識、也與你的「人生目的」有關，因此你便會「不由自主」地望向這個螢幕。就在你望向這螢幕的當下，你已經開始把「觀察者意識作用」放了進去，你正在塑造未來，這個螢幕，瞬間，或說同步地就會反映出你的意識想要變成的樣子，比如說當你「觀察」到「丈夫和閨蜜」，當下生出很多憤怒和恨的情緒，緊跟著是報復的念頭，當然，這樣的背叛結果就確定下來了。換句話說，是你的意識創造了丈夫和閨蜜的背叛。

讓我們換一種意識（情緒和想法），當你望著丈夫和閨蜜的畫面時，你明白這畫面背後所代表的意義，你當下不為所動（不動心、不動情、不動氣）；你不生恨，不生妒，不是冷漠，但有愛和祝福。這樣，結果也確定下來了——可能仍然有背叛，但你在接受被背叛時由於沒有「恨」，因此不會有恨所帶來的痛苦；由於有「愛」，在被背叛時自然會有愛所帶來的平和。

讓正能量的「觀察者意識」引導潛意識

如果瞭解這一點——我的「觀察者意識」可以讓畫面定型成負面結果，也可以定型成正面結果，此時此刻便是我們轉化能量、改變命運的大好時機，如何轉化，如何改變命運？關鍵便在於你如何「結合」兩種意識——意識（觀察螢幕時當下的意識）和潛意識（螢幕顯現的畫面），請讓你的觀察者「意識」充滿正能量去引導「潛意識」，當然，讀者可能說「這事談何容易！」是的，我們這些活在三維次元的人類，平日裡所想、所感、所做、所為無不受潛意識的控制，潛意識像是「後座司機」，雖非掌舵者，卻能左右大局；是的，要在死後改變這種大局，談何容易！正因為在死後改變不容易，所以在生前就必須時時刻刻「觀察」自己的起心動念，如果生前已習慣運用正面的「觀察者意識」，死後面對人生回顧會議電視螢幕便能把握這翻身的大好機會，化被動為主動，以正能量引導負能量，創造一個更有「明光」的前途。

再舉一例，我們回到剛才的黑色大蜘蛛的例子，當你見到畫面上黑色大蜘蛛的當時，你已經開始在創造了，是你的負面意識創造出一個代表負面能量的大蜘蛛，如果明白（「明白」是正念，能牽引正能量）它不是外來物，是自己的創造物，在當下就可以轉化而不必害怕（「害怕」是負面情緒，能牽動負能量），用什麼來轉化？正面意識的接受、包容、和愛來轉化，之後，任何奇蹟都可能被創造出來。這道理也包涵在《中陰救度》對密宗修行者的教導：在生前每日供養、觀想、禮敬「中陰文武百尊」，在生前既已對文武百尊升起正面意識，死後在明點裡即使看到再多的恐怖現象，由於生前受到訓練，此時便能將所見的各種恐怖的情境或影像轉換並固定成「中陰文武百尊」的本尊形象，用忿怒寂靜諸尊來取代從前的惡業或惡習（此時顯化為恐怖現象），而原本可能是恐懼和厭惡的負面意識，立時轉化為理解、接受、崇敬的正面意識，最後能獲得解脫而成佛，道理就在於此。

智慧階段

① 智慧階段出現什麼現象？

如果你還是無法認證和獲得穩定性，下一個階段隨即展開，稱為「結合溶入智慧之中」。

另一道細光束從你的心中發出，從光束又展開巨大的景象；不過，每個細節仍然清晰準確。這是各種智慧的展現，同時以舒展開來的光氈和燦爛、球狀、光明的明點出現：

首先，在深藍色的光氈上，有寶藍色的閃爍明點以五個一組的模式出現。在它上面的白色光氈上，有水晶般雪白的亮麗明點出現。在它上面的黃色光氈上，有金黃色的明點出現。在它上面的紅色光氈上，有紅寶石顏色的明點出現。它們被一個明亮的球體罩住，就像由孔雀毛製成的頂蓋。

這種明亮光的展現，是五種智慧的顯現：虛空藏智、大圓鏡智、平等性智、妙觀察智和成所作智。但由於成所作智只有在覺悟時才圓滿，這時它還未出現。因此，並沒有綠色的光氈和明點，不過它卻隱藏在其他顏色之內。這裡正在顯現的，是我們覺悟的潛能；唯有在我們成佛之後，成所作智才會出現。

如果你在這個時候沒有因安住於心性之中而證得解脫，各種光氈和它們的明點，以及你的本覺全都會溶入明亮的光球中，它就像孔雀羽毛製成的頂蓋。——索甲仁波切，《西藏生死書》（一九九二）

②智慧階段的作用是什麼？

運用母光明的能量，去轉化、分化意識。

五種智慧的光明在實相中陰階段展現的時候，其實是正在「轉化」的時刻，讀者記得在實相中陰的前五天，每一天都有刺眼的五方佛「智慧光」和溫柔模糊的五趣「惡業光」同時出現嗎？《西藏佛教生死學》認為這兩種強光和弱光同時出現有特別的意義：

「五方佛色光及五趣色光同時出現，正好顯示中有（中陰）的轉化意涵。」[2]

轉化什麼？

「五毒（八識）轉五智……轉化快則三剎那即告完成，慢則三大阿僧祇劫猶未能克盡其功。」[3]

「五毒」指貪、嗔、癡、慢、妒的意識；「八識」指眼、耳、鼻、舌、身的五識、第

---

2. 朱文光著，《西藏佛教生死學》（二〇〇〇），第一一七頁。
3. 同前註。

六「意」識、第七末那識、第八阿賴耶識。「五智」指：法界體性質（虛空藏智）、大圓鏡智、平等性智、妙觀察智、成所作智。

「無明的清淨本質即是法界體性智；嗔（阿賴耶識）的清淨本質即是大圓鏡智。慢（末那識）的清淨本質即是平等性智；貪（意識）的清淨本質即是妙觀察智；嫉（五識）的清淨本質即是成所作智。」[4]

其實，不論是五方佛所射出的「智慧光」，或是代表五毒的「惡業光」不清淨景象，他們內在的本質是相同的，都是從我們的「自性」發出來的，差別就在於我們如何認證他們是從自性所出之覺悟的原始大能量。

第一天，如果認證出「無明」意識的清淨本質，就可以轉化成法界體智（虛空藏智）。

第二天，如果認證出「嗔怒」意識（第八識阿賴耶）的清淨本質，就可以轉化成大圓鏡智。

第三天，如果認證出傲慢意識（第七識末那）的清淨本質，就可以轉化成平等性智光。

第四天，如果認證出貪慾意識（第六識）的清淨本質，就可以轉化成妙觀察智。

第五天，如果認證出嫉妒意識（前五識）的清淨本質，就可以轉化成成所作智。

當這些智慧生起和光明顯正在轉化的關鍵時刻，如果他們的自性的本質都沒有被認證出來，也就是說，如果你認不出這些強烈光束是你五毒意識的清淨本質所轉化成的「智慧光」，那麼，你的意識就開始分化、凝固化，往下分裂成第八識、第七識、第六識……各種意識，繼續「創造」你的輪迴前途，換句話說，你已經開始為你卜一步的投生中陰作準備了。

自發性的現前階段

①自發性的現前階段出現什麼現象？

接下來就是法性（實相）中陰的最後一個階段，「智慧溶入自發性的現前之中」。現在，整個實相以驚人的方式呈現出來。首先是本初清淨的狀態，如開放、無雲的天空般顯現。然後是喜樂部和忿怒部諸聖尊出現，接著是諸佛的清淨佛土，其下則是生死輪迴的六道。

這種景象的無邊無際，完全超乎我們的想像。每一種可能性都有：從智慧和解脫，到愚癡和再生。這時候，你將發現你具有天眼通和宿命通的能力。譬如，由於具有天眼通和不受到障礙的五官，你將知道你的過去世和未來世，看透別人的心。也明白六道輪迴的情形。在一剎那間，你就可以清晰地憶起曾經聽過的一切教法，甚至連未曾聽過的教法也將在你心中喚起。

4. 同前註。

整個景象接著溶入它原來的明點，就像割斷繩子，帳篷立刻倒塌一般。如果你有穩定性，可以認證這些顯現無非是你自己的本覺的「自光」，就可以獲得解脫。但如果沒有「頓超」法門的經驗，你就無法注視「如同太陽般明亮」的諸聖尊。相反的，由於前世的習氣，你的視線將被往下拉到六道。你將認證的就是這些六道，它們將誘使你再度迷惑。——索甲仁波切，《西藏生死書》（一九九二）

②自發性的現前階段有什麼作用？

完成創造

到這個實相中陰的最後階段，創造的工作已大致定型。死亡者將進入投生中陰。

細心的讀者應該已發現，前面對於實相中陰的階段區分有「經緯」之別。中陰救度經文的十四天分段是「經」，而索甲仁波切的四階段則是「緯」，兩者互為垂直。前者以時間天數區分，每天都兼有智慧光／惡業光、五智／五毒、寂靜尊或憤怒尊，而四階段則將其拆分成四階段。這將造成時間的混淆。事實上，對於中陰各階段的時間長短，各家說法一直都莫衷一是，所以，我們只要專注在各種現象以及各種情況的因應之道就好，時間長短就不須細究了。

下面的表 8-4，綜合了亡者在十四天的實相中陰階段裡每日所見的神、光，及因應之道。

表 8-4　實相中陰每日看見的光、神與因應之道

實相中陰前七天（每天看見強光和弱光）		
	請選 強光（智慧光）	**勿選** 弱光 （惡業光）
第一天	請選刺眼的藍色法界體智光，五大的空元素和五蘊的識蘊之基本淨性在今天以藍光出現，光束從代表覺悟的毗盧遮那佛父和佛母（大日如來、金剛虛空佛母）的心中向你射來，穿透你的心，你的眼睛感覺刺痛，不要躲避，要認出祂們是你自己意識本身顯化的光澤，是你的五毒中的無明意識轉化成法界智光，請虔誠地接受並融入，那麼你就得到法界體智獲得解脫，證得報身佛果，並安住在中央密嚴佛土。	勿選柔和的白色天道光，那是你多生多世在潛意識裡的癡心意識（無知、愚癡） 累積之惡業 ，此刻幻化成白光向你射來，你若認不出它是你自己的意識幻化而成，因而喜歡上這柔和的光，將會到天界而進入六道輪迴的漩渦裡。
第二天	請選刺眼的白色大圓鏡智光，五大的水元素和五蘊的色蘊之基本淨性在今天以白光出現，光束從代表堅毅美德的金剛薩埵不動如來和佛母的心中向你射來，穿透你的心，你的眼睛感覺刺痛，不要躲避，要認出祂們是你自己意識本身顯化的光澤，是你的五毒中的嗔怒意識（也是八識中的第八識阿賴耶識）轉化成大圓鏡智。請虔誠地接受並融入，你將獲得解脫，證得報身佛果，並安住在東方淨土妙樂佛國。	勿選柔和的煙霧色地獄光，那是你多生多世在潛意識裡的怨和憤怒累積之惡業，此刻幻化成地獄道的煙灰色光向你射來，眼睛不要看它，你若喜歡上這柔和的光，你將會到地獄去受折磨。
第三天	請選刺眼的黃色平等性智光，五大的地元素和五蘊的受蘊之基本淨性在今天以黃光出現，光束從代表美的寶生如來和佛母的心中向你射來，穿透你的心，你的眼睛感覺刺痛，不要躲避，要認出祂們是你自己意識本身顯化的光澤，是你的五毒中的傲慢意識（也是八識中的第七識末那識）的清淨本質轉化成黃色平等性智光。請虔誠地接受並融入，你將獲得解脫，證得報身佛果，並安住在南方淨土榮耀佛國。	勿選柔和的青色（有說藍色）人道光，那是你多生多世在潛意識裡的傲慢累積，此刻幻化成人道的青色光向你射來，眼睛不要看它，你若認不出它是你自己的意識幻化而成，因而你若喜歡上這柔和的光，你將會去人道做人，掉入輪迴陷阱。

第四天	請選刺眼的紅色妙觀察智光，五大的火元素和五蘊的想蘊之基本淨性在今天以紅光出現，光束從代表慈悲與同情的無量光如來和佛母的心中向你射來，穿透你的心，你的眼睛感覺刺痛，不要躲避，要認出祂們是你自己意識本身顯化的光澤，是你的五毒中的貪慾意識（八識中的第六意識）的清淨本質轉化成紅色「妙觀察智」光。請虔誠地接受並融入，你將獲得解脫，證得報身佛果，並安住在西方淨土極樂世界。	勿選柔和的黃色餓鬼道光，那是你多生多世在潛意識裡強烈貪慾意識累積之惡業，此刻幻化成餓鬼道微弱的黃光向你射來，眼睛不要看它，你若認不出它是你自己的意識幻化而成，因而喜歡上這道黃光，那麼你就會進入餓鬼道，嚐受那「看得到、吃不到」之苦。
第五天	請選刺眼的綠色成所作智光，五大的風元素和五蘊的行蘊之基本淨性在今天以綠光出現，光束從不空成就佛和佛母的心中向你發射來，穿透你的心，你的眼睛感覺刺痛，不要躲避，要認出祂們是你自己意識本身顯化的光澤，是你的五毒中的嫉妒意識（八識中的前五識）的清淨本質轉化成成所作智光。請虔誠地接受並融入，你將獲得解脫，證得報身佛果，並安住在北方淨土妙行成就佛國。	勿選柔和的紅色修羅道光，那是亡者多生多世在潛意識裡面強烈嫉妒心所累積之惡業幻化成的光，你若認不出它是你自己的意識幻化而成，因而喜歡上這道紅色光，那麼你就會進入修羅道，忍受不斷與人鬥爭之苦。
第六天	請選刺眼的四十二聖尊一起來接引亡者，祂們都從你自己心內發出，從你自己的清淨境中顯現，所有的佛身，不是來自外界，是你自己的意識本身具有的力量運作成就的，不要害怕，請虔誠地接受並融入，你將獲得解脫，證得報身佛果，並安住在五方佛的淨土。	勿選柔和的代表六道的六光一起出現（亡者見到天道柔和的白光、阿修羅柔和紅光、人道微弱的青光、畜生道不顯眼的綠光，和餓鬼道不顯眼的黃光、地獄道不顯眼的煙色光），你若認不出它是你自己的意識幻化而成，因而喜歡上這些柔光，那麼你就會下墮而落入輪迴。

第七天	請選刺眼的十位持明主尊一起放光，從光的內部，一切法的自性本聲，像打一千個雷的震動音響。聲音強大，轟隆和爆炸聲音，伴隨強烈的猛烈咒語而出現，一定要知道這是你心中現起的影像，是意識作用，不要害怕，要體認出強光是源自於智慧，請虔誠地接受並融入，你將獲得解脫，在持明主尊的協助之下，你將前往純淨的虛空淨土。	勿選柔和的亡者多生多世累積在潛意識裡的煩惱、愚癡累積之惡業幻化成畜生道微弱的綠光向你射來，如果你認不出他是你自己的東西而喜歡上這道綠光，那麼你就會進入畜生道。

實相中陰後七天，每天看見忿怒尊 （忿怒尊從亡者的腦袋浮現，光從亡者的髮絲射出）		
	出現的神	亡者的選擇
第八天	大光榮赫怒迦佛父、大力忿怒佛母	第一種選擇：不要害怕，認取祂們是你自己的意識在運作，也是毗盧遮那佛父母的另一面向，若能認取並接受而與之融為一體，立即解脫。 第二種選擇：若認不出祂們的本質，將進入第九天的考驗。
第九天	金剛部赫怒迦佛父、金剛部大力忿怒佛母	第一種選擇：不要害怕，認取祂們是你自己的意識在運作，也是金剛薩埵佛父母的另一面向，若能認取，立即解脫。 第二種選擇：體認不出祂們的本質，進入第十天的考驗
第十天	寶部赫怒迦佛父、寶部大力忿怒佛母	第一種選擇：不要害怕，認取祂們是你自己的意識在運作，也是寶生如來佛父母的另一面向，若能認取，立即解脫。 第二種選擇：體認不出祂們的本質，進入第十一天的考驗。
第十一天	蓮花部赫怒迦佛父、蓮花部大力忿怒佛母	第一種選擇：不要害怕，認取祂們是你自己的意識在運作，也是無量光佛父母的另一面向，若能認取並接受而與之融為一體，立即解脫。 第二種選擇：若認不出祂們的本質，將進入第十二天的考驗。

第十二天	業部赫怒迦佛父、業部大力忿怒佛母	第一種選擇：不要害怕，認取祂們是你自己的意識在運作，也是不空成就如來佛父母的另一面向，若能認取並接受而與之融為一體，立即解脫。 第二種選擇：若認不出祂們的本質，將進入第十三天的考驗。
第十三天	八位忿怒相高麗女神、八位忿怒相琵琶希女神	第一種選擇：不要害怕，認取祂們是你自己的意識在運作，若能認取並接受而與之融為一體，立即解脫。 第二種選擇：若認不出祂們的本質，將進入第十四天的考驗。
第十四天	四位獸首人身的守門女神從你的腦袋出現、二十八位獸首瑜伽女	第一種選擇：不要害怕，認取祂們是你自己的意識在運作，這二十八位大力的瑜伽女神，都是亡者自我心智活動所投射出來的形象。 若能認取並接受而與之融為一體，立即解脫。 第二種選擇：若認不出祂們的本質心生恐懼，祂們將現為閻羅法王，將進入考驗。 認不出來的話，所有的忿怒尊，將以閻羅法王的形象顯現，你將迷失於輪迴的道路，你的內心所投射出來的形象也都將成為魔鬼。

第九章

投生中陰

前面討論的實相中陰階段到了最後閻羅王的幻影出現時，一般亡者會因為害怕而昏倒，等他恢復知覺逐漸清醒時，會感受到自己有一個新的身軀，並且具有完善的感官知覺。不過，此時的亡者即使在光的照耀下也沒有影子，往水裡看，也見不到自己的臉和身形，此時亡者正式踏入第三個階段：投生中陰。

這一階段的作用正如其名：準備去投生、去投胎、去輪迴了。在投生中陰階段裡，會有很多事發生，讓我們先從這「新」得到的身體談起。

第一節　投生中陰的「意生身」

「新」的身體叫「意生身」

說它「新」，是因為和實相中陰的「光之身」比較，光之身是自性光（法性光、母光明、地光明）發出的「能量」身體，而意生身是業力所致的「意識」身體。由於缺少肉體裡代表「陽」的父親白菩提，也缺少代表「陰」的母親紅菩提，意生身不再具有日、月亮眼的光芒，他的意識來自於過去記憶庫裡的習氣，如果他的記憶庫裡面有很多光明，當然他的意生身就有光明。但是，進入投生中陰階段的亡者（就是我們一般人），身體結構中的光明成分大多已不是光亮耀眼，而是較微弱模糊的光（有經文描述為「淡光」

的「微妙身」），甚至有的業力重或不清淨者（貪嗔癡成分特別重的人）已沒了光明。

一、不但意生身所發的光是淡光或微弱的光，意生身所看見的世界也是一個微弱光的世界，既看不到能量極陽的日光，也看不到能量極陰的月光，還記得在第一章裡提到作者在美國達拉斯講課時，有許多「非人」族群也來旁聽？根據葛瑞絲的描述，每一個族群都有自己的空間，比如精靈族站立的土地是一片綠蔥蔥的草原，來自紐西蘭的毛利族站立的土地是枯黃色的草地，毛利族的天空也灰濛濛的、比較陰暗，這種「灰濛濛的、比較陰暗」所形容的就是投生中陰的意生身所處的，或說他們所看出去的世界。

二、由於意生身所發出的意念隨業力所感，意生身在投生中陰階段可以互相見到同類的形狀，如果他將在天界出生做個小神，他就會見到其他天神，他們也會見到他。如果將來要投生在畜生道，那麼他就會見到畜生界的景象，他和畜生會互相看到對方。

三、意生身具有生前的感官意識（六根：眼耳鼻舌身意），這些意識是生前的七倍強度[1]，意生身還具有生前七倍靈敏的覺察力[2]，及生前九倍清晰的記憶力[3]，他能夠看穿三度空間的物體，他也像是具有「他心通」，能閱讀別人的心識。不過，雖然具有這許多

1.《西藏生死書》，索甲仁波切著，第十八章，第三六一頁。
2.《西藏生死書》，索甲仁波切著，第十九章，第三七八頁。
3.《中有大聞解脫》，蓮花生大士岩藏，事業洲尊者岩傳，許明銀翻譯，第九十二頁；《藏密度亡經》，秋陽創巴仁波切著，鄭振煌譯，第一三五頁。

超強的能力，但「由於缺乏心理上的專注力，推理分析的能力會降低」。[4]即使生前沒有完善的感官，比如生前是聾、啞、瞎或殘，在投生中陰階段卻是完好無缺。

四、意生身具有生前所沒有的「神通力」——他能夠穿牆過壁，毫無障礙，只要一個起心動念，就可以馬上到達那個地方，不過這神通力不是因為禪定而得到的，而是業力作用所產生的神通；除了兩個地方他去不了——一個是未來母親的子宮，另一個是佛陀成佛菩提迦耶聖地的金剛座，世界各地沒有他意識想到卻不能到達。

第二節　意生身的六不定相

意生身有六種「不定相」

一、**居處不定**：由於沒有固定居住的地方，死亡者可能在山巔河川間到處漂泊，成為孤魂野鬼，也有些亡者露宿街頭，居住在別人的屋簷下，曾經有一位學員說他夢到去世多年的母親在夢裡告訴他，自己居無定所，經常住在別人的屋簷下，刮風下雨時感覺又濕又冷，即便如此，還必須常常換不同的屋簷（因為常被人趕）。

二、**依處不定**：投生中陰最大的特點就是業力的追討，由於自身的業力不同，所看所聽所感受到的也各不相同。他們看不見日月光（意生身沒有紅、白明點），周遭的一切都是黯淡的白光，在這種光中飄蕩，亡者會覺得地、水、火、風「四大元素」所造成的聲音很恐怖：地如山崩；水如海嘯；火如森林被烈焰吞噬之吼；風如龍捲風破壞之聲。而當亡者試著在恐怖的黑暗中逃避這些險惡的聲音時，會有白、紅、黑三大懸崖在面前裂開，這「三大絕壁」其實是我們的貪、嗔、癡的作用，亡者會覺得幾乎要由高處落下一般。許多人會看到恐怖的景象，比如有各種野獸或所謂的「冤親債主」在後面追趕，感受強烈的「業風」從背後驅動著他，使他無法停留在固定的地方，「由於（業）風的緣故，你沒有休息的權利。你的明智（意識）無所依靠，正如鳥羽被風追逐，又如騎上風馬之後，任意飄搖」[5]

三、**行不定**：此時的亡者由於具有「瞬間移動」的神通力，他無法保持靜止不動，只要一個起心動念，馬上到達那個地方，就好像隨風飛舞的花絮，定不下來。這種狀態可能讓亡者非常痛苦，很希望能有個肉體讓自己定下來，他可能回去找自己的肉體，當然，結果只會讓他更痛苦。

四、**食不定**：意生身無法自己覓食，主要原因是眼睛所見都是被扭曲的景象，再加上沒有日月光，所見的事物就更模糊不清，比如河流裡的水，在他眼裡看來可能是黏膩

4.《藏密臨終寶典》，東杜法王著，第四章〈中陰的經驗〉，第一一〇頁。
5.《中有大聞解脫》，蓮花生大士岩藏，事業洲尊者岩傳，許明銀翻譯，第七十八頁。

的餿水或是汙穢的糞便，他雖常感覺飢餓，卻因害怕而不敢食用。在吃食方面，意生身與人類不同，他是以氣味為食物，吃的不是食物本身，而是食物的氣味，或燃燒所產生的氣味、煙味；但他也只能吃指定給他的食物，如果家屬在祭拜時為他擺設供品，即指定是給他吃的，他就能吃到，不然他可能必須去和別人搶食物，在這種情況下，往往搶不到東西。

五、**友不定**：在這階段所遇到的其他亡者也許能成為朋友，但也是暫時的，就如同相遇在機場的過境室，每人搭不同的飛機去不同的「道」（六道），一切都不能確定。

六、**覺受不定**：由於意生身在此階段裡所見到的景象都與他過去的業力有關，這些景象，一會讓你快樂，一會令你痛苦，因為人在生前所做的事情有好有壞，有善有惡，亡者的感受和心情隨著外境上下浮動，沒有定性。

第三節　投生中陰的幾個重要場景

出席審判庭會議

審判庭會議由閻羅王主持，會議的目的是決定亡者將要投生的地方（天道、修羅道、人道、畜生道、餓鬼道、地獄道）。

在審判庭會議上，除了閻羅法王主持會議之外，還有兩位專門計算善業和惡業的閻羅（審判官），管善業的審判官用白石子來計算亡者一生的善行，另一位管惡業的審判官用黑石子來計算他的惡行，亡者面臨這種情況通常是極端的驚恐，也通常會為自己辯護而說謊：「我沒有做過這種事。」這時主持審判的閻羅王（類似於西方的死神）便拿出一面「業鏡」說：「讓我們來問問業鏡。」因此說謊是沒有用的，「於是閻羅王從你的脖子繫上繩索而拖著你，殺頭、取出心臟、抽腸子、舐腦髓、飲血、吃肉、搏嚼骨頭，但是你不會死。你的身體雖被切成碎片，但又復原過來。一再被砍切，故感受巨大痛苦。」[6]

《中陰救度》對亡者的建議是：千萬不要說謊，但是，如果說了謊而當場被用刑的情況下，也無須害怕，一定要體認「空不能傷空」的道理——空性是傷害不了空性的，要知道亡者的意生身是由「意識」所凝聚的身體，他的本質是「空」，是亡者過去的習氣意識所累積的身體，是一個「空性」的身體，因此，即使被殺死了，也會再活回來；而閻羅王、判官的本質也是「空」，因為他們是亡者錯亂的幻覺所形成的影像，空不能傷空，不具實質的「空性」不能夠傷害另一個不具實質的「空性」。

其實，這投生中陰階段的「審判庭會議」就是本書從第一章開始就不斷提到的「人生回顧會議」，閻羅王手上拿的「業鏡」就是在人生回顧會議上大家一起觀看的「人生回

6.《中有大聞解脫》，蓮花生大士岩藏，事業洲尊者岩傳，許明銀翻譯，第八十一頁。

顧電視螢幕」，閻羅王從阿卡西紀錄系統的總圖書館裡，取出你記憶庫裡的資料，放入大會的電視螢幕（業鏡）播放。而在第八章所談的「觀察者意識」就在亡者觀察著螢幕時，起了關鍵性的作用，能決定他的未來是入地獄、上天堂、入畜生道或回到人間。

為什麼《中陰救度》建議不要說謊？原因是審判庭是第四維空間，四維空間的溝通方式是透明而直接的，亡者的想法立刻被在場所有出席者解讀出來，只要你有一絲絲想為自己辯解的念頭，在你還沒用語言去說出「謊話」之前就已經被解讀為「否認」，四維空間意識上的「否認」等同於三維人間語言上的「說謊」，你否認自己犯錯，表示你不願負起責任；或者，你想辯解說你不知道自己犯錯，那還是否認，只不過這種否認是源於「無知」（即貪嗔癡中的「癡」，不知道自己犯錯），無知也是錯，也表示不願負起責任；總之，不論是哪一種否認，都與「真相」背道而馳，都是錯。

在談到審判庭的場景時，《西藏生死書》認為：「分析到最後，真正重要的是每一個行動背後的動機，我們逃避不了過去的行為、言語和思想所造成的影響，以及它們烙在我們心中的痕跡和習慣。這表示我們不僅在這一世，還要在來世為自己的一切身口意業負全責。」[7]

參加並「觀察」自己的葬禮

如同我們死後都將出席自己的審判庭會議一般，我們每一個人也都會參加自己的葬禮。《中陰救度》談到了下列三個場景，提醒大家在參加自己的葬禮時，千萬不要升起任何貪、嗔、癡的念頭。

場景一

「在你出現生於三善趣的景象時，留下的諸親屬為了供施已死者，而殺了許多有情生命、作祭祀，於是你升起不淨的情緒，升起強烈的嗔恨心，因此、入胎後往生地獄。」[8]

上面說的「三善趣」指的是：天道、人道、修羅道。

舉個例子說明，假設你生前因為做了不少善事，審判庭的判決是讓你上天去做小天神，於是你會開始見到天界的景象，也見到許多同類的天神，你的心情是很歡樂的。不過，由於天神的壽命很長，而你留在投生中陰的時間是按照你將去的地方計算的，這表示你不能立刻上天，必須停留在投生中陰一段時間。但問題來了，所謂「夜長夢多」，時間一拖長，事情可能會出問題。問題出在當你看見親人朋友們為了準備你的葬禮，殺了些動物來供俸祭祀，你明白動物被殺時會發出恨意和怨氣，這在宇宙中會形成一股負面能量，對你也不好，特別是這些動物是藉你之名而被殺，但你又阻止不了家人好意地為你殺生，於是你很生氣。你一生氣，在「觀察」自己葬禮時便把怨氣加進了自己的「觀察者意識」，你的命運立刻被扭轉，本來可以升天，但現在反而將下墮到地獄，失去做天

7.《西藏生死書》，索甲仁波切著，第十八章〈受身中陰，審判〉，第三六四頁。
8.《中有大聞解脫》，蓮花生大士岩藏，事業洲尊者岩傳，許明銀翻譯，第八十二頁。

神的機會。

《中陰救度》提供的應對之策：不管家裡的人造了什麼業，都要對他們修習慈心，不要升起任何嗔恨心。

場景二

「你對你自己的繼承財產升起貪心，或是對於你的財物，知道被他人侵佔而享用，然後你貪戀那些財物，而且對繼承財產的人們，你生起嗔恨心，故作了該結合處（指生起嗔恨心）之後，雖未能獲得三善趣，亦一定墮落於地獄或餓鬼，因此即使你貪戀繼承的財產，也無法取得。」[9]

為什麼「想要回原本屬於自己的財產」就是「升起貪心」？因為你已經死了，財產已不屬於你，你有「想要」屬於別人財產的慾望就是「貪」，如果再加上恨意（恨那些用了你的財產的人），後果當然是墮入地獄道或餓鬼道。

《中陰救度》提供的應對之策：要放下、要捨棄，還要專心地去觀想，把生前所擁有的一切完全奉獻給上師和三寶，便可安住在一種沒有貪慾、不執著的心境裡。

場景三

「為了給你修度亡儀軌，唸誦《岡嘎尼陀羅尼》以及《滅一切惡趣王咒》等，都為你而做，但是卻不清淨合法。作法者或心散亂（掉舉）等，或誓言（三味耶）和律儀不淨，或有放蕩不羈的行為；以你的微細神通看得見那些情景。而且你曉得他們有人不信正法，或者生起邪見，或因恐懼害怕而造惡業等，或不清淨的法事和儀軌；於是對此，你心想著：『唉唷！我被這些人騙了！的確被騙了！』而非常懊惱（灰心失望），非常不高興。」[10]

《中陰救度》提供的應對之策：即便儀式如何不合規定，亡者要這麼想：這定是我自己心念不清淨所造成的，佛陀的教法哪裡會不純淨呢？這就像是在鏡子裡面看到自己臉上的汙點，是自己的不乾淨，而不是鏡子不乾淨。

看見六道輪迴的光芒

亡者走到這一步，如果他還未覺醒，他生前的形象越來越模糊，而來生的形象越來越明顯，這個時候將出現六道輪迴的光芒，引誘他前往投生。

1. 柔和的白光來自天道；
2. 柔和的紅光來自阿修羅道；
3. 柔和的藍光來自人道；
4. 柔和的綠光來自畜生道；
5. 柔和的黃光來自餓鬼道；

9.《中有大聞解脫》，蓮花生大士岩藏，事業洲尊者岩傳，許明銀翻譯，第八十三頁。
10. 同前註。

6. 煙霧狀的光來自地獄道。

《中陰救度》對密宗的修行者提供「觀修純淨幻身教法」，以抗拒六道的光芒。對於非佛教徒的一般人來說，面對各種誘惑時，最重要的是，「把那個光當作大悲觀世音菩薩來修習吧！當光出現時，心中認作是大悲觀世音菩薩來修習吧！這是十分深奧的要點，而且很重要，能遮閉出生。」[11]

會看見男女交合景象

如果亡者無法抗拒上述六道業力的誘惑，他將來到子宮的入口，這時男女交合的景象（可能有很多對男女及動物）就在眼前出現，此時就要盡力去關閉胎門。

關閉胎門（未來母親子宮入口）的方法依次有五種：

一、第一種方法是**「堅持正念法」**，專心一致地修法，抵抗入胎。「男女交合的幻影，對你出現。目睹它的時候，當憶持正念，不入其間。觀男女父母雙身，即是上師父母雙尊，向他們頂禮，意存供養，竭誠恭敬，請求正法，只稍專注一意，就一定能夠閉塞胎口。」[12]

二、如果第一種閉胎法失敗了，可用第二種**「視男女為上師法」**，請「將上師父母雙尊觀想成任何本尊都可以，或是將本尊觀成大悲觀世音菩薩父母雙身之體，對之供養。意變供物而呈供獻。請求賜我成就，應專心一意、竭誠為之，以此即能閉塞胎門的。」[13]

三、如果第二種閉胎法失敗了，就用第三閉胎法：**「捨棄貪嗔法」**，不要介入其間。你若貪愛任何女子，你對與她交合的男子將產生強烈的嗔恨和嫉妒，你將入胎成為男性，做他們的兒子；同理，你若貪愛男子，你對與他交合的女子將產生強烈的嗔恨和嫉妒，你將入胎成為女性，做他們的女兒。

「出生有四種，即卵生、胎生、化生、濕生，有四種。這裡卵生與胎生，二者相同。如前所說，看見男女交合，當時乃由貪愛或由憎嫌而入胎，一入其胎，受生為馬，或是為雞犬，或為人等，隨其一處，俱有可能。」[14]

四、如果前述三種閉胎法都沒有成功，這時候就需要啟動第四閉胎法：**「如幻不實法」**：將一切事物的本質都視為不真實或是虛幻的。「現當觀這一切，如夢如幻，如空谷回聲，如海市蜃樓，如陽焰，如影像，如光影，如水中月影，即使是剎那間，亦不存在真實。」[15]

五、如果前面四種方法都無效，就要修習第五種方法：**「觀照光明法」**：要瞭解「一

11.《中有大聞解脫》，蓮花生大士岩藏，事業洲尊者岩傳，許明銀翻譯，第八十五頁。
12.《中有大聞解脫》，蓮花生大士岩藏，事業洲尊者岩傳，許明銀翻譯，第八十八頁。
13.《中有大聞解脫》，蓮花生大士岩藏，事業洲尊者岩傳，許明銀翻譯，第八十八頁。
14.《中有大聞解脫》，蓮花生大士岩藏，事業洲尊者岩傳，許明銀翻譯，第八十九頁。
15.《中有大聞解脫》，蓮花生大士岩藏，事業洲尊者岩傳，許明銀翻譯，第九十頁。

切法是自心。此心是離生滅的空性。如此觀想。淨化你的心之後，不造作。例如：注水於水般，在心本身之上，讓心是它原本的狀態。心的原狀是放鬆、清醒狀……。在胎門未閉期間，要如此再三地觀修。」[16]

前面《中陰救度》提供了五種閉胎法，讓亡者能避免投胎，但若由於惡業的牽引，任何方法對亡者都無效時，下一步就要教他如何辨認自己要去的是六道中的哪一「道」，以及在要去的那一「道」中是否有不同的選擇？如果有，如何選擇？

會看到不同的輪迴六道景象

天道

如果你即將轉生為神，可能會看到大型的多層宮殿，或以珠寶為材料的多層神殿。

阿修羅道

如果你即將轉生為阿修羅，可能會看到賞心悅目的樹林，或旋轉的火圈；也可能會覺得在一堆盤旋而上的烈火武器之中，或是進入戰場之中。

畜生道

如果你即將轉生為畜生，可能看到充滿霧氣的山岩洞穴和稻草蓋的茅屋，或看見自己在山洞、地穴，或草窩、鳥巢之中。

餓鬼道

如果你即將去餓鬼道，會看到倒樹殘幹、森林空地、崩塌的峽穀或看見黑暗和陰影；或看到一望無際、乾旱的沙漠，你若到這種地方，將承受飢餓和乾渴的痛苦。總之，餓鬼道的特色是沒有東西吃、沒有水喝。

地獄道

如果你即將轉生到地獄，會感覺全身無力，身不由己地被帶往一片黑色大地，在這裡白屋和紅屋交錯其中，並且布滿黑洞和黑路，或者你將被帶入銅牆鐵壁的城市，會聽到受到惡業折磨的人發出痛苦的歌聲。你若到這種地方，將領受地獄中極寒或極熱之苦，很久都不能出來。

人道

如果你即將轉生到人道，人道有四大洲可選擇。

這四大洲位於須彌山周邊的東、南、西、北部，《中陰救度》建議要前往有華廈大宅、鮮花水果的「南贍部洲」，就是我們現在住的地方。至於其他三大洲，雖然充滿快樂、喜悅或可以長命百歲，但因佛法不興盛，所以建議不要前去，其他三種選擇為：

一、如果看見雌雄的雁、鴨、鵝遊於湖中，則生於「東勝身洲」，「那裡不可前往，當即轉念回頭。若去該處，即使有安樂，但為佛法未傳播之地，故當勿入。」[17]

16.《中有大聞解脫》，蓮花生大士岩藏，事業洲尊者岩傳，許明銀翻譯，第九十一頁。

17.《中有大聞解脫》，蓮花生大士岩藏，事業洲尊者岩傳，許明銀翻譯，第九十三頁。

二、如果看見湖畔有雌雄馬匹奔走，則生於「西牛貨洲」，「那裡不可前往，當即轉念回頭。四周雖有財富享用，但是，那裡是未傳播佛法之地，故當勿入。」[18]

三、如果看見湖畔有黃牛群和樹木，則生「北俱盧洲」，「那裡亦不可投入。此洲雖有壽量福德，但是，那裡也是未傳播佛法之地，故當勿入。」[19]

不要隨便進入任何入口

不要隨便進入任何「入口」，先仔細「觀察」幾次，再謹慎選擇！

任何入口、門口、洞口、穴口、閘門口、關口、柵門口……都不要隨便進入。

——比如你經過一個柵門，裡面像是公園，最好在外面多觀察幾次。如果裡面有人走動，可能表示你將入人道，如果裡面有牛羊馬的動物，可能表示你將入畜生道。

——又比如你進入一個有幾棟房子的社區，最好在每一棟房子的外圍先多繞幾圈，觀察裡面是否有人。如果有，他們性情如何，以及房子裡的氣氛、布置如何……？也許他們是你將來的父母。

——比如你看見一個很大像宮殿的建築物，一個廣大而光亮的「門口」，可能表示你將進入天界，應該可以進去，但為慎重起見，請先在建築物外圍多繞幾圈，確定不是「偽裝」之後再進入。

——又比如有兩棟不同材質的宮殿可供選擇，其中一棟是光所築成，另一棟是珠寶築成，最好的選擇是由光築成的宮殿。

——比如你經過一個「洞口」，純粹是出於好奇，先是探頭進去，沒看見什麼，乾脆整個人走了進去，出生後便為一隻野獸。英文裡有一句諺語：「好奇害死貓」(Curiosity killed the cat)，投生中陰階段的好奇往往害死人。

——比如你看見你生前所愛的母親遠遠的站在「家門口」向你招手，你非常感動又開心，走進門口才發現這不是你的家，母親的臉頓時變形，成為一張兇惡的怪臉，他其實是你的「冤親債主」，也許你們將成為家人。

——另一個「偽裝」的例子。比如你看到遠遠茂密的樹林外有個「洞口」，洞口外站著一群美女俊男向你招手，邀請你進入喝茶，其實這是在投生中陰階段極為普遍的景象，由於我們大多數人在生前都貪「色」，都習慣以貌取人，都喜歡俊男美女，此時的美女俊男即是「貪」的業力之呈現。

這種「偽裝」的例子在投生中陰階段是層出不窮，也因此亡者在選擇胎門時便可能會犯錯，將「善胎」誤認為是「惡胎」，而「惡胎」又誤認為是「善胎」，這些都是亡者的業力作用的結果，《中陰救度》的提醒是：「即使出現善胎情景，對它亦不可生貪愛！即使出現惡胎情景，亦不可懷恨！無善惡、取捨，遠離愛憎，安住在大等舍（非苦非樂）

18. 同前註。
19. 同前註。

的本性中。」這段話的意思是，即使胎門看起來多美好，都不要輕信而走入；即使胎門看起來不是很好，也不要討厭，請讓自己安住在一個平衡的狀態——沒有好也沒有壞，沒有要也沒有不要，沒有愛戀也沒有憎恨。

第四節　一個中陰歷險的案例

現在舉一個實際的案例來看投生中陰的場景。這是我的一個多年老友，大帥哥（以下稱「大帥」），最近因血癌過世，我和我的學生蕭尹翎（也就是葛瑞絲）參加了他的告別式，從而開始見證了一段中陰的過程。葛瑞絲最近出版的《叩問生死》一書，對整個歷程及對話有很詳細的紀錄，我就不重複了，只摘取其中一些重點，來闡釋我在本書所談的中陰過程的一些共通特徵。

前面說過，在投生中陰中常見的場景之一，就是亡靈會參加自己的葬禮或告別式，在告別式以及之前好幾天的靈堂禮儀中，亡靈往往會流連於此，而其意識與習性對陽世種種情境的反應都會對死後去處有所影響。

當然，我在告別式接觸大帥時，他已置身「投生中陰」階段了。事實上，正如我前面說過，「臨終中陰」的自性光明以及「實相中陰」的智光顯現，多是針對此生已有精進修習的上根靈修者而言。以修習藏密寧瑪派的行者為例，多要已修習摩訶瑜珈乃至於阿底瑜珈的上根修習者，才或有機會得以親證解脫。我們一般人，多半與之擦肩而過，很快就由業力與習性造就幻身，進入投生中陰了。

這麼說並不表示，我們一定要像這些藏密修行者生前做這些定、慧的禪修，死後才有可能解脫；相反地，我在這本書裡強調的還是人生的「實踐」，從實踐中培養「智慧」的觀照與「慈悲」的心懷，也許會比形式上的靈修還重要而有效。不過，我們可以把這些靈修當作一個「協助」的工具或方法，幫助我們收攝於心，入定、起慧、生悲，從而在生活中實踐。

大帥在投生中陰過程的幾個典型特徵

在大帥的中陰歷程中，可以看到幾個特徵：

一、我們看大帥在中陰時的種種心理模式，活脫脫是他此生習性的複製，無論是對陽世的情境或對另一次元的幻境，他的心理反應，幾乎都是他此生習性的翻版。如果不能覺察，大概沒有多少抉擇選項，業力與習性就決定了他的去處，這是對「人生目的」的蒙昧，對「自由意志」的放棄。

二、中陰的種種現象，基本上都是大帥的意識投射，具有如幻的本質，但對他的幻身來講，由於無明，感如身受，一切心識惡習隨之而起，不知這是幻象，如盲引盲，最後產生驅力牽引，很容易進入歧途。

三、我們發現大師的意識流動，在不同時空交錯進行，沒有三維空間與時間限制，場景的切換跳躍而快速，一下回顧此生，一下又回到當下，意識投射與習性互相牽引，不斷的流動成形。這其實和生前的夢境很像，所以藏密修行者，往往以「睡夢中陰」來修習死後的中陰歷程，練習升起覺性觀照，未來進入中陰就較有機會不受牽引。

四、我們看到大師在業力感召下，往往促成牽引「惡趣」（即下三道：地獄、餓鬼及畜生道）的宇宙力量伴隨，如牛頭馬面或黑白無常，而這些力量有時候不以本來面目出現，反而幻化成大師所喜愛的物件，如貓或狗之類的。反之，當大師一念清明，發出正向的呼喚如「觀世音菩薩」或「阿彌陀佛」等象徵意念時，又往往會出現光明護持。

五、在過程中，出現過很多不同的所在或景象，試圖吸引大師的亡靈進入，而這些就是我們在「投生中陰」所描述的代表六道的各種處所。

七、由於葛瑞絲的協助，我屢屢在大師要進入惡趣的入口時，予以提醒；或是在碰到牛頭馬面或其他險境時給予提示，誦唸阿彌陀佛或觀音聖號，因而能夠及時避開，或感應佛菩薩的光明映照，而得以脫離險境。

讀者們請瞭解，這部蓮花生大士傳下來的《中陰聞教救度大法》，之所以稱為中陰「聞」教救度，就是要念誦給亡者「聽」的，而且也是藏地的往生儀軌。所以，在死者臨終之際，念誦經文、稱唸佛菩薩名號、作法事利益亡者等等，對亡者當有一定的功效。不過，提醒各位一件事，請避免信仰與文化的衝突，一切要從亡者的文化或所信仰的立場去權衡。比如，如果大師生前成長於西方文化，也從來不知何謂觀音或阿彌陀佛，我自然會鼓勵他念誦他生前所熟悉或信仰的神之聖號。

以上這些，大多與我們這本書闡述的中陰過程特徵相符，可以做為中陰過程，特別是投生中陰過程的參考範例。現在讓我們簡短回顧大師的這一段中陰之旅。

告別式中的大師亡靈，仍不脫陽世的習性

今年九月，我與葛瑞絲參加了大師的告別式。到現場不久，葛瑞絲就看到大師出現，傷心的哭著，這樣的情緒似乎牽引了牛頭馬面的出現，通常牛頭馬面的出現意味亡者將受牽引到不好的地方，我急忙要大師趕緊去找光，「一定要放下所有情緒，要原諒，帶著愛，跟著光走」，這時金色阿彌陀佛與白色觀世音菩薩由上方現身，牛頭馬面也即刻消失。

葛瑞絲見到大師彷彿就要與金光融合卻又瞬間分離，他說無法忍受這道強光，覺得自己不配，於是金光消失，只剩擴大的白光。這是一般人常見的習性反應，可能是負面思維的低層自我在慣性地抗拒高頻的能量，也可能是對自我的否定，對自我言行或人格的不認同，而這樣的習性也帶進了中陰身。

我教他要帶著愛與原諒，緊緊跟著比較亮的光。但隨著告別式進來祭拜的家屬，有些讓他泛起怒意，遠處牛頭馬面又要出現了。我告訴他：「不要生氣，要原諒，帶著愛。」

他抱怨他們為何不愛他，我說：「為什麼要去向人討愛，為什麼不先學會愛人呢？」

他似乎接受了勸說，幻身變成了嬰兒，然後慢慢長大，這是意識跳回到人生階段了（生命回顧）。隨著長大，父親的幻象出現，他心裡起了恨意：「我恨他，恨他不愛我，恨他虐待我。」

我告訴他：「爸爸很愛你，他只是沒按照你想要的方式，但給了你很深的父愛，只是你不知道而已。是的，爸爸從前虐待你……前世你可能也對他做了某些壞事，你永遠不知道誰才是始作俑者。爸爸有他自己的課題，你管不了，只要記得面對你自己的課題。你一定要原諒，如果做不到愛爸爸，那麼你就感激他，至少感激他對你的養育之恩。」

他好像接受了，畫面轉到他的青年，出現了他前妻，他又開始憤怒：「我恨她，恨她看不起我，一點都不愛我，她讓我覺得自己沒有用，她一點都不愛我！」

我勸他：「你的妻子非常愛你，只是你不知道。你生前只知道怨，對任何事任何人就只是怨，都是別人的錯，從不認為自己有錯！她已經盡到做妻子的責任，是你自己沒盡到責任。如果要他人愛你，你一定要先給愛，如果你做不到愛人，那麼就學習感激，感激她曾經愛過你，曾經是你的妻子，感激非常重要。」他似乎聽進去了。

畫面跳到他在建築工地工作，仍是抱怨努力工作最後什麼都沒有。然後又跳到他現在的女友，相親相愛，相處融洽，他顯得依戀，我告訴他要放下。畫面隨即又跳到他年輕的時候，意氣風發，開心而滿足，我教他帶著這個感受。

看到這裡，多少可以看出他在世時的性情習性了，驕傲、自大，總是怨別人而不自省。不懂得愛與感激，卻怨人不愛他，年幼的恨也一直藏在心底。這些習性，仍然表現在這個中陰身裡。意識場景也不斷地在不同時空間穿插、跳躍，對他來講都有如真的感受一般，而他也依習性反應。所以，要是沒有覺知，大概就隨業而去了。我們也看到，只要他一生氣或起了負面情緒，牛頭馬面就來了。

大帥經歷代表六道輪迴的各種幻化景象

接下來，大帥開始經歷一連串場景，可能代表著六道輪迴的各種景象，呈現出來要吸引他進去。

先是一個如天庭的地方，門前有童男、童女，拉著他的手要他進去。一聽到門，我教他千萬別進去。

然後是一座寺廟，有僧人在打掃，他都已經進入大廳了，我教他要謹慎，不要隨便進入。

隨即出現了一條龍。我告訴他要想清楚，這時，龍瞬間變成了黑蛇。我說：「這條路上有很多的陷阱，它們會幻化成各種樣貌來騙你。記住，要等光，一定要等到光。」

接著陸續出現了海上的魚、漁夫，陸上的馬、牛、羊、雞及畜養牠們的農夫，我勸他不要去做動物，也不要選擇以殺動物為業的人。接著畫面轉到男、女交合的畫面，他顯得興奮想看，我勸阻他，他無法克制，我嚴厲的告誡他：「這就是你生前無法克制的好奇心，現在就要斷了這個慾望，不要看，閉上眼睛。」。

他用力閉上眼睛，情慾畫面旋即消失，轉到森林一處洞口，有長髮飄逸的女子邀他進入，感覺他似乎在餓鬼或畜生道，而這些女子可能是阿修羅，我勸阻他說，任何洞口都不要進去，說著說著出現了一匹狼，後面跟著一隻兔子，我告訴他：「你進去就變成動物了。」

冷靜下來之後，大師來到一條有許多兇惡黑蛇的道路，堅定通過後，下方是一座青綠湖水，水面上浮著許多非常大的蓮花，一些蓮花上有人安靜地在打坐。此時，大師心慌意亂，四處尋找他的位置，找不到，又生氣了。這一怒，立即跌入一片漆黑，而牛頭馬面也再次出現。情急之下，經我的提示，他用盡全力大喊：「南無觀世音菩薩」，語畢，光即刻出現。他坐在一朵雲上回到原來的地方，好不開心，彷彿發現自己具有神通力，可以毫無阻礙地到任何地方。

他經過了一道七彩霓虹燈的光，我告訴他，這不是你要等的光。隨後經過了許多地方，最後來到一處類似禪堂的地方，外面有一些女眾出家人，裡面好像有一尊觀音菩薩相，似乎是觀世音菩薩居處。大堂飄出檀香味，大帥彷彿被香味吸引，停了下來。我吩咐他，任何地方都不要隨便進去，一定要先觀察，最好在外面多繞幾圈再決定。

大帥坐著雲朵繼續前進，原本獨坐雲朵上的他，右邊突然出現了一隻土黃色的狗。大帥以為牠是代替女友來陪伴他的，我提醒：「最好不要。這條路上，我們都是一個人走的。」說著，說著，大帥左邊又出現一隻花貓，旋即，原本的土黃狗現身為牛頭，左邊的花貓現身為馬面。我告訴他：「你生前就有這個毛病，怕孤單，一定要有人陪伴，但是你千萬要記得，眼前這條路一定要一個人走，不要再希望有人陪伴。」

從這裡，我們看到投生中陰一個難以避免的現象：亡靈對孤身走在這條中陰道路上的恐懼與不安，而這種心緒又恰足以招致惡趣牽引力量，以相應的偽裝形象出現，可說是處處陷阱。

又經過了一些地方，我都勸阻他要耐心等著光。找不到落腳之處，大帥開始心急了。最後，來到一座巨大白色觀世音菩薩的雕像前，他慌張地緊抱觀世音菩薩雕像，這是典型的臨時抱佛腳了。在葛瑞絲建議下，我讓大帥暫時到我家社區門口待著，或許有機會可以為他上一點課。

葛瑞絲看到大帥瞬間移動到了我家社區門口，一到，原本的習性又犯了，一下看不順眼那裡的一些存有，幾乎要引來牛頭馬面了；一下又說我家烏不生蛋，耐不住性子想要出去走走。我勸住他，稍稍安靜下來，他又說，有個仙女托盤捧著素食茶點，他要享用了。我想想，索性由著他吧。

這時，正值家人要把他的棺材帶去火化，大師再度現身會場，顯得驚恐，擔心沒有了肉體，不知怎麼辦。我安慰他：「這個肉體舊了，你已不需要，之後會有一個新的肉體，不要怕。」經我再三保證才稍稍解除他的懷疑、不安。我們可以看到，對肉體的難捨與執著，也是中陰的常見現象，對相伴一生的原本肉身有著慣性的依附情結。

大師仍帶著對妻兒的怨恨

告別式結束，大師對參加的女友與女兒殷殷囑咐，關懷與欣慰之情顯然；但是對沒能來參加的兒子與前妻，仍懷著難以釋懷的怨氣。我質問他：「到底是兒子不理你，還是你不理他？兒子出生時，你連醫院都沒去，看都不看他一眼，孩子何辜？後來他不理你，你不會主動找他嗎？」

我問他有什麼話要對前妻說。他一臉不高興，拿出一包香要女兒拿給前妻，意思是要前妻祭拜他，顯然不諒解前妻沒來告別式。女兒傷心的說，他前妻是因為太傷心了，才沒有來，他前妻還是很愛他的。

我嚴厲對他說：「你還要生她的氣嗎？你一定要學習原諒與放下，她對你已經夠好了。」但大師一想到前妻就生氣：「她看不起我，我也要看不起她，報復她，所以我不理這個兒子，我也讓她知道被看不起的滋味是什麼。」

對前妻的誤解與怨恨是大師必須要懺悔與放下的心結，否則難逃地獄之苦。我立刻要他面壁思過：「所有的一切都是你的誤會，不要再怨恨別人了，所有的一切都是你自己做的，你才是始作俑者。」

聽完我的話，他轉過身去，背對著我，低頭坐在地上，似乎在懺悔。過了一會，他左邊臉頰流下一顆淡藍色的眼淚，晶瑩剔透。接著，地上也出現了一大灘水藍色的淚水，大師開始懺悔了。以上，是大師參加自己告別式的各種情境變化。

對地獄的恐懼，讓大師學習懺悔

大師來到我家社區門前後，我不時去關心他的狀況，那時有一些從地獄出來的存有，例如我下一章要講的黑衣權杖人、殭屍及神族等。他看到了他們，覺得很害怕，不知他們是從哪來的。我告訴他，他們是從地獄出來的。

他問：「要怎樣才能不去地獄呢？」

我說：「幾乎是沒辦法的，你要先接受。會去地獄是因為以前做過一些事，比如憤怒；而殺人是一定會去的，我們每一個人都傷害過很多其他人。我不是說你一定會去地獄，但有可能。如果去地獄的話，你也要接受，總有一天會出來的，那時，記得不要生氣了。」

他問：「要怎麼找到光得救呢？」

我教他唸南無觀世音菩薩，靜下心來專心唸，不管受到什麼對待，不要去想砍頭、下油鍋那些事，身體不會受傷害也不會痛的。

他仍心存懷疑，問我能否保證。

我說：「我不能保證，要看你自己的定力夠不夠。只要你想著光，繼續唸南無觀世音菩薩，祂是以這個聞聲救苦有名的，祂可能會出現，把你從地獄帶出來，但我不能保證。想著光，想著愛，不要恨，你一恨，馬上就到地獄去。」

我又對他說：「記得不管你身在何處，你就唸南無觀世音菩薩，記得光。如果你沒有愛的話，就想辦法生出一些愛。怎麼生出愛呢？就是感激，感激觀世音菩薩把你帶到這裡，在心裡感激，不用唸出口，你要唸的是咒語——南無觀世音菩薩。心有感激的話，慢慢就會有愛，因為你的愛，就不會再去地獄，可能會去其他更好的地方，這條路是走不完的，永遠走下去的，所以去地獄只是一個暫時的現象。」

聽我這麼說，他手和臉都趴在地上，後悔自己生前對人家不好。問我是否因為這樣才會去地獄？

我說：「是，會去地獄就是因為這樣，但你現在懺悔了，接受果報，心裡會覺得好很多，會得到很多幫助，比如觀世音菩薩就會來幫助你。只要你懺悔了，真的知道對人不好，而不是在恨。」

他自白在人間不好，害過人，問我是否因此會下地獄，那不就是沒有人不下地獄？

我說：「那當然啊，連佛陀都下過地獄好多次啊。祂講了八個他自己下過地獄的故事。但地獄是會有時間的，終有一天，你會出來。出來的時候要記得，永遠要感激，因為感激會讓你提升，會比較不容易討厭、生氣。」他聽進去了，說叫他感激什麼，他都感激了。

我告訴他：「甚至將來你可能也會感激地獄的經歷。剛剛說佛陀自己都下過很多次地獄，他講課的時候，講了關於自己的十二個案例，就是現在說的果報。他已經經歷地獄，叫做『主報』——主要的果報，結果到了人間，他還是要接受還沒完的，就是剩餘的果報，叫做『餘報』。你看看果報多厲害，我們沒有人能躲得過……。因此，除了唸南無觀世音菩薩，你也可以唸南無本師釋迦摩尼佛，想著祂曾經下過地獄無數次，但是祂最後成佛了，而且還是每個人的老師。」

講到這裡，生前可能接觸過道教的他，提到我是否收指令而來人世幫助人們，他說的是上天賦予的使命，也可以說是人生目的。對於自己沒有這種指令，他顯得在意，也在跟我們其他人做比較，甚至為此生氣地在地上打滾，像個鬧脾氣的孩子。

我告訴他：「我們做人都要有目的。我的目的就是要來幫助人的，如果沒有收指令，我也照樣做該做的事，所以不要在意沒有收過指令。只要記得從現在開始，好好懺悔，所有事情都往好的方面想，不能有害人之心，也不要生氣。我們一生氣就會有各種要報復的念頭，振動頻率馬上就下降，降得很低的時候就會去地獄。」

對於他的比較心，我說：「不要比，就做你該做的事情。有了那個念頭，就會貪，想用各種手段去拿到那個東西。記得，不要有貪念，不要生氣。你能懺悔，太好了。回想過去你對你前妻的事情，還有你對兒子的事情，如果真正懺悔，對你的幫助很大。」

至此，他完全聽進去了，真誠地對前妻和兒子懺悔。他拜託我告訴他前妻和兒子，還有叔叔及弟弟等親人，他說：「對不起，是我不懂事，錯怪你們。」他想跟前妻說：「我不應該跟別的女人亂搞，當時錯誤地以為這樣很有魅力，我對不起妳，不是一個好老公，請妳忘了我，要愛妳自己，為自己著想。我也跟兒子說對不起，我不是個好爸爸。」

他認知自己的錯誤，從心底懺悔，也拜託我請他前妻來聽課。他說：「我不希望她（前妻）死了以後，落得像我這般田地。不知道為何活著，人生都浪費在一個不值得的男人身上，自己什麼也沒有，還要入地獄，這樣太可憐了，我就更對不起她了。」

我說：「放心，下次上課就請小悅來。大帥，最後還有一件事，有些人曾經對你不好，像你爸爸，為什麼呢？因為他生氣你曾經對他做過的一些事情，所以他在報復；然後你也要報復他。但如果我們一直往回追究，根本不知道到底是誰先對誰不好的，所以不需要去追究。」

我很高興他想通了，我說：「如果你想通了，就可以救你出地獄。你還需要很多懺悔。我很高興你今天說到前妻，態度跟你生前很不一樣。」他也意識到自己錯了，錯怪前妻，死了才知道前妻其實對他很好，是他的恩人。

我說：「太好了，所以感恩她，然後慢慢的你也會明白，爸爸跟你之間也是很多世的糾葛。你的愛出來了，很好，就算你到地獄時，也會有人去救你的。」

我們離開的時候，只見大師閉上眼專心的打坐，周圍有一圈光。

大師面臨地獄的掙扎過程

一星期後，我們再度與大師談話，打坐的他心情卻很沉悶。一問之下，是關於我上週說可能會下地獄的事。他覺得自己曾經做了很多不好的事，大概只能去地獄了。雖然，我勸他可以好好把握在我這裡的機會懺悔、學習，但他說自己似乎要魂飛魄散了。

我告訴他：「這條路非常難走，而且一定會魂飛魄散的，但是破了之後，這個階段會重新組合成將來的你，每個人都要經過這一段。」

他漸漸快沒有大師的記憶了，人也愈來愈淡，似乎就要消失了。我猜想他不可能在這裡太長久，便鼓勵他一心一意去想光，盡可能專心唸南無阿彌陀佛，或南無觀世音菩薩，或南無本師釋迦牟尼佛。但他說會記不得祂們是誰。

我說：「沒關係，你現在唸了，就種了一個種子下去，種子還沒發芽的時候，不記得沒關係，還有種子在那裡。」

這時大帥感覺有很多人還有蛇在拉他。我說：「有可能你是變成蛇啊，但再怕也得去，那是因為你以前可能做了一些事。但你現在還有機會，因為你還沒走，能撐盡量撐。靠什麼撐呢？靠想著光，靠唸佛號——南無本師釋迦牟尼佛。」

他已經很絕望了。我告訴他：「即使投胎去作蛇，你總是可以求救的，跟誰求救呢？像是南無本師釋迦牟尼佛或者南無觀世音菩薩。」

他不想忘記大帥這個身分。我說：「不必留戀，你過去已經有幾千個身分，大帥只是其中一個，根本不要留戀，也不能留戀。你再怎麼愛的人，例如女友，再愛她，她也不會跟你走。你不能留戀任何人，包括你自己的身分，因為這些身分永遠是暫時的。」

他感覺好像要掉入一個黑洞裡的深淵。我指著社區門口右邊一個在不同次元的大黑洞：「你看那邊有個大黑洞，掉進去挺可怕的，但你要把握現在的機會，坐下來開始靜坐，靜下心來，專心一意地想一件事、想一個人，就是觀世音菩薩或者阿彌陀佛。」這時，他在想著南無觀世音菩薩。我教他繼續想南無觀世音菩薩，不要花心思想其他事，也不要留戀過去。

葛瑞絲看到好像是黑白無常帶著他往一條路走，似乎有個審判庭，他旁邊有黑白無常又有牛頭馬面，不曉得是否真的要往那兒走。我教他專心一意地唸南無觀世音菩薩，我說：「如果能夠想的話，心裡想著光。」但葛瑞絲看到光很微弱，他很用力地想，但全身周圍似乎披著一層很厚重的磁場，似乎是業力，讓他無法正常思考。

我要他想著光從天上照下來，但他的意志力很薄弱，每個人到這時候都這樣，因為沒辦法抗拒業力。葛瑞絲看到他此刻好像快要沒有呼吸，好像要消失了，也沒有辦法用力。我鼓舞他：「大帥，想個辦法吧！好不好？你現在已種了種子下去，你從前做的事……」話沒說完，葛瑞絲看到他很用力在想，正前方不遠處，天邊出現一絲微光。大帥想起了平時待在我家社區門前時，常常出現橘紅色的夕陽。

我說：「好，想著光。如果能夠把光調亮一點，像打開家裡的燈一樣，就試著把光轉亮一點，然後不斷地唸佛號——南無觀世音菩薩。」可是他只能唸到「南無」，後面就忘了，沒辦法再繼續，像個失憶者，非常用力地說嗯、嗯，之後的字便唸不出來了。我教他要想光、想光、想光。

他似乎說：「有好多像餓鬼一樣的人要把我拉走，拉著我左右手腳，像要把我瓜分一樣。」葛瑞絲看到有很多不友善的人拉著他，像要將他四分五裂。

我說：「這些都是必須接受的，但如果你心裡始終有光，會讓你忘記痛苦，因為這一切都會過去，在地獄的時間，不管是餓鬼道或地獄，雖然很長，但總有一天會出來。那時，你就會慢慢記起一些事情。現在進地獄是沒有辦法，業報是一定會來的，但只要帶著光進去，情況就會好很多。要知道這一切都是你自己造成的，所以懺悔很重要。」

這時，葛瑞絲以四十五度角看著帥哥往地獄走的畫面，走在黑白無常帶領的那條黑色路上。但很奇怪的是，葛瑞絲感覺旁邊有個很大的大帥的頭，和她一起看著那個畫面。我告訴大帥：「最主要是，你一定要知道自己做錯很多事，這不是因為你害怕才知道，而是你真的瞭解，然後得去愛所有你恨的人，這是沒有辦法的事，你得學會怎麼去愛他們。因為你曾經也是這樣，他們不過是另外一個你，你知道原因之後，就沒有什麼好恨的。」他似乎聽懂了一些。

葛瑞絲看到他來到一個像是地獄的入口，有很高大的門，也有非常多人。他抬頭看了一下上面說，好像寫了一個「食」跟一個「餓」，這裡還有很多大肚子的人。

那是餓鬼道，不是地獄。他說，空氣中有很多像是食物剛出爐的那個蒸氣。我在想將來能不能給他燒一點東西，讓他聞到那些香味，會讓他覺得不那麼餓。

他看那裡的人有點像發瘋的樣子，擔心自己也會變得像他們那樣。聽到我說：「有可能會變那樣，」他哭了，說他好像得進去那裡。

我說：「好，你記得喔，在那裡的時候，盡量保持清醒，不要被你旁邊的東西嚇壞了」。葛瑞絲問他：「你在那個次元時，還可以留在老師這裡嗎？」但他沒有回答。葛瑞絲看到他好像要走過那個門，並跟我道別。他本來是在我家社區門口，但彷彿從我這裡消失了。葛瑞絲告訴我，他剛剛說他必須要進去了，時間到了，旁邊帶他的人大概是黑白無常。

我很擔憂，我說：「大帥，記得要想著光、想著愛，一定要有愛，那可以讓你早點出來。」葛瑞絲告訴我，他好像往下走，但我講話時，他有抬頭看我。

大師的地獄一日遊

不久，大師說他看見一個很大的熱鐵鍋裝著滿滿的水或是油，我大感驚慌：那不就是地獄？不過，葛瑞絲旋即告訴我，他只是說有熱鍋和熱水或熱油，但他沒去那裡，只是經過，他還嚇了一跳呢！這讓我鬆了一口氣，對他說：「原來只是經過，我還以為你要進去地獄，心裡蠻難過的。」

接著，大師從有熱鐵鍋裝滿水或油的地方離開，然後說：「我現在看見有一個很熱、很熱的地方，走在那石頭路上會燙傷。」葛瑞絲感到訝異：「他要帶我們地獄一日遊嗎？他現在怎麼還能和我們講話？他進去地獄了，怎麼還能給我們看這些畫面？剛剛他好像在我旁邊一樣，也跟著我一起往下看著他自己……。」他似乎在帶我們大家地獄一日遊，我教他要保持清醒。

離開熱鍋處，他經過鋪滿燙石頭的地方，走路會燙傷腳，但沒進去。又來到崇山峻嶺，像是下過雪長不出任何草的山，山色鐵灰。他們開始繞著山路走，路很小又危險，有很多人掉下去又爬上來；一路往前，不知道要去什麼地方。

我提醒他：「你現在還能保持清醒，這是很重要的。但以下這一句話你務必收下——『現在你眼前所看到的，都是你自己的幻覺』，雖然對你來說非常真實，那是因為你以前做錯很多事情，所以現在看到的景象就會這樣，但只要你心裡懷著愛，原諒人，有了愛，這些東西就會立刻消失的。」

他看到黑色的大海翻騰著波濤洶湧的黑色大浪，他知道這不是天黑，而是天空本身就是暗的。葛瑞絲看到他好像戴著手銬腳鐐了，剛剛還沒有，說她感覺他是往地獄走的，這讓我們心情凝重，非常擔憂。

他們走的這條山路似乎是往下的，我想，剛才經過了餓鬼道，現在大概是要往地獄去的。我持續鼓勵他：「保持清醒，你還是可以讓自己多一點愛。」但他說，已經聽不懂什麼是愛了，旁邊還出現骷髏頭人。我提醒：「如果你知道它不是真的，它們會走的。」

他說左右都有人帶著他，不知是否黑白無常。我告訴他：「心裡不要害怕就沒事，想著光，你要去的地方沒有光，自己要去把光想出來。」

隨後，經過了一些地獄的場景：

他看到黑色的水，像黑蟲子一般，一顆顆大水珠滾動、滾動，變成了黑蟲。

又來到一個森林，人肉森林，有些樹上掛著一些人，屍體都是血淋淋模樣。他說：「這個地方還有人被吊在樹上鞭打。這裡面有我認識的人，我看過他，好像是我的同學，偷過錢。然後也有好多女生，像鬼一樣，裸著身子在樹下哭。還有一些很奇怪的孩子，好像不是人」。他感到害怕，不想待在這裡。

我告訴他：「你不要怕，心裡想著光。也許他們只是帶你遊一下，經過而已。然後你可能會回到我這裡來，假如你不怕的話。」

觀世音菩薩的引渡

這時，大師說，他們又回到黑色的大海浪上了。我說：「記住，這些都是你的幻象。心裡想著光、懷著愛，這些都會離開消失的，你會回來這裡。」

他不知道要愛誰，我教他可以愛我們現場的每一個人，我、葛瑞絲和她先生等。他覺得好難，看到我們比他好就討厭。我告誡他：「這是你的大毛病，得改掉，不然你就下去地獄了。心裡要想著感激我還有葛瑞絲，如果不是透過她，我就不可能知道你的狀況，那你也不可能到我家裡來了。」

這時，他看到觀世音菩薩了，在黑色海浪上面，像一尊巨大的淺灰白色石像，他們都朝著祂走的方向前進。我教他：「你要記得，心裡一直喊、一直喊、一直喊觀世音菩薩，不要間斷，祂來幫你了。」

他說：「海上突然出現很多人要往觀世音菩薩游去，但是我比他們快，他們是游，我好像是在上面飛飄前進。」

我告訴他：「是，祂在幫助你，要感謝祂。你身邊的人都是觀世音菩薩，所以你要感謝，無論在生時或是死後，只要身邊有人，就都把他們當觀世音菩薩。」

隨即，大師像個手掌大的小人兒，爬到觀世音菩薩巨大的手上，安心地跪在祂手裡。原本黑色的天空，出現了一絲微亮的光，觀世音菩薩握著大師往光飛過去。我祝福他：「那是因為你心裡想著光、懷著愛，記得不要記恨任何人，不要嫉妒任何人。」

大師在投生中陰過程的啟示

我很感謝大師以他在投生中陰的經歷，讓我們瞭解其中一些重要的關鍵，也學到一些如何在這階段利益亡靈的事。

首先，我們看到大師在世的習性不可避免地也帶到了中陰身，而一些負面的習性反應，往往會感召一些下驅的宇宙力量，如牛頭馬面、黑白無常等，被牽引到種種惡趣。所以，在世的心性修持，將是中陰階段的憑藉，非常重要。

其次，要度過險境，走上較好的去路，亡靈能心念著光，坦然迎向明亮耀眼的光，是最重要的事。除了光以外，也可以極大虔敬心，念高頻聖者名號，如南無阿彌陀佛、南無觀世音菩薩等，前者以其無邊願力，後著以其廣大悲心救濟眾生。我們看到，在危急時刻，大師的念念觀世音菩薩，庇佑他通過了險境。

第三，在投生中陰，各種惡趣，各種下驅力量，往往以各種幻象出現，隨業感召，有如陷阱。亡靈在無明中，往往因為習性、業力的驅使而落入了陷阱，進入了惡趣。這時，一些正向的口訴、叮嚀，可以協助亡靈醒悟、脫離或去除恐懼。同樣的，如助念、祈禱、誦經這些聲音與意念的指引，應該都有其對亡靈的利益。反過來說，亡靈雖然沒有肉身，在我們看不見的異次元中，但其意識仍緊緊跟陽世的人、事、地、物交流，因此，陽世人的舉措、言語乃至後事的禮儀，都會影響亡靈的心緒反應，進而影響他的去向。

第四，如前述中陰過程處處險境，惡念一生，將急速下墮惡趣，我們從大帥的經歷中可以看出，向上的力量，來自於懺悔、原諒、感激，要能生出愛。

第五節　另一個中陰的案例

接下來要講另一個中陰案例，這次，從「臨終中陰」就開始了。我有一位認識很久的學員橘子，先生叫甘露（阿甘），腦子頗似陀螺，就是能滴溜溜轉個不停。下面要講的故事主角就是甘露的媽媽（簡稱甘媽），故事裡有關甘媽的歷史及心理背景以及與家人關係……的部分，皆由甘露提供並執筆，但為了統一，我仍以第一人稱寫出。

二〇二〇年十月二十七日晚間，橘子打電話來詢問我有關臨終病人是否可用鎮靜劑助其安寧。她說，九十多歲的婆婆（甘媽）現在醫院，處於彌留階段，她也問我是否可以建議婆婆像大帥一樣到我家社區門口學習並等待上課。

就在我和橘子講完電話不多久，發生了一件怪事，把我和葛瑞絲接起來。我看到手機顯示葛瑞絲打電話給我，於是我回電詢問葛瑞絲，但她說她正想問我找她有什麼事，當時我們都沒打電話給對方，但在兩人的手機上人都有未接來電的訊息，同樣在九點二十六分，那是誰呢？

就在這時，橘子婆婆出現在葛瑞絲的意象中，葛瑞絲看到甘媽正往一個黑色、看似無底的深淵掉落的畫面。這時，甘媽以命令的語氣，氣急敗壞地怒聲要我救她、幫助她。

我說：「如果妳是用這種態度的話，沒有人幫得了妳。」

甘媽命令式地說：「妳一定會幫我；妳把阿甘教得那麼好，也應該救我，妳不也救了橘子？」

我說：「沒有任何人能夠救妳喔！妳一定要救自己。而且妳不能生氣，妳要是命令我的話，沒有人會聽妳的話。何況我根本沒有能力，妳要來上課。」

甘媽說：「橘子這麼笨、這麼醜，妳都能救，妳也應該要救我。」

我說：「沒有應該和不應該，妳錯了，這就是妳今天會下地獄的原因。所以妳要注意，不能再用這種口氣跟任何人說話　。沒有任何人應該救妳，因為真正救妳自己的只有妳一個人。妳不能命令別人，不能再覺得別

人應該為妳做事。橘子其實比妳聰明很多，笨的人是妳啊。」

甘媽：「哼！我不信！不喜歡她。」

我說：「她比妳聰明太多了，妳不喜歡她也沒用，妳不喜歡別人的結果就是妳下地獄，妳害怕嗎？」她說害怕。

我說：「所以，妳不能再想著妳不喜歡別人；很多方面她都很聰明，愛生氣的人才是笨啦，妳得接受橘子是個聰明的孩子。」甘媽勉強接受了。

我問：「妳是不是愛生氣？」

甘媽說：「我是來報仇的，不是生氣。」

我問甘媽：「是要報誰的仇，為什麼？是多久以前的事？」

甘媽說：「是報阿甘的仇，他以前對我不好。有一世，他是我同學，拿石頭丟我。」。

所以，這裡可以讓我們借鏡，不要以為很多事情是雞毛蒜皮，但對當事者，可能就很沉重，可以引致業報。一定要學會關心他人的感受。

我問甘媽：「那妳報復夠了吧？他這一世對妳這麼好。」

甘媽說：「誰叫他要丟我石頭。」

我告訴她冤冤相報的道理：「他在丟妳石頭之前，妳此刻有沒有能力看到原因是什麼？也許妳對他做的事情更惡了，那他是不是也要來報復妳？妳今天既然報復到了，那是不是將來他也要報復妳呢？」

甘媽以僥倖的心理說：「他不會報復我的，因為妳教了他。」

我說：「喔，我教他，所以他不會報復妳；那妳能不能也受教呢？」

甘媽說：「但我已經報復完啦。」

我告誡她：「所以妳會到地獄去，報復的結果就會到地獄去，沒有人能救妳。臨到地獄，妳心還是這麼硬，妳說：『哈哈我報復完了』，這樣的心，會到地獄去的，沒有任何人能夠救妳，真的！這個世界能量是會平衡的，如果阿甘以前傷害妳，宇宙會撫平妳受傷害的部分的，妳不用去報復別人。但是既然妳已經報復了，那妳做的錯事已經鑄下，就要為妳做的錯事而受報，而妳今天的報，就是要掉到地獄去，所以沒有人救妳，除非妳能夠瞭解。我想，妳現在應該還不瞭解，妳必須要有愛，不能恨任何人；妳看妳這一輩子恨好多人，報復完了妳都很高興。但我是從來不會想去報復任何人，因為報復的結果讓我一點也不快樂，結果就是下地獄。所以今天下地獄是妳應該的，沒有人能救妳。」

我說得直接，她更生氣了。看這情形，我說：「沒辦法，妳就下去吧。」

甘媽顯得懊惱後悔：「為什麼沒有人告訴我，報復會下地獄？」

我說：「現在不是告訴妳了嗎？」

她說：「但是我已經報復完了呀。」

事已至此，我說：「這個結果妳一定要受。但妳現在知道了，所以等妳從地獄出來，就不要再想報復了，好不好？」

甘媽說：「可是，我會忘記的，等我做人又忘了啊。」

我鼓勵她：「不過妳現在種了個種子下去，總有一天妳會記得的。」

悔不當初，報了幾顆石頭的仇，竟要落得這下場。甘媽跪在地上，緊張的互搓雙手，試探問道：「那可不可以，可不可以……我也去妳家那邊跟那個大帥一樣跪著呀？」

我說：「可以啊，那妳就來吧。但是妳絕對不能再想報復，因為妳已經報復完了，而報復的後果就是下地獄。不過妳有心向善，有心要有愛的話，可以到這裡來，可以暫時不去地獄。但是妳要知道地獄有一天妳是要去的，因為妳做了錯事，做了錯事，就一定會下地獄，來這裡只是把妳去地獄的時間延後一點而已。妳一定要知道這一點，這叫做『遲報』，遲來的果報。妳也不能怪以前沒有人教妳，妳就是無知。為什麼妳會無知呢？就是因為妳先做了錯事才會無知，有用的知識妳聽了就當作耳邊風，妳聽不見，有人想教妳，就是沒有辦法，因為妳很容易生氣，就像妳剛跟我說話的態度一樣，那這個絕對讓妳下地獄的。所以妳到我們家來可以，可以讓妳不下地獄，但只是暫時的，妳一定要知道，終有一天妳一定會下地獄。如果妳先來學了，懂了不能再這樣報復人，不能再隨便亂生氣，懂得愛人，愛每一個人，那個時候再去地獄時，因為妳有了資本，心裡有了愛，下地獄去嘗那些味道，那會好很多，比妳完全只有恨、沒有愛的情況之下，那個感覺會好很多。妳懂嗎？」

這時甘媽腦海中浮現兩個畫面：一個是前世阿甘丟他石頭，笑她髒、胖又醜，其實當時也沒胖，阿甘這樣笑她，讓她很生氣。另一個是這世，她看到阿甘小時候自己覺得醜或被別人笑醜，她看了心裡很心疼。兩相對照，她相信了我說不需要報仇，而她也必須承受所做過的事情，想到這裡，她尋思：「為了那幾顆石頭報仇有意義嗎？」

甘媽的這件事，讓我們體會世間的「報復」，若能用心去感受，其結果從來沒有喜悅，沒有滿足；有的盡是空虛、內疚以及對報復後苦果的承受。

我說：「很好，妳這樣想之後，就可以到我們家來，就不會下地獄了。妳知道我家在哪裡嗎？到這裡要好好上課喔。」這時葛瑞絲看到牛頭馬面帶著甘媽到了大帥先前的位置，那一區似乎是牛頭馬面責任區。

要來我家之前，甘媽顯然已經從感受阿甘的痛苦而起了慚愧心，不敢看到阿甘，只願看到橘子；不過，到了我家，已覺得沒有關係，甘橘有來看她就很好了。

我問她：「可以把我們的這一段談話跟阿甘說嗎？」

甘媽說：「我很抱歉，我很對不起他，覺得很丟臉，如果妳告訴他，我更抬不起頭，要怎麼面對他呢？」

我說：「妳可以在心裡跟他懺悔呀。」

甘媽擔心阿甘：「他媽媽一點都不愛他，他要怎麼活下去呢？他的內心是非常脆弱的小男孩，很容易受傷，雖然我知道這點，但我也沒有對他比較好。」

我請她放心：「如果像妳說的，他被我教得很好，是可以承受的，不過我尊重妳，我不跟他說。妳真好耶，一下子就把囂張的火焰收起來了。在這裡好好的學，不要報復了。」

從這個轉變，我們發現，當甘媽能體會阿甘的痛苦，她就提升了，升起了懺悔心，她開始關心阿甘的感受，從阿甘的立場去考慮，這就生起了愛，無私的愛。也許一開始是出於對死後下地獄的恐懼，但後來的懺悔卻是出於瞭解，這就有了認知，從認知而能拋開自我的報復心，從而懺悔、關心他人，而達到提升。

後來，我還是把這段情節告訴了阿甘，阿甘聽了，倒想起了一件往事：大概十年前，有次阿甘載甘媽到高雄旗津旅遊，在渡輪上，母子倆談得融洽，甘媽眼中盡是欣慰與讚賞。忽然，旁邊幾個女高中生竊竊私語，指著阿甘說：「好可怕。」阿甘心裡感覺怪怪的，但從旁人異樣眼光折射出來，看到的卻是甘媽對阿甘全然接受與疼愛的眼神，阿甘覺得，這就是「母親」二字最純粹的定義了。

不過，阿甘事後回想以前的成長過程，還是有一些細微的蛛絲馬跡。阿甘說，約略在小學四、五年級時很愛生氣，那時阿甘依稀感覺甘媽有點不喜歡他。而且阿甘小時候就有妥瑞氏症，當時不知道那是一種神經官能的疾病，臉部和身體常不自主的抽動或轉動，也常招致父母的不以為然，阿甘猜想這或許也與前世業果有關。

阿甘說，當然，甘媽也有她的缺點，我慢心重，常常嫌這嫌那，自以為是，對阿甘是不常，對甘爸卻是沒少嫌，也導致了一輩子的矛盾。阿甘心疼甘爸也心疼甘媽，他經常回家陪爸媽，他說，每次踏進門，幽暗的老家客廳裡，甘媽孤單坐在沙發上，甘爸則躺在一旁長沙發上，心理鬧矛盾的二人彼此無語，可怕的寂靜似乎讓人能夠聽到時間沙漏的滴落，伴奏著那令人窒息的無盡等待。老年的甘媽偶爾會向阿甘說，人生真苦，這點，阿甘也感覺到了。漫長的等待似乎沒有盡頭，旋轉的陀螺有如定杆在凝結的時間裡，阿甘想：「這大概就是人生的『老』苦吧。」

回憶起母親生前的種種，阿甘說，甘媽其實是一個很懂得生活情趣的人，趣味盎然的探索人生的點點滴滴，只不過到老了，身體與視力的限制，讓她整天困在家裡，不免沉浸在回憶的世界中：從娘家洋品店的經營、日治時代的女子家政學校，一直回到那個五歲的小女孩，坐在鎮上大戶人家的門檻上，好奇的看著裡面好大的花園，看著看著就睡在門檻上了。阿甘感慨著：年老瘦弱的身體，承載著龐大的記憶；清晰的腦海中，小時的甜美回憶反照風燭殘年的身軀，終究還是到了盡頭。我們從甘媽的回憶中，可以發現在她晚年所沉浸的世界中，甘爸是缺席的，她下意識地排除了甘爸，對於一對結婚超過一甲子的老夫妻來說，這是不可忽視的糾結。我們不知道甘媽與甘爸的前世因緣，但所謂「欲知前世因，今生受者是」，兩者必然有難解之怨，而這就是甘媽此生解脫的關鍵課題，那就這點來說，阿甘的出現對於甘媽而言，意義何在？

甘媽上升的關鍵所在

對此，我們可以這麼詮釋，一個人來到人世，當然有著因果業力驅使的「私人人生目的」，但也有相應的「神聖人生目的」。在輪迴的角色扮演中，我們可以從「私人人生目的」角度去造作，也可以從「神聖人生目的」角度去提升。阿甘帶著前世業力來，不管他相貌如何，都怨不得別人，但是，若他因而怨恨父母如此生他、待他，那就是下一個輪迴的開始，這是「私人人生目的」的運作。

反之，若阿甘了悟這一切都來自於自己累世及現世的造作，能夠接受並肯定自己的種種形相，洞察前世所帶來的傲慢、鄙視以及愛生氣的習性，在此生修正錯誤，從而懺悔累世因這習性所造做的種種惡業；不僅如此，若他此生與甘媽的母子角色，能讓彼此無條件的愛對方，既成就了前世的業報，也讓彼此得到了提升，無形中消彌了甘媽潛在的報復惡業，這就是「神聖人生目的」所成就的提升。

就甘媽來說，業力驅使的「私人人生目的」，讓他與阿甘在此生結緣。若她因前世的怨恨而敵視阿甘，嫌惡阿甘長相，這更助長了她的我慢心，也傷害阿甘，促成了下一世的業報輪迴，這就是無法超越「私人人生目的」的隨業流行。相反的，甘媽從「母親」的角色學習到無條件的愛，從而把這種無私的悲心擴及其他人，就自然削減了她累世帶來的強大我慢心，當然也讓她消彌了對阿甘的報復心，這就是「神聖人生目的」所帶來的提升。所以，我們從甘媽的例證中，可以發現指導神聖人生目的的藍圖設計是如何巧妙，既能滿足業報的法則，又提供機會讓我們提升。

雖然，甘媽在此生處處表現純粹的母愛，但進入中陰後，從深層意識憶起的前世記憶，讓她想起阿甘在前世對她的羞辱，而在與生俱來我慢心的作用下，讓她產生了報復後的幸災樂禍態度。還好，這種報復心在警覺地獄的壓力下，一現即消，反而對阿甘的面貌產生了同情，而生起了愛，這就是我們在這一段看到甘媽的種種表現與轉變的因由。這也可以讓我們一窺中陰過程中，深層意識作用的複雜，不一定能單純從此生的表現去判斷，因為，原本忘記的都記起來了。

在我們稍後的討論中會發現甘媽與甘爸的深層糾結，我們從這一段已看出甘媽的那種驕傲、我慢以及優越的習性，這個習性在與甘爸的糾結中扮演重要的角色，所帶來的下墮力量，會讓她不免於地獄的驅力，而甘媽在對阿甘的心疼所產生的愛，就是崩解她強大我慢心的起點。過了這一關，甘媽才能上升。

話說甘媽來到我家社區門口，對這裡的許多存有處處感到新奇，她說看到一個巨大的女人（就是下一章寫的阿努納奇神族的伊南娜〔Inanna〕，即希臘神話的戰神雅典娜，或羅馬的維納斯）和一些地獄上來的殭屍，好可怕。

我跟她說：「妳就在這裡待著，口氣不要再這麼囂張，記得心裡要有愛，妳對阿甘是有愛的，妳當然還是能看到他，但是妳沒辦法再變為人跟他一起相處，但是妳放心他會越來越好的。」

甘媽說：「妳跟他說不用擔心，我在老師家這裡很好，謝謝他認識老師，我才能夠來。然後謝謝橘子，其實我也覺得她長得不醜啦，很抱歉我說她醜。」

我說：「橘子正在醫院裡為妳唸經呢。」

甘媽說：「她其實是一個很好的媳婦，我也謝謝她。雖然我跟她不親，我知道橘子覺得我不喜歡她，我是不喜歡她，但對這個不喜歡，我很抱歉。」

對於要不要把這段錄音給阿甘聽，甘媽說：「如果妳覺得讓他聽對他有成長，我可以接受他恨我。如果他聽到前世所做的事，我會原諒他，我不會再生氣，如果他恨我的話。讓他知道我很抱歉。」說著說著就哭了。看得出甘媽打從心裡的愛與懺悔。

後來，甘媽就在我們社區門口，腿上蓋個毛毯，跟大帥一樣的方式打坐。

甘媽進入死亡階段

家人都在醫院輪流陪著甘媽，除了播放南無阿彌陀佛以外，大家也常常講話給甘媽聽，甘媽套著高壓氧，因為打著嗎啡的關係，一直昏睡。除了子女以外，孫兒女尤其捨不得阿嬤，家中大小一直對甘媽有很深的感情。期間，橘子也幫甘媽做懺悔及能量療程，甘媽睡得平靜，就是呼吸很用力。

十月三十一日，子女在醫生的建議下，考慮慢慢降低甘媽的氧氣分壓，讓甘媽自主呼吸，但同時增加嗎啡量以減少身體的痛。

在這個同時，我與葛瑞絲也去探望我家社區門口的甘媽。昏沉的甘媽似乎感應到子女的討論，覺得要走了，顯得有些害怕。

一開始，她表達得斷斷續續的：「不……知……道……我……在……哪……裡？」、「我……聽……得……到……妳……的……聲……音……，妳……叫……牛……頭……馬……面……不……要……把……我……帶……走……」牛頭馬面在她前面看著她。

我問她錯在哪。她說：「報……仇……，但……我……我……要……死……了……，不……報……仇……了……」

我說：「那天跟妳講的重點就是，妳還是會去妳該去的地方，也就是地獄。但是，如果妳的心裡，把這個東西放下了，不再想報仇的話，去地獄以後，妳會好過很多。然後在地獄裡面的時候，永遠不要忘記，妳不能再有報仇的想法，也不要再生氣。」

這時，葛瑞絲看到她另外一張臉浮現，有個意識：「嘿嘿嘿，我知道我不會去的，因為妳會幫我。」

我說：「妳不要搞錯了，如果妳不先幫自己，我不可能幫得到妳。我心裡好想幫妳，但是妳自己要先懺悔，妳要懂自己做錯什麼事？妳剛剛那個不是真懺悔。」

甘媽說：「我上次懺悔過。」

我說：「那個叫做暫時的懺悔。妳那種僥倖的心，覺得別人會幫妳的心又回來的話，那個就不是真懺悔。只有當妳徹徹底底的懺悔的時候，我才能幫到妳！不然，妳還是要去地獄的，妳懂嗎？」

這時大帥出現，他說：「妳知道了嗎？老婆子，我在這邊跟妳講了許多天了，妳都不理我。」

我說：「大帥以前也是一樣。但他懂了以後，妳看看他現在暫時不會去地獄了。所以我現在告訴妳，也是我當初告訴他的話，只要妳振動頻率提高，是真正的懺悔，是永久的懺悔，自然現在就可以延後去地獄的時間。但是有一天，妳還是要去的。但去的時候，妳就會覺得好多了，不會覺得地獄是多麼痛苦的地方。妳若現在去地獄，絕對會讓妳非常、非常痛苦。但有一天，妳自己提升了以後再去地獄的時候，那個感覺就不一樣了。這也是我跟這位大帥說的話，他懂了，他不再覺得『嘿嘿嘿～妳一定會幫我的』。理解嗎？妳要真正的懺悔。就像妳說『我已經報復過阿甘了～哈哈哈，又怎樣？』這種心就是妳根本不是真心懺悔啊，也騙不了人的。妳這麼聰明的人，不要騙自己喔。妳是一定會去（地獄）的，只是妳在學了東西以後去，還是沒有學之前就去，這兩種感覺是非常不一樣的。所以妳要好好的學。所謂學，就是要懺悔，懺悔了以後，跟我們一起上課。那我邀請妳一起上課，好不好？至少妳在這兒，是安全的。牛頭馬面在等著妳，如果妳根本沒有心要懺悔，他們會把妳帶走。妳只要在這邊，很真心地等待，同時，能懺悔多少，就懺悔多少，那妳就比較有希望，能夠把這個時間延後，好嗎？就像我們人間一樣，這個叫做什麼？緩刑是不是？將來受刑程度也減少很多。」

過不久，甘媽說：「我就快要死了，有一點害怕，可是我沒有肉體很不習慣。我想要抓住什麼，但是抓不到。」

我說：「那是當然的，每個人都會經過這一關。每個人沒有了肉體都會不知道該怎麼辦。我們每個人都會死，我將來死了也是一樣的。不過妳將來會有一個全新的肉體，雖然是什麼樣子我們不知道，但是妳現在就要存著不能再報復，不要再生氣。」

這時她的頭旁邊出現了很多臉，是她的冤親債主。

我說：「妳要跟祂們一個一個說對不起，我做錯事情了。」

甘媽說了：「對不起，我做錯事情了。」

我問她生平是否有宗教信仰，或習慣唸「阿彌陀佛」或是「南無觀世音菩薩」。她說她喜歡心經，但不會唸。我便教她：「那妳就唸『南無觀世音菩薩』，從現在開始，把妳唸『南無觀世音菩薩』的所有功德，全部迴向給所有來到妳身邊的冤親債主。」

這時甘媽說：「我的老公來找我，他想打我，我跪在他的前面。他打我的臉，說他絕對不會原諒我。他還賞我巴掌。」

我說：「是妳這一世的老公嗎？那妳一定要跟他說對不起，妳知道妳對這一世的老公有多兇嗎？他這一世的肉體還沒死，但是他以前跟妳一定是有淵源的，現在他來找妳報復了。妳要跟他說對不起，跟他懺悔，請他原諒妳。」

接著甘媽又說：「我看到阿甘拿一條鞭子出來，他沒有打我，只是拿著鞭子，他忍住了，但很氣我。還有橘子，她在後面，拿了一把大菜刀，她想要砍我。但是他們都沒有，就是我老公打了我。妳可以勸勸阿甘嗎？叫他不要生我氣。」

我說：「我會跟他說，他也不會生妳的氣，妳放心。但妳不可能要求他一下子改變啊。就像妳一樣，妳現在雖然人到這裡了，但是還有很多過去的惡習還沒有改。為什麼妳今天會軟下來呢？因為妳經過地獄，妳要準備進去了，所以妳軟化下來，如果妳不是因為經過這一關的話，妳到現在還是很嘴硬，脾氣還是很大，看到人就罵。所有妳命令式的語氣，就是妳今天要下地獄的原因了。」

此時甘媽看到一個小女孩，好像是她自己，她說：「她好生氣，她從小就好生氣，覺得大家都不喜歡她，對她不好。我小時候就這樣子嘛。」

我說：「是啊，所以一輩子就是這樣子。妳現在人要死了，就要準備入地獄了。妳從小就不喜歡很多人，那妳要怎麼辦呢？就請他們原諒妳。」

這時牛頭馬面進來，在後面抓住甘媽的雙手。我說：「妳真的要懺悔，從心裡對不起這些人，知道妳自己做錯了。」然後牛頭馬面又出去了。

我告訴她：「只要妳真心懺悔知道自己錯，牛頭馬面就不會進來。」這時，甘媽哭了，地上有一灘水；接著好像有一條黑蛇從甘媽身上掉出來。

我說：「那是好事，好事，慢慢的會有轉機。妳以前說話很惡毒，對別人永遠都是命令的口氣，現在真的要開始改。」

甘媽說：「但是我不知道怎麼溫柔，我沒有學過溫柔。」

我問她：「妳看著我，覺得我很兇嗎？」她說有一點。

我說：「那是因為妳不喜歡我說妳的缺點。如果妳能理解，並且接受我說的話，那對妳來說，我就不兇了。為什麼妳認為我對妳兇，那是因為妳還沒辦法想通這一點，如果妳想通了，即使我真的很兇，妳也不覺得我兇了。很多事情都是從妳的觀點來看。」

這時出現醫院的畫面，似乎要對甘媽做些什麼。我猜測甘媽很快要離世了，便告訴她：「妳要請每一個人原諒妳，感謝他們，感謝妳的兒子阿甘、感謝橘子，尤其要特別感謝妳的老公，感謝他這一世做妳的老公，真心的感謝他，他跟妳在一起這麼多年，而妳這樣對待他，他居然還是跟妳在一起。」

甘媽問：「那他為什麼要跟我在一起，不離開我呢？」

我說：「我想是因為要給妳機會做妳的事情，給妳機會補償。妳以前對他一定也很不好。如果妳沒有好好利用這次機會，他還是會繼續生氣的。妳要知道，將來妳們還是有機會再見面的，妳要記得，假如妳現在開始懺悔，那妳下次跟他見面，妳可能隱隱約約知道不可以對這個人壞。」

甘媽感到害怕：「他們好像要拔掉我的管子，我好怕。」

我說：「不怕，不怕。妳的肉體會死，每個人都要經過這一關，但是妳的意識不會死，妳還會在這裡，妳很安全，不用害怕。最重要的是妳要知道自己做錯了什麼。妳可以跟我說妳做錯了什麼，像妳為什麼小時候會動不動就生氣？後來為什麼對妳老公會那樣？是什麼原因讓妳跟他之間的關係變得這麼不好？妳為什麼對他人講話都是用命令的口氣？」

甘媽只是說：「因為我怕他們傷害我。」

我說：「這樣的說法太籠統，妳要找出自己為什麼會認為別人會傷害妳。像我就沒有要傷害妳，但是妳第一次來找我的時候，對我就是命令的口氣，妳告訴我應該要救妳，但我沒有必要救妳啊，對不對？但妳對我下命令。」

甘媽辯稱：「如果我不命令的話，誰理我？」

我說：「那是妳的意識，妳以為別人只是要來傷害妳，但事實上不是這樣的啊。妳要先把愛給出去，妳要先對別人好，別人一定也會對妳好的。」

甘媽懷疑：「真的嗎？不用命令，他們也會對我好嗎？」

我說：「對啊，妳看妳兒子對妳多好，妳回想看看，只要妳有任何想吃的食物，他都不辭辛勞的準備給妳吃。妳的老公一定也為妳做了很多好事。」。

甘媽說：「可是我兒子講話也不太好聽。講話蠻刺耳的。」

我說：「這大概是妳教出來的吧？所有事情先看自己。像我，妳對我講話再刺耳，我完全無所謂，因為我愛妳啊。如果阿甘對我講話很刺耳，我也無所謂，我照樣愛他。」

她感到害怕。我告訴她：「不怕，不怕。如果害怕，就唸『南無觀世音菩薩』，一直唸，一直唸，專心唸。」

甘媽說：「妳要來看我，要來參加我的喪禮喔。」

我說：「我一定會去，我跟葛瑞絲都會去，而妳自己當然也會出席。」

最後甘媽哭著說：「我不想死。」

我安慰甘媽：「記得我們愛妳，妳在這裡很安全。妳去等吧，心裡害怕的時候就唸『南無觀世音菩薩』。當妳不唸或心裡有怨恨的時候，牛頭馬面才會進來。」

當甘媽一唸起「南無觀世音菩薩」聖號，她身後隨即出現了觀世音菩薩。

十一月一日，我告訴橘子，甘媽可能今天就會走。

這天，甘媽突然氣色很好，舅媽、姑姑也都來看過甘媽，子女考慮慢慢降低甘媽的氧氣分壓。其實，這可能是迴光返照了。阿甘與兄弟姊妹討論結果，讓甘媽留在安寧病房，助念也在醫院安息室做，盡量讓甘媽走得安詳自在。

晚上將近十點，甘媽在大姊、小弟、弟媳、外孫女及阿甘陪伴下，緩緩的停止呼吸、心跳，看護及護理師很快地幫甘媽換好衣服、卸下導尿管，也沒流血，很乾淨，符合愛乾淨的甘媽性格。甘媽隨後就安詳的躺在病床上到安息室接受助念，旁邊家屬一起念佛。過不久，助念師父也來，一面帶著唸佛，一面開導西方淨土殊勝及放下人世牽掛。在助念時，師父用靈擺問甘媽，就只對甘爸還有些放不下。據師父的話，甘媽是中品下生。

助念超過八個小時，第二天早上才由救護車載到家裡一圈，才到殯儀館，布置的靈堂也是四月才啟用，剛好還留有一間。一切似乎都配合得恰好，整個過程，也安詳平和，甘媽走得順利，對中陰之路有很大的幫助。

開懷不已的甘媽

甘媽的肉身在殯儀館的冷氣房安歇；素雅的靈堂，每到供飯時，阿甘都會唸心經、普門品、大悲咒與阿彌陀經，畢竟甘媽與觀世音菩薩有緣。而在我家社區門口的甘媽，也正笑開懷。

十一月七日，我和葛瑞絲照例每週一次去探望在我家社區附近的非人們，見到甘媽時，她正笑得合不攏嘴，她說自己笑得都有點累，想休息了。我們也跟著高興。

甘媽說：「欸~我跟妳說，我覺得我兒子長得挺帥的，從來沒看過這麼帥的人；我也沒有看過像我媳婦橘子這麼漂亮的女人。從我的眼光現在看什麼都好。」

甘媽提到：「噢，上面的人有跟我說我可以走了，但是我想留下來聽課。他們叫我上去一個階梯，我不知道要去哪兒？他們說，妳想在這兒聽課，就在這兒聽課，沒問題，我可以自己決定。」

我說：「好，聽了課再去。」

甘媽問：「上去，是去哪兒呢？」

我說：「應該是個好地方吧，因為妳現在整個人改變了，所以我想妳不會是像去以前那個地方，即使去的話，也是妳該受的，但是到了那地方以後，就不是妳原來想像那麼可怕的地方，所以不管去哪兒，妳就接受就是了，好吧，妳先上課。」

我說她改變很大。她說：「真的看什麼都好美麗，連一根草在被風吹的我都覺得好悅耳，好像精靈在跳舞一樣，真美。但是，我很難把這個美告訴其他人。」

我說：「哦，那妳就幫助他們有一天也能夠看到妳所看到的，感覺妳所感覺的。」

她要我謝謝葛瑞絲。她說：「葛瑞絲媽媽沒有那個階梯，而我的階梯很長。」

我說：「那也許就是葛瑞絲媽媽需要比較久的時間，還需要再等，每個人的命運都不同。但是我感覺上，妳去的階梯是一個很好的地方。那妳就學了再去會更好。」

甘媽與甘爸的結

甘媽的澈悟，關鍵在於她與甘爸之間這條繫縛鎖鏈的徹底開解。對他們二位，子女多是善緣，真正糾纏難解的課題就在於甘爸與甘媽之間。從小，阿甘就感受到家的那種理所當然的愛，像空氣與水般，自然到不須察覺它的存在。但甘爸與甘媽之間的凝結，卻是堅硬的塊磊，而這從他們原生家庭就開始了。正確地說，應該是累世就結下的糾纏，只是我們不知道他們的前世因，但從現世的種種所受，應該不難理解。

甘爸出生自一個偏僻的鄉村，同住伙房的家族，沒念什麼書，詩禮傳家那是談不上了。生活條件不怎麼好，茅坑還是在豬舍裡。甘爸的父親是一個樂天又不太顧家的人，成天拉琴、彈琴，也學過漢文，後來還在鎮上小學教小朋友揚琴與胡琴，但農村活以及家計大半讓甘爸母親扛著。甘爸母親個性陰鬱好強，心裡的怨自然很深。甘爸是他父母年紀較長時生的獨子，渴望著母愛又總是落空的甘爸，早早烙下了創傷，造就一個總是渴求愛又不懂得愛的性格，木訥、刻板包裹著一顆玻璃的心，心底有很深的自卑。

甘媽出生鎮上，母親來自耕讀世家，家裡還開設書院；父親則相當有生意才能，經營著洋品店，又很重視子女教育，所以，甘媽一路念書到高等女子家政學校，相較於小學都沒畢業，母親還常常阻止他去念書的甘爸，那是很大的反差，尤其是那個重男輕女的時代。

甘爸與甘媽的結合，先天有個位階的差異，後天又缺乏理解與同理心，再加上人格在壓力下的扭曲，始終是一個越結越深的結。年輕時，由於世俗人生目的的制約，也就是榮格所說的「自我」的實現，他們兩個很稱職地扮演著父親與母親的角色，當然，我前面說的神聖人生目的也有一定的影響，這就是阿甘感受到的父愛與母愛。

但到了中年的人生轉折，深藏的底層意識，逐漸浮出，理智讓位，深層情緒浮現，在沒有智慧的引導下，逐漸表現出扭曲的人格外相。甘爸隱藏的自卑，反射出自大與強者的外在面具，內心卻毫無自信，這種深層的恐懼表現出對強者的退縮與對弱者的控制，而在傳統男尊女卑的錯誤觀念下，他越過邊界恣意控制的對象，就是作為妻子的甘媽。相反的，甘媽出身的優越，太過聰明的自傲，在受屈的地位上，反而藏著一種鄙夷的心態。阿甘常常感受到甘媽在言談中對甘爸言行的鄙視，甚至有一種看不起甘爸出身的態度。顯然，我慢以及缺乏同理心就是甘媽的人生課題。

兩個人矛盾的象徵，表現在甘媽骨灰的安置上。在這一兩年來，他們的爭吵已到水火不容的地步，甘媽數次表達骨灰不願放在甘爸老家，要單獨放在公立的靈骨塔，甘爸當然不能接受。對甘媽來說，是脫離甘爸的陰影；對甘爸來說，是被控制者脫離控制者。從某個意義來看，甘爸是依賴甘媽而存在的，當受控者離開後，控制者將陷入難以接受的空虛。而甘媽骨灰罈的歸屬是個象徵。

在甘媽過世前幾個月，在阿甘的勸說下，甘媽突然決定讓自己骨灰放在甘爸老家祖墳，想法的轉折是，靈離開肉身後，骨灰對於靈已不具意義，最重要的還是靈本身的去向，骨灰只是讓後人憑弔，是後人在社會、文化上的需要，不必依戀。考量甘爸的心情，也許隨俗放在老家祖墳會好一些。

這個轉折倒是讓一向維護母親的阿甘大姊有些難以適應。結果，在一次大姊與甘爸老家堂姪的不快中，大姊提議把甘媽骨灰放在公立靈塔，幾個兄弟也支持，但是在甘媽靈堂擲筊，數次受到否定，這讓大姊心裡忐忑不安。當晚，她用靈擺問甘媽這件事，包括她對甘媽對甘爸之間的糾結，是否放下了，答案是肯定的，一切以照顧甘爸與子女的感受為重，她願意讓自己的骨灰放在老家。這個意願，表現了甘媽已經真正地以智慧洞察，懺悔自己的我慢與對甘爸的傷害，更進而關心甘爸的感受，這種認知與愛的升起，是讓甘媽上升的關鍵。

所以，在這個問題上，葛瑞絲轉述甘媽的話，說道：「反正最終那些都不重要了，如果可以選老家和公墓，我選老家的意願比較高。但也不要為這個事情煩心，放寬心，最終如果不是選擇了我的第一選擇，我也會接受的。」

甘媽在自己的告別式

十一月十七日是甘媽的告別式。我和葛瑞絲到場時，甘媽已經在了。甘媽在大廳外，面帶微笑看著自己的告別式，全身發著亮光，很漂亮，顯得很開朗，她說：「妳快看，妳快看，他們在跟我道別耶，妳快看，好開心喔。」好像是她慶生會一樣。她要我跟大家說，「要開心，不要傷心。」但又有點不好意思的說：「是不是這種場合太開心不太好啊？」流露出真實的感情。

對於親人的傷心，甘媽倒是很理解：「他們習慣哭就讓他們哭一下好了，人的習慣應該改不了。如果他們哭表示禮貌尊重，我就讓他們哭。沒關係，不用強迫，隨喜、隨性。」

她很早就來了，在這裡散步。

我問她：「我很好奇，妳平常在我家那邊打坐的時候，是有人在教妳嗎？」

甘媽小聲的講：「是阿彌陀佛。」

因為橘子的請託，我問了甘媽橘子可以送給她什麼能量工具，要放在哪裡？結論是放在她相片旁就好。其中她特別提到一件能量工具，那是橘子最早送她的，她說：其實主要是因為，這是橘子送我的，所以我想一直帶著她的心意。它讓我安定，不過更重要的，是裡面讓我感受到滿滿的愛，從這個能量工具，我會一直擁有源源不絕的愛。」

在現場還有牛頭馬面與黑白無常，甘媽說：「他們四個按造禮俗都是要出來一下的，出現在葬禮的這個地方。」她還說，從她早上來到現場散步時，同時還有很多存有，一直哭，放不下，聽不懂牛頭馬面會來帶這些概念，她也不知道該怎麼辦。我邀請他們如果願意，可以到我那邊，看有沒有機會學習。

我問甘媽：「上個月二十六日晚上同時打電話給我和葛瑞絲，讓我們接通，是不是妳？」她調皮否認：「不知道，呵呵呵……」

我問到她當時所站的洞口，是否是「地獄」口。甘媽說：「它無限深，一直往下掉，其實我當時不知道是地獄，但我自己想，如果按照我以前的那個樣子下去，那可能就是地獄了。裡面有很多的蟲，下面有很多人在尖叫，一層又一層，覺得很可怕，雖然當時我不願意承認……。」

她說：「所以，不好意思，我當時就很兇地說『妳就是要救我。』我說『妳一定要救我』，其實我是嚇壞了，我想命令妳救我，太可怕了。」

我說：「我完全理解，沒事。我很高興妳今天轉變成這個樣子。太棒了喔。」

甘媽進一步說：「其實我還是有可能去地獄的，如果我沒有好好學習的話。因為他們說，我即使現在上去，待的時間也不一定會很久，主要要看我的心念，然後，我願不願意放下我很多、很多固執的想法，還有放下我很多惡、殺跟恨意。最主要是我沒有愛。他們說，沒有愛，很難在上面維持。今天好像我看起來有了一個快速門票，往上了，但是沒有愛這件事情，我會很快讓自己掉下來。」她又說：「可是，我不知道怎麼去愛人。」

我說：「哦，像妳剛剛說的，這個就是愛呀，愛已經開始出來了。妳說，這邊有好多存有在哭，然後，妳有這份關心，跟我提起來，這個其實已經表示妳有一些愛了。妳就繼續做，想辦法去幫助他們，這個就是愛。這可以做得到的，我想，妳會在上面很久，比妳想像的要久。」

甘媽說：「我就是有點擔心這個。我擔心我的習性不知道什麼時候會起來，回復我以前的那個我。所以，那個階梯我有點不敢踏上去……」

我鼓勵她：「所以，那就隨時隨地提醒自己。」

上升的階梯

關於上升的階梯，我問：「那是多少級的階梯？然後去到哪裡？」

甘媽說：「現在是一〇八級，有的人只有八，還有九十九的，也有千的，但千的不知道去到哪哩，已經在雲裡。他們去的是更高的地方，不是我們去的，是『黑衣權杖人』的，就只有他，但是他現在還不知道，因為那個階梯還沒有顯現，但是我看到了，因為，我在上面。他看不到他的階梯，但是，他會看到的。」

我說：「我就說喔，黑衣權杖人將來有一天會比那些虐待他的人還要高。」

對於她要上去的地方，甘媽說：「我想等上完課再踏上去，因為我不懂什麼是愛，我怕我上去就下來了，浪費了這個機會。他們說，我現在上去是可以的，但是，我上去只能打雜呀，我什麼也不會。我怕我打雜、打雜呀，以前的傲慢心又出來了，我不甘願就做個打雜的。但是，他們說，我現在只能從最低階做起，可是我不想。我說，我不是不願意，好吧，我承認，我對打雜這個工作，我覺得很看不起自己，看不起這個工作。但，主要是，我怕我上去真的做了後，會顯像這樣子的心態。那我還不如在這裡學了，然後，等我真的能接受這個工作時，我再上去。」

甘媽說：「那裡，每個人一定要做事的。比較高一等的，就是跑來跑去的，就像接洽公務一樣，到處跑，不是固定在一個地

方的，他們比較自由。但我只能看到我這一級跟我上面那一級，再上面一點的，我看不到。」

對於上面那一級，我問：「他們是在幫助這個世界嗎？」

甘媽說：「有一點像，就是他們要出去，可能是跟某個人傳達什麼意念。但有時候這些人還要下去，再帶一些人上來。」

我說：「喔，他們的工作可能就是信使。那打雜，打些什麼雜呢？」

她說：「就是維持這裡的乾淨，然後，上課。譬如說我們可能是一個廳，在雲裡，很漂亮乾淨。然後，我們必須保持地板乾淨、桌上乾淨……，就是做一些，看似沒意義的工作。但是，他們說，每一個動作又都是有意義的，我又必須做這些事情，去明白很多事情。重點不是在那個工作，重點是在做裡面的明白。這我就不明白了，所以，我不敢去做。」

我說：「對，妳很聰明的。做這個工作，像他們說的，真的就需要妳一舉一動，一心一念，每個發出來的意念都是要乾淨的，那妳弄出來的環境就很乾淨，妳那個乾淨會給其他的人也是一個乾淨的念頭的一個環境。我說妳聰明的意思就是說，妳明白妳要做這個打雜的工作之前，妳要先去學習，學習怎麼樣把心理建設好。」

上升後要過三關

甘媽進一步說：「嗯，他們說這是第一關，然後，每一個給我們的事都是關。譬如說打雜，我叫打雜，其實不是啦，打雜本身有批判心，我換一個字好了，我打掃是第一關。打掃以後，要去上課。

「上課是第二關。上課有時候會上我們聽不懂的，有時候上很簡單的，但是他們說，要上到不管什麼課，妳都要不動，如如不動，才叫過關。不管多簡單，妳也不輕蔑；不管多難，妳也不放棄。通常第二關就刷掉很多人了，都下去了。因為，這個時候，很多起心動念就都出來了，所以就又都下去了。所以，我怕我第一關就過不了。第二關，我覺得如果第一關過了，我可能就有把握。但，第一關，我就不行。但他們說，第一關通常很多人過，但我就比較傲慢，所以我覺得比較難。但，第二關平常是七、八成，最多會到九成，就都下去了。

「第三關，就是要一起打坐，我們要不接觸，幾乎沒有人過，很難，很難。」

我問：「打坐是要做到如如不動？」

甘媽：「就是完全沉靜在自己那個狀態中，不知道要多久。」

我問：「這些平常在我家門口教你們打坐的人……，是不是有人在教？」

甘媽：「是，他們來自更高的地方，他們都不是來自這些關卡的地方。他們早就過這些關卡。妳想，阿彌陀佛需要這個關卡嗎？阿彌陀佛不是常來，就是來視察一下，但是，祂不需要待很久，因為祂留下的太多。」

我問她：「像妳這樣，都能看到每個人心裡在想什麼嗎？」

她說：「可以，但我就是不看。因為會影響我，所以我們要不看、不管。因為，這對我已經沒有意義了。」

甘媽繼續說：「我現在看阿甘，已經不覺得他是我兒子了。橘子，我還記得她，就是我感恩。所以，我所記得的是這個感恩，她對我的照顧。阿甘我不是不感謝他，如果是以提升振動頻率的方式來講的話，橘子給了我更多的光。對這個光，我感謝她。不是說阿甘我不感謝他，他給了我更多人間的，但這個，現在幫助不了我。而且，我知道那是因為我們的業力，他不得不這麼做。所以，我也不是不感恩他，我是知道，謝謝他。所以，我對兩個人感恩的心態不太一樣。」

我問：「那妳能不能為妳的先生做什麼？想想，因為他現在還活著嘛，但他似乎情況不怎麼好，他有的時候有點錯亂的樣子。不知道我們能夠在旁邊幫助他點什麼？妳想，有什麼方式嗎？」

甘媽說：「他大概不行了吧？不過，也沒關係的，等他沒這個肉體，就會正常。只是，到時候不知道會不會有人帶他去老師家門口？如果他去了，我想會很好。所以，我不擔心他。」

我說：「喔，我希望，我當然也會下邀請書。」

甘媽繼續說道：「因為，他這樣子的狀態下去，讓他多延長壽命也是多痛苦。所以，我不會建議用什麼方式讓他活更久，不是不愛他，是因為愛他，所以我知道，那與其這樣子，還不如像我現在這樣，成長更多。但我並不能決定什麼，因為每個人都有他自己的命。時間到，他就會走。如果說要用什麼的話，我覺得振盪器[20]對他非常好，金字塔[21]也可以讓他的靈魂安定。這些不是為了人間，是為了他以後，人間的事大概不會有什麼改變。即使阿甘不願意，我想，還是堅持吧，為了他爸爸以後的路。」

我說：「是，阿甘不是非常願意接受這個東西，還是有些抗拒在那裡。沒關係，我們就堅持做，沒有問題。」

甘媽也說：「我知道，橘子是很容易堅持的。她常常也不理阿甘嘛，這個時候可以繼續。如果真不行，就是用一張照片，金字塔放在照片上。」

甘媽的上升

十一月二十二日，是我三天課程的最後一天，那天阿甘有來課堂上。就在我講到提升的三個條件，也就是情緒管理、慈悲與智慧的時候，葛瑞絲看到講堂內的一些異次元存有在移動。第一個動的就是甘媽，她說：「我們懂了，我們要走了。我們願意接受挑

20. 甘媽的媳婦橘子在為甘媽做的能量淨化療程中所用的能量工具名稱。
21. 同前註。

戰與關卡，上去練習與修行。」

還記得告別式時，甘媽說她有一〇八階可以上去，但她不敢上去，怕自己有批判心。而此同時，就在甘媽代表這些存有講完這些話時，甘媽發出很亮，但很溫和、溫柔的粉紅色光，似乎表示她理解了無條件的愛，因為這個光芒非常溫柔，很令人感動。

這時，甘媽心裡感動，掉下眼淚，然後對著我九十度、很尊敬的鞠躬及感謝，感謝我帶來的知識。然後又轉向阿甘，對著阿甘的時候是更低，當然也包括橘子，不過特別是對阿甘。她頭更低的懺悔，包含著懺悔跟感謝的心：感謝阿甘能在累世賦予甘媽機會與學習，也謝謝阿甘在這一世的陪伴與孝順。

她對阿甘說：「你是一位不可多得的好兒子。很抱歉，我曾經讓你覺得醜，是我錯了。我沒有愛，沒有無條件的愛。但是，也因為你，讓我得以增進智慧。透過你，我學習到更高階的真愛。明白唯有接受與原諒，才能真正完成我這來做人的任務。原來我的目的，就是要學習無條件的愛你、你爸爸、橘子、所有的家人、所有的人。」

她說：「阿甘，你就是我的觀世音、我的佛陀，你成就了我。我此刻的上升是因為你的出現，還有你來到今天的課堂。當然，還有其他人，包括這裡的學員和橘子。透過你，我學習到此刻的智慧。謝謝你今天在這裡，因為看見你的出現，我才看見了我的無知。原來，這是黑衣白衣權杖人當時的體悟，我現在感受到了。我現在有自信，我能夠上去做任何一切，做那些我曾經誤認為下等、不好、低級的事。因為這些想法，本就不存在。是我造了一切相。」

接著，甘媽再次對阿甘鞠躬，對橘子鞠躬，對我、對葛瑞絲，還有所有在這裡的學員鞠躬。她說：「我要跟著觀世音菩薩走了，我將去到比原來一〇八階更高之處，那是因為此刻的明白。而此刻的成長，是因為阿甘的呈現。原來仇人是貴人，沒有惡與善的對立，惡與善本身是『一』，差別只在我是從什麼角度，什麼觀點，什麼智慧去詮釋。」

然後，她轉頭對著我說：「至青，這段時間，您辛苦了。我現在應該稱呼您為老師，您是值得我學習與仿效的老師。我不該用『值得』兩字，值得有較低的振動頻率。我要說的是，您是我想要、需要，帶著感恩與尊敬的說，您是我學習的對象。」

甘露媽媽再次九十度向我鞠躬、感謝，然後就往上空，跟著手拿楊枝與甘露淨瓶的觀世音走了。走之前，她對著某位學員說：「總有一天，妳也會感謝妳的母親，但不是因為她是母親。而是她讓妳得以成長與解脫。」這位學員與躁鬱的母親在此生有著難解的結。

最後，甘媽祝福、感謝所有學員，感謝葛瑞絲的記錄，也感謝葛瑞絲牽起了這一切的緣份。她向葛瑞絲說：「感謝妳當初在醫院沒有死，妳是我們所有人的大菩薩，祝福妳往後一切如心所願。」說完，甘媽跟著觀世音菩薩，消失在白光裡。

倚在鎮上大宅門檻睡著的小女孩已不在，她終於走進觀世音菩薩無限慈悲的大花園裡。我很感動於這一切，感謝甘露媽媽，也祝福甘露媽媽。

結語

甘媽的故事從臨終到上升給我們一個完整的展示，我們從這裡學到什麼呢？

一、臨終中陰很早就開始了，甘媽還在醫院的時候，就已現地獄相，也因為這個機緣與我接觸，而開始了這一段歷程。所以，往生前的準備有其必要，特別是培養正面的心境、消除負面的情緒，讓心靈進入就緒的狀態。在信仰上的正面加持更有其助力。我們看甘媽，以她那麼聰明，與子女這麼融洽的關係，在臨終時，仍難免我慢習性的高漲，一不小心，就引入惡趣。

二、正因為「臨終中陰」在死亡之前就已開始進入，因此，死前的處置就很重要，要盡量讓亡者安穩。甘媽的走是很平靜的，無論是身、心都沒有受到很大的擾動，子女陪伴、減少移動、臨終助念，乃至於生前甘媽就開始自發地唸佛，也沒有嘈雜的音樂、聲響，或一些碰觸亡者身體的不必要習俗。這些準則都有助亡者心靈的平靜。

三、我們看到因果業力的複雜作用，進入中陰階段，由於深層意識的憶起，潛藏的負面情緒有可能浮現，這就有賴此生意識的修習，消除業力所帶來的負面習性，升起智慧的觀照，否則又陷入循環報復的輪迴，而求出無期。另外一方面，從甘媽與阿甘的兩世角色，我們發現，對於業力牽引的「私人人生目的」可能造作，解藥就在於「神聖人生目的」的憶起，因為兩者是一體兩面。以阿甘與甘媽的故事來看，同樣一件事，一樣的角色配置，可以是母子親情的愛，也可以是循環報復的怨，關鍵在於愛的升起與智慧的認知，而正確的道路就藏在「神聖人生目的」。

四、因果業力固然無可避免，但習性調伏卻掌握在我們手中，而後者往往更為重要，可以主導我們的迷悟抉擇。以甘媽的情況為例，阿甘的幾顆石頭相對於甘媽的強烈我慢顯得無足輕重，前者是因果，而後者是習性，當然習性也在業力之中，甚至是重要的動力，但那是可以經過學習、認知、懺悔、關懷而扭轉的。我們看到甘媽對阿甘的醜而心疼之際，就是扭轉的開始，不僅報復心消失無蹤，升起的愛也澆熄我慢的火焰，解開了她一世癥結。所以，在上升之前，甘媽對阿甘的感謝肇因於此，這是人世的善緣。

五、我們發現，「上升」與「下墮」有對稱的關係，一個人因為某個特質下地獄，而她解脫上升的密碼也在同樣特質之內。我們看甘媽極為聰明，悟性很高，這具有智慧的潛質，但若因此而貢高我慢，這就走上了歧路。我們看甘媽的癥結就在於慢心太過，而它隱藏的明珠就在「我慢」背後的覺悟潛力。水能載舟，也能覆舟就是這個道理。

六、最後，我們讚嘆甘媽轉換之快、上升之捷。相對於我在課堂上的其他案例，葛瑞絲曾做了分析，她發現，甘媽與下一章的黑衣權杖人都有個共通特性，就是「主動」。是甘媽主動找到我，主動要求到我家學習；黑衣權杖人也是勤於求知，不斷的尋求解惑。當你想要學習，就是一種虛心與上升的意念，前者讓你謙卑，後者讓你提升，這就是發心。

第十章 黑衣權杖人的提升

在第一章，我曾說這本書的撰寫因緣，是應一位我們稱為「黑衣權杖人」的「靈」所做的請求而寫的。但書寫到這裡，多半還是以人類為主角，來討論生命輪迴的現象，探討人生的目的以及中陰的過程，把生與死統一起來，互為參照，進而反思靈在生生世世的存在意義。這是我在這一、兩年來的授課主題。

為什麼這樣的主題是黑衣權杖人所想聽的課、所想看的書？黑衣權杖人來自於遠古，是屬於神話以及各種外星人傳說的國度，我們對生命輪迴的認識，是否適用於他們，能幫助到他們？這是我一直存疑的地方，常常思考到底有哪些主題是真正適合他們的。

因此，為了卻這段因緣，從黑衣權杖人起始，也在黑衣權杖人終結，我將在這本書的最後一章，討論我所接觸到的這位黑衣權杖人上升過程的故事。這有一點實驗意味，用我們還很陌生的存有（黑衣權杖人），來印證本書所討論的主題，並發掘可能的問題，進而歸納出那些不受存在範疇所侷限而適用於不同存有的核心內涵。

這樣，也算不負所託了。

第一節　黑衣權杖人的出現

我與黑衣權杖人開始接觸的過程，在第一章已經做了介紹；另外，蕭尹翎（即葛瑞絲）所寫的《叩問生死——探索人生目的》第十二章也有詳細的描述。事實上，我與黑衣權杖人的接觸也都是經過葛瑞絲轉譯的。因此，這裡我僅就一些重要情節作簡要的說明，只是要讓讀者瞭解故事的背景。

黑衣權杖人第一次出現，是在二〇二〇年的二月二十八日。那天，葛瑞絲一家人正在前往我家的高速公路上，空中出現了一位存有，身穿黑斗篷，兩隻手掌上下疊放在一根深棕色、類似木頭權杖的棍子上，向她說道：「我存在於你們的意識中，無處不在，你們的工具絲毫傷不到我，我是你們。」由於不知他從何而來，我和葛瑞絲因他的裝扮而稱他為「黑衣權杖人」，當然，我們後來知道他來自於五千多年前兩河流域的古蘇美時代。

當時，他要葛瑞絲向我轉達以下的話：「告訴至青，不管你們做什麼，我都不會離開，我將永遠存在。我堅不可摧，因為人類是弱的。你們創造了我們，人類創造了我們，你們完成了我們。我們的存在只是因為你們的思想和想法，我們是你們的想法，我們在你們的靈魂中，轉換是唯一的方法……專注於心性上，其他一切都沒用。如果妳想幫助人們，幫助他們提升，讓他們明白，幫助他們瞭解，這是唯一的方法，沒有其他辦法，這是唯一的方法！要堅定，相信妳自己。妳所承擔的責任超乎妳的想像，一定不要放棄。」

黑衣權杖人的話隱隱約約有些託付於我的意思，而且，我們在之後稍稍瞭解他的來龍去脈才發現，其實他在這段話中，似乎把葛瑞絲認為是製造他們出來的那些神族。不過，當時我們不知道他是誰，也不明白話裡的意思。

接下來的幾個星期中，黑衣權杖人出現了幾次，葛瑞絲也分別看到了幾個畫面：

——他曾經憤怒的說：「你們曾答應幫助我們的！」也讓葛瑞絲看了一些關於戰爭以及他子民受苦而死畫面。讓她聽見幾個字：美索不達米亞（Mesopotamia）。

——她看見過一位身材極為高大的人揮舞鞭子，抽打許多很聽話、身分卑微的奴隸們，奴隸多為深色頭髮，如原始部落的人類，彎腰駝背很認命的工作著，有些甚至倒地死亡。

——有一個畫面，畫面的背景是火燒的橘紅色，連天空也是同顏色，黑衣權杖人的子民們正在痛苦地被火燒，這一次他看著我說：「幫助我們，至青，用妳的書幫助我們，這是唯一的方法。」

——黑衣權杖人曾讓葛瑞絲看見一片沙漠，沙漠中有一位巨人引領著他身後的人類，全都又渴、又餓、又累，巨人走到一半便倒地不起。沒有巨人帶領後的人們，開始崩潰，最後也都死了。拿著權杖的黑衣人用意識告訴葛瑞絲：「最終都沒有人來幫助我們，我們活活的渴死、餓死在沙漠裡。」

在八月底時，葛瑞絲看到的畫面是一片橘紅色的黎明天空下，有座金字塔，旁邊一些人穿著披風騎在駱駝上。隨後太陽升起，有另外一群像猿人，頭髮凌亂，長過肩膀，走路像猴子，發出奇怪的聲音，好像是工人，在金字塔邊上走來走去，男女皆有。此時她聽見一個生氣的聲音：「不要以為你們可以繼續利用我們，我們也有我們自己的人生目的，我們會找到方法往前進，……，我們不會放棄我們自己，神沒有什麼了不起。」最後，黑衣人對葛瑞絲說：「看到了嗎？我們用我們自己的力量一步一步的站起來，我們不會辜負你們期望的。」

黑衣權杖人的來歷

而最後讓我們確定黑衣權杖人來歷的，是九月底葛瑞絲看到了一些殭屍般的存有，而在與其中一位的對話中，我們知道了他們的身分。葛瑞絲先是看到一個畫面，在我家社區前面圍籬隔著的一片草地右側，出現一個如墳墓般的大坑。第二天，她又看到坑洞爬出很多的殭屍，面目猙獰、衣服破爛，動起來像機器人般不自然。他們快速往外四處散去，朝草裡面挖掘，似乎在找尋食物。第三天，葛瑞絲看到一尊約兩層樓高的白衣觀世音菩薩浮在空中，就在那一片草上，對下方的眾生唱起我的一首詩詞吟唱——《浪淘沙》。這時所有的殭屍都停下了手中尋找食物挖土和挖草的動作，其中一位殭屍與我有一段對話。在對話時，她慢慢地退去殭屍的外表，皮膚似乎偏黑，感覺有點像「猿人」，是一位婦人，手裡還抱著一個嬰兒。猜測他們是西琴的書《第十二個天體》所提到最早被創造出來的的原始工人，可能是考古人類學所定義的尼安德塔人（Neanderthals）[1]。

在對話中，她對許多概念顯得生澀蒙昧，表達很質樸原始，顯露出原始人類的無知。值得注意的是，她在心態上表現出受制約的畏懼與服從，對生命有一種無奈的認命。

她說，她們是「下面的人」，在做苦工，而管理她們的則是「上面的人」，她聽不懂什麼「阿努納奇神族」或黃金之類的概念，但她說：「我們挖亮亮金金的東西，有挖到，上面的人就高興，沒挖到，就生氣，有孩子的人也要挖，一生完就要挖。」、「人生就是挖，我們的工作，就是一直工作，一直工作，做到死就是結束。」語氣有點悲苦。

她的意識顯然還留在幾十萬年前。我告訴她：「你們已經不是工人，已經死了，已經結束工人的那一世。你們得學很多事情，就不會感覺這麼苦，不過首先要知道自己已經死了，死了就是你不再受任何『上面的人』控制的意思，明白嗎？他們不能再控制

你們、強迫你們做苦工，你們自由了。」

我問她是怎麼來我這裡的？她的意識中浮現了穿著斗篷的黑衣人的意象，不過不是黑衣「權杖」人，而是另外一群黑衣人，暫且稱為「黑衣骷髏人」，是黑衣骷髏人告訴她這個地方，就在我們談論兩種不同的「黑衣人」時，她告訴我關於黑衣權杖人的事。

她說：「我看見他們正在融化、殺人、全軍覆沒，輸了、沒了、埋在沙裡消失。」、「他們在的地方沒有一點聲音與光，他們受到詛咒，永生不得翻轉，永遠在地底下與黑暗在一起，與蟲子為伍，他們聽不到但是他們看得到。」此時，葛瑞絲所見畫面中，他們在的地方就好像非常厚實的銅牆鐵壁裡有著無限的深淵。原來，黑衣權杖人現在地獄，也讓我明白他求助我並要我「寫」書的原因。

她說，跟黑衣權杖人打仗的另一方不是人，有很多的裝備，有東西會在空中飛，有一顆很大的東西會爆炸，也有機器會吃人，他們會讓敵人突然沒有動能，似乎還有其他能力。

她還說到黑衣權杖人與交戰對方的關係，她說：「是合作關係，只是上面的人比他

---

1. 根據西琴的著作，神族用非洲的直立猿人女性的卵子，加上他們自己的基因，創造出可能是考古人類學所定義的尼安德塔人，第一批的原始工人造成於約三十萬年前，共有八對男女，均由神族女性所生，但後來發現創造出來的人不能生育，於是從王恩基（Enki）及其姊妹寧瑪（Ninhursag）的肋骨取出與生育有關的染色體，注入原始工人身體中，後來的《舊約聖經．創世紀》（2:21-22）就有了肋骨造女人的說法。

們強勢。但是黑衣權杖人他們要叛變，他們不聽話，但是他們被騙了。」

在對話中，葛瑞絲看到這位婦人當時所見的畫面，那是一片橘紅色的天空，也看見一些戰爭的畫面。

至此，我們終於瞭解黑衣權杖人與這奴工婦人雖然都是阿努納奇神族所製造出來的人類，但兩者所處的時代卻不相同。黑頭奴工是活在約三十萬年前的人類，奴工被製造出來是要為神族挖掘黃金，而黑衣權杖人是活在約五千年前的人，是後來（約十一萬年前）神族所創造的人類（可能是考古人類學的克羅馬儂人〔Cro-Magnon〕）的後裔，他與他的士兵是受神族驅使的人類軍隊，他們既受役使，又想從奴役中反抗翻身，而在神族間為爭奪權力的戰爭中，導致他們大多死於一場慘烈的爆炸中。

第二節　阿努納奇神族與黑衣權杖人

為了讓讀者瞭解黑衣權杖人的時代背景，我簡略談一下兩河流域的阿努納奇神族，資料多來自於撒迦利亞．西琴對蘇美人石板遺跡上的楔形文字紀錄以及希伯來聖經的解讀。

在創世神話中，蘇美人記錄了來自遙遠尼碧魯（Nibiru）星球的外星存有，稱呼他們為阿努納奇神族。這些神族的名號正呼應了蘇美－巴比倫的神話系統的諸神，包括阿努（Anu）、恩利爾（Enlil）到馬杜克（Marduk）的神族王權遞嬗，所以，後來的巴比倫城邦信奉的主神就是馬杜克，他在埃及的名字是「拉」（Ra）神。

根據西琴翻譯石板的描述，阿努納奇神族原本住在尼碧魯星球，後來因為尼碧魯發生了大氣層的災變，產生破口，危害阿努納奇神族的生存，需要以黃金為材料去修補這個破口（有點像中國女媧以石補天的神話）。他們在太空中探索到遙遠的地球上有豐富的資源，於是派了幾百人的年輕神族來到地球開採黃金。

當時，阿努納奇神族的阿努王派遣他的大兒子恩基（Enki），來地球負責這件事，這是四十多萬年前的事，在採礦期間，挖礦的神族年輕人覺得苦不堪言，人手也嚴重不足，於是恩基與兒子寧基史自達（Ningishzedda）等發展了用基因工程製造奴工的計劃，寧基史自達就是後來埃及神話裡的托特（Thoth）以及希臘神話裡的赫密士（Hermes）。基因工程造人經過許多次失敗的實驗，從早期類似猿人的黑頭原始工人到後來的智人，終於底定，他們就是我們人類的祖先。

阿努的另一個兒子恩利爾在哥哥恩基之後不久也來到地球，恩基是長子，恩利爾是嫡長子（父親與同父異母姐妹生的大兒子），後來這兩兄弟的子孫輩們形成兩大對峙的陣營，之間發生了多次爭戰，諸如通天塔事件及金字塔事件等。針對恩基的大兒子馬杜克的不斷侵略，恩利爾的大兒子寧爾塔（Ninurta，恩利爾和姊妹寧瑪〔Ninhursag〕所生），最後引發恐怖戰爭，把地球上的設施破壞殆盡，讓馬杜克無法取得資源，當然毀滅的是地球上無助的人類，包括捲入戰爭的黑衣權杖人及他的士兵們。

後來經過葛瑞絲的轉譯，我對黑衣權杖人的背景有更多瞭解，知道當時黑衣權杖人有涉入這兩個陣營的鬥爭。那是在十月十九日葛瑞斯所看到的一個場景——巴比倫的一座皇宮，黑衣權杖人進去向皇族通報。皇宮裡的淫亂讓他心生不滿，他認為他底下的人都很和善又善良，應該值得更好的生活，更好的被對待。當時他說：「我們明著為恩利爾做事，暗著為恩基通風報信。恩基答應要保護我們，所以我們為他通風報信。」事後證明，恩基根本保護不了他們，沒能阻止毀滅性的爆炸。

以上黑衣權杖人所處的時代之背景資料，來自西琴的論述，西琴精通古代楔形文字、希伯來文及其他上古文字，對世界各地的遠古遺跡如金字塔、巨石等都有深入的踏查，並得出一套自成理路的說法來統合，他的論述自有其權威性；西琴所引據的蘇美石板記錄，就其在天文、律法等的記述，精細程度確實遠超過我們人類所能想像。

西琴的第一本書在一九七六年出版後，雖然在全球引起巨大的迴響，但接踵而來的是學術界對他的嚴厲批評，認為其中有許多假想的解讀，充其量也只是「假說」而已。巨大的遠古遺跡，上古人力如何做到，始終還有一些謎團，向來也是各種外星文明假說的熱門議題，學者們認為，從蘇美石板記錄一下跳到基因工程、核彈、宇航艦、導航塔……等現代科技詞彙，如此巨大的飛躍，中間的科技論述鴻溝及佐證，正是這套假說欠缺之處。

然而，就我們今天從靈性角度探索生命輪迴的意義而言，這些科技詞彙其實無足重要，是神話、假說也好，是科技的附會也罷，完全不影響這些紀錄所反映的心理意識圖像。這些阿努納奇神族飛行的不管是宇航艦，還是我們封神榜的騰雲駕霧，完全不影響故事中所呈現的名、利、權、情衝突，去掉這些現代科技名詞，從這些事件典型，仍能得出心理學上的各種情結，而這部分才是我們所關注的核心所在。

同樣的原因，我在本書第四章講了許多有關「維度」的內容，其實宇宙間究竟有多少維度不是重點，重點是「降階」與「揚升」真正的意義：前者（降階）在於學習，從種種錯誤中實地的學習；而後者（揚升）在於提升，從智慧的提升，洞見一切錯誤的本源，逐漸脫離我執，自然地生起慈悲心，建立以他者為中心的感受。

那些不可知的「維度」，我所知甚少，但學習懺悔以及智慧、慈悲、情緒的管理等課題，卻是我幾十年來確確實實的實證經驗。而我所要傳達的核心，就在這裡，簡單的說，是實踐，而非理論；是過程，而非目標。

最終我所要演繹或展示的是「生」與「死」的大事。生，如何生得積極、有意義，能有所提升；死，如何死得安樂、自在，能走向歸宿。對於黑衣權杖人從滿懷對他人的怨恨到能回歸自身的靈性了悟，就是我所要展示的核心，其他，都是次要。

所以，現在讓我們來走一趟黑衣權杖人心理轉折的上升之路。

第三節　黑衣權杖人的怨恨及心理情結

從上一節關於黑衣權杖人的歷史背景，不難理解他初次出現時所帶著的怨恨是如此的深。我們現在嘗試依照他所處情境來描繪他可能的心理模式：

一、作為生來就是要成為受役使對象，「無知」是他們命定的標籤，失去自我意識，只知道服從，是神族加諸於他們的原始意圖。這就產生一個潛在的求知的趨勢，只要開放一些些自我意識，就會引來強烈的求知與向上的驅力。而不同於那些只知道服從的原始奴工，黑衣權杖人由於與神族的交流，產生了自我意識，就開始有了比較，想要變得更好，想要知道得更多，想要自主，追求自我，也開始變得不平衡，這是一個強烈的自我形成模式，有一種與生俱來的渴求。

二、在自我的形成過程中，他開始尋找樣板做為學習模仿的標的，不幸的是，他所見的是文明優越、但心靈墮落的神族，就像我們人間的一般人，名、利、權、情一個不缺，智慧、慈悲卻付諸闕如。越想變成他們，就越痛苦，黑衣權杖人捲入他們的戰爭，學會作惡，陷入造業的惡性循環，莫名的墮入地獄，不知自身還有本自具有的靈性，那是被蒙蔽的無明（無知）與愚癡。

三、身為受役使對象，看著其他人類，他心裡覺得不平，有著對神族的怨恨。想要出頭天，投靠某一陣營，卻在緊要關頭被拋棄，他有強烈的受背叛的感覺。而同胞和同袍喪身於慘絕人寰的爆炸中，他對加害的寧爾塔及恩利爾陣營有很深的仇恨。這些都是累世難消的嗔恨。

四、作為眾多士兵的領導，在知識上又高他們一些，他心裡有一種對他們的使命感。而在看到眾多士兵一樣喪身，一樣墮入地獄，他心裡有一種不忍與自責。

五、身處地獄，蟲子纏身，他有一種對求出無期的恐懼，以及想要出離解脫的迫切求助心理。

作為旁觀者，我們清楚地看到他所陷入的心理輪迴。所以，我們不難理解當他認為葛瑞絲是神族之一時，為什麼會那麼憤怒、那麼不平；而他在對我求助的時候，又是那麼迫切的再三叮囑。這些都源自於以上那些心理模式。

其實，這些也不全然是不好的，有些可以是很正面的力量，比如說，心底的那股向上與求知的渴望、對於部屬的不忍與使命、想要出離解脫的急迫，這些都能轉化成提升的力量。而那些貪慾、嗔恨及無明所造作出來的種種惡業，也恰是學習錯誤的機會。

問題是要走在正確的道路上，產生對自我靈性的自覺，拋開與阿努納奇神族糾結的面紗。對此，宇宙是慈悲的，藉由他原本的正面力量，發出求助的意念，找上了葛瑞絲，接著與我的靈性課程產生了連結，也開始了他這一段向上的轉折歷程。

第四節　黑衣權杖人的懺悔

在本書第五章的最後一節〈懺悔是解脫與提升的不二法門〉，我曾經談到，在業的淨化上，最有力的莫過於真誠的懺悔，可以說，懺悔是轉折向上的第一步，是在學習中真正認知錯誤，並化為動力的開始。黑衣權杖人的轉折，就是從懺悔開始的。

十月的時候，黑衣權杖人密集地出現，那是因為他看到葛瑞絲身上的黑蟲不斷離開，我當時對葛瑞絲說，黑蟲是西方地獄的一個特徵。就是因為黑衣權杖人迫切地想要脫離地獄，他找上葛瑞絲，態度強硬地要她幫他們，還問她是如何讓黑蟲離開的。

從以下他與葛瑞絲的談話中可以看出，他其實是把她當作神族的人，心裡有許多怨念，覺得都是神族的人害他，有義務幫助他。對於不要怨天尤人，要從現狀的苦痛去反省自身錯誤的說法，他心裡極為排斥，這是懺悔前的心理關卡。

他說：「我們這麼多人就這樣死於一瞬間，全軍覆沒，再也沒有任何種族比我們還要慘了，而妳現在說其實是我們自己的錯，因為我們貪心、我們不懂、我們無知，身為皇族／神族的你們就沒錯嗎？……我知道妳想救也沒辦法，但我沒有辦法不怨妳，不恨滅掉我族人的你們。

「我們拚命的工作……，就是想要擁有像你們一樣的能力，這難道錯了嗎？上面的人不是這樣承諾我們的嗎？只要我們認真、努力、聽話，就會給我們想要的能力。可是他們給的是毀滅！他們說不要妄想，下面的人永遠都是下面的人。是你們違約在先，不能怪我們叛變。我們也只不過是想為自己找一個生路，我的人民何其無辜，你們會有報應的，總有一天要為你們的所作所為付出代價的。」

在此，他先是錯誤地把神族做為人生努力的目標，把人生的價值依託在他人手上；而在願望落空後，把自己的叛變歸因於他人的不義；最後對自己的遭遇產生強烈的報復心態。這是把人生責任從自我內心移到外在事物的錯誤三部曲，而報復的驅力讓他墮入輪迴而不自知。

他哭著說道：「因為我聽見至青說，這所有的一切都是有業力的，能量永遠都在尋求平衡。我真的很不甘心，看見自己的妻子、孩子，愛的人在我眼前死亡，你們草菅人命，人命在你們眼裡什麼都不值，我最恨的就是這一點，你們始終沒有愛過我們，你們如此不懂愛，現在還來教我愛，不是很可笑又諷刺嗎？」他雙手掩面跪在地上哭泣說：「我也好想像妳一樣成長，妳說只要懺悔就可提升，但我更希望聽見毀滅我們的人對我們說抱歉。」

這是典型的心理糾結，糾結在於，作為「受者」，自己的委屈無法消解，而作為「施者」，對方報應無法兌現的心理，這種心理讓他無法承認業力，願意懺悔。這是在反觀內心與歸責他人之間的心理拔河，渡過去，將是轉變的開始。

葛瑞絲告訴他：「如果我被利用也是因為我的無知、我對名利權情的貪，但從今而起，就算我真的被人所害，我不會選擇恨，我會選擇接受，包括接受我的無知，我會做出和以往不一樣的選擇，這就是你跟我的不同。」黑衣權杖人突然瘋狂地大叫：「難道只有懺悔這一條路可以選嗎？」

葛瑞絲說：「是的，別無他法。你只能為自己的人生負責，我也只能為我的人生負責，神族也只能為他們自己的決定負責。你就把這個責任交給宇宙吧，宇宙自由平衡能量的方式，去上課吧，好好的聽講。」

第二天，他來找我和葛瑞絲，我們有以下的對話：

他說：「我們受了這麼多委屈，現在要我們懺悔，我們怎麼願意，更想聽到的他們先向我們懺悔。」

我告訴他：「神族的人也會為他們所做的事情下地獄的，只是他們活得比較久，但只要他們死了，神和所有的人一樣，會為他所做的錯事下地獄。」

他質疑為何他會受詛咒而下地獄。

我告訴他：「你以為被詛咒，其實是你的意識創造了這個詛咒，你的意識創造了你的世界。你認為一切都是別人的錯，你沒有錯，你認為你是受害者，當然你就『創造』了一個受害者的地方，那就是地獄。只要你承認自己有錯，而且錯得離譜，就可以立刻離開地獄。」

「再想想，你真的沒有錯嗎？人人都有要『名、利、權、情』的慾望，這四大慾望本來是中性的，但是人往往把它們拿來當犯錯的工具……，比如，你要的、喜歡的不是『權』嗎？你不是要有能力嗎？你表面上說想為人民爭取福利，其實內在是想滿足權的慾望，因為有了權，就能控制更多人，地位會更高，也代表你有更大的能力，不是嗎？」

他說：「神族的人當初答應要給我們能力，但他們騙了我們！」

我告訴他：「重點不是他們是否騙你，首先你騙了自己。因為你是人，卻妄想要有神的能力，這就是你的癡心妄想，就是你的錯，不能怪別人！你說，『我們也想要有神的能力難道錯了嗎？』當然是錯，大錯特錯。你忘了你是人，或說你『無知地』以為自己是神，就像一條狗希望主人能夠給他『人』的能力，這不是癡心妄想嗎？不是無知嗎？你在做人的當下當然不可能馬上有神的能力，不管你多努力、多拚命都沒有用，因為你生下來就是人，一定要等死後才可以變成其他的存有。你一定要等。」

黑衣權杖人問：「人不是生而平等嗎？為什麼我們沒有這個能力？」

我說：「人和神生而不平等，如果你想將來要有神的能力，必須在生前就去培養。培養對人要有大愛、待人接物要有智慧、還要對自己的情緒有管控能力，這些都會提高你的振動頻率，等你死了才可能揚升而變成神而有神的能力。」

「所以你必須要放下對能力的妄想。你說你被神騙了，其實是被自己的『無知』騙了，明白這一點，你就不會怪別人了。記得，不管別人做了什麼，先別生別人的氣，先回頭看看自己是不是做錯了什麼？所以你們一定要學會『懺悔』，懺悔就是知道自己的錯誤在哪裡，下一步就要改錯，這是培養愛、智慧、情緒管控的第一步。有一天你會知道你恨的神族，其實也是來幫助你改錯的貴人，有一天你會感謝他們的存在。像葛瑞絲一樣，也像我一樣，你們要學習無條件的愛。」

聽到無條件的愛，他覺得不可思議：「很謝謝至青老師愛我們，但我們從來沒有感受過真正的愛。」

我告訴他：「既然你感受到我的愛，可以向我這樣子的人學習，如果真的要學某個人的話，不要學神族，雖然我也不是特別厲害，但如果你要學就選一位振動頻率更高的人。」

他似乎心動了，態度也稍微軟化：「原來我選錯人學習了。無條件的愛代表原諒嗎？葛瑞絲是這樣成長的嗎？」

我說：「是的，你們一定要放下。你們要學習有判斷的能力，不要只是聽話。要學習原諒與愛，就像葛瑞絲一樣做練習。」

幾番心理的掙扎，黑衣權杖人先是難以置信的大笑，笑著笑著，他流下幾滴眼淚，表情複雜。這時候，葛瑞絲看見他身上的黑披風開始掉出黑色的蟲，似乎是領悟了一些什麼，而這些黑色的小蟲愈掉愈多，像細雨般地落下。隨後，黑衣權杖人與士兵們沉睡了足足兩天之後才清醒。在沉睡的過程中，持續地從他們身上下出黑蟲雨，從原本的小雨，一天後變成傾盆大雨，再過一天又變成毛毛細雨，最後，只剩下滴答滴答的幾滴雨水打在地面上。這代表他們從地獄的糾結狀態中，逐漸地淨化了。

第五節　黑衣權杖人懺悔之後的轉變

從那次懺悔之後，黑衣權杖人開始有了轉變，放下心理的種種情結。

十月十九日，黑衣權杖人對於恩基無法阻止寧爾塔使用恐怖武器而保護不了他的事（就是前面提到他去神族王宮通報的那個畫面），已感到無所謂了。

至於他最恨的恩利爾，他說：「我不在乎恩利爾背叛我，是我錯了，一開始就不應該選擇任何一邊為自己爭權奪利。我想要人民有更好的生活，以為我有能力大到足以跟神族抗衡，但我根本就沒有能力。而且我用錯方法，如果我謹守本分，也許什麼事也沒有。不是恩基、恩利爾，也不是其他的神，是我的貪心害死我的同胞。」

從懺悔之後，他開始學習認識錯誤，想要改錯，想要彌補他人的苦痛，他反觀自心，感受他人，自然萌生一種悲心。

他說：「我害死了他們，我對他們有責任。但我不知道該怎麼為他們負責？」

我告訴他，可以把他們都帶過來一起上課。他隨後帶了士兵過來，態度非常尊重、誠懇。

他說到自己的反省：「我想了很久妳說的話，雖然前幾天我看起來像睡著了，其實我是在思考（指下黑蟲雨，睡著的那幾天）。我想了很久，妳說我的貪心、爭權奪利、妄想，妳是對的，我是妄想，我沒有看見我要犧牲這麼多條人命去滿足、換取我的妄想，但這不是我要的，我不想有人死，但不知道為什麼我們都死了，還死得這麼痛苦。所以我錯了，錯在我的『無知』。」

他說：「我看著妳們說的『大師』懺悔……我聽到老師您說，『懺悔』足以讓他提升振動頻率。雖然我不敢奢望我會去天堂，像他一樣為神做事……，但我希望我的人，都能像他一樣去天堂，我覺得我的職責就是把我身後的這些人帶到天堂，這是我對他們負責任的唯一方式。」

他開始思索怎麼去教導他的士兵，怎麼去提升他人。針對這方面，他疑惑：「但是我也『無知』啊，無知的人要怎麼幫助另一個無知的人呢？」

我告訴他：「沒關係，你不需要對他說什麼話，光是心裡希望他越來越有知識，能夠提高他的振動頻率就好，有一天等他學了，大概就會明白了。所以你們心裡面就懷著希望別人也越來越好，我心裡看不慣任何事情也沒關係，我就放在心裡，把它轉成我希望你會更好。」

談到「無知」，我說：「其實做人的時候就是來學習的，有一天你可能會變成人，那時要記得做人的目的就是來學習，那一定是笨的才會來嘛，來做人的人都是無知的，需要學習。如果不知道自己無知，繼續犯錯下去，那死了以後就會下墮，而地獄就是那條最慘的路。所以不管多笨、多聰明，只要是到人間，一定是有目的，是來學的。」

綜上所言，我們看到黑衣權杖人在懺悔之後，說到他在想法上的改變，包括：

一、他意識到一切的後果都與他的選擇有關，他有機會也有責任去作任何選擇，而選擇的後果，他不能往外去求解，而要自己承擔。

二、對於錯誤的抉擇，他懂得反觀自心，找到深藏在冠冕堂皇的理由下的貪慾、瞋心與愚癡，才是錯誤的根源。

三、他感受他人的痛苦，而心裡有千鈞重擔，從而發願要利益他人。

四、他把這些都說出來了，無所覆藏。

五、他起了提升的念頭，想要求知，想要懂得愛。

這就是懺悔，真正的懺悔必須包括幾個條件：

——能知

——慚愧心

——無所藏

知，可以是具體的知錯，也可以是在明理之下，對引起錯的原因有深刻的認知。不知錯，又如何能改？如何能懺？而這「知」，又不能往錯誤方向去找，痛苦是在他人身上去感受，錯誤則要從自己心裡去洞察，這才是知。

有了知，就要感動於心，才有力量，才能無所懼的「發露」，這就是「慚愧心」。慚愧心是正面的，不能與自卑、愧疚及罪惡感混為一談。慚愧心的基礎是澈悟。

若能洞察錯誤的真正本質，而動力來自承擔的決心以及如實感受「自他」痛苦的悲心，兩者合起來就是慈悲與智慧。

具足「能知」與「慚愧心」，發出於外，就是「無所覆藏」。前二者，有如光明；而覆藏者，就是陰暗。用光去照亮陰暗，讓一切坦蕩明澈，這就是具有光明本質的懺悔。這樣的懺悔，就不會流於負面的愧疚或虛假的矯飾；前者，負面的愧疚其實是陰影，而後者虛假的矯飾則是障礙，這些都不具光明的本質。

懺悔有如揭瘡疤，從表相看，那是痛苦的；但在三個條件的具足下，就無所懼、無所苦了。基本上，提升無法帶著陰影上升，必須「揭露」與「光照」，所以，懺悔從某個意義上講，是淨化。

佛教有一個懺悔偈：「往昔所造諸惡業，皆由無始貪嗔癡，從身語意之所生，一切我今皆懺悔。罪從心起將心懺，心若滅時罪亦亡，心滅罪亡兩俱空，是則名為真懺悔。」

所以說，懺悔是對「業」的淨化，歸因在於心的染汙，表現則遍及思想、行為與語言。當心澄明常寂時，罪亦無所依附，這是懺悔的極致，懺於無懺，表現上就是智慧與慈悲的合一。

我們看到黑衣權杖人知道承擔錯誤，知道錯誤的根源，對他人的苦痛感動於心，而把它坦然的說出，不覆藏，那就從陰暗中走了出來。在懺悔的洗禮下，他產生了向上的意念。所以說，懺悔是轉折向上的起點。

懺悔不僅是自我的淨化，也具有感染他人，化解怨懟的作用。因為，在早些時候，葛瑞絲看到一幕景象：神族中最有智慧的托特向部屬告別時的懺悔。

托特說：

「我要離開這裡，這裡曾經讓我成長、充滿希望、也曾心碎，如今我知道我錯了，我需要透過學習與懺悔去到一個更好的地方。我要卸下王位，這個王位發生了太多『殺』的事情，這不是我想要的，也不是我的目標。我要上去了，在底下所發生的這些殘忍的事情，我必須對他們負起責任，只有透過不停地學習與向上，我才能夠知道我該如何幫助他們。我好怕沒有機會去彌補底下所有發生的一切，我怕我們就會一直這麼錯下去，我想我們的星球就是這樣子毀滅的，但是沒有任何一個神族相信我。我的哥哥（猜測是馬杜克），我救不了他，將看著他受苦很久，但是又能怎麼樣呢，他完全不採納我的意見，將所有的人踩在他的腳底下，但這是一件非常不對的事情。」

「葛瑞絲，請妳告訴所有底下的人，我們錯了，特別是我這個有能力卻又無能為力的王，我希望他們能夠原諒我們曾經犯下的錯誤，我知道我不應該這麼要求，但是我真的很希望和平的那一天趕快來到。我們為什麼要戰爭呢？我們為什麼要傷害自己的同胞？雖然我們長得不一樣但是我們卻是一樣的，這世界不應該有你我之分，不應該有上下之分，不應該有貧窮與富有的差別待遇，因為我們是一體的。啊！這無知的錯呀，希望你們能夠明白，不要和我一樣犯下這曾經無知的錯。」

我請葛瑞絲把托特的這段話轉述給黑衣權杖人及他的部下們聽，因為，托特懺悔的主要對象——他說的「所有底下的人」——就是指黑衣權杖人他們。

當黑衣權杖人聽到托特說的「我需要透過學習與懺悔去到一個更好的地方」以及「我必須對他們負起責任，只有透過不停地學習與向上，我才能夠知道我該如何幫助他們。」這兩句話時，心裡受到了觸動，他也意識到自己對其人民所負的責任，知道自己要向上學習。後來，聽到這句「這無知的錯呀，希望你們能夠明白，不要和我一樣犯下這曾經無知的錯。」，又有深深的感觸，想到自己的無知，自己所犯的錯。所以說，懺悔有非常大的力量，不僅對懺悔者，對其他人也有很大的啟發性。

第六節　揚升的三要素——智慧、慈悲與情緒管理

黑衣權杖人已經有所改變了，但在對他人的愛上，還是有障礙。他說：「我希望恩基不要下地獄，雖然他很淫亂，但是他也製造了我們，我們還是感謝。倒是恩利爾如果去地獄，我不會替他惋惜！」這還是有分別心的，嘴巴說不恨恩利爾，但心裡還是氣的，有報復的心理，這就不是無條件了。無條件的愛，前提是我執的消除，遠離一切主觀價值評判，保持平等與無分別心。

所以，我們現在要看黑衣權杖人在接下來的提升上，如何學習揚升三要素——智慧、無條件的愛（慈悲）與情緒管理。

在黑衣權杖人懺悔之後，我邀他帶著士兵來上課。我看他對學習很積極，很想要「有知」，因為他希望能教導他的士兵提升與成長。我看他頗具領悟力，也樂見他們的學習成長，所以我說：「是，我們一起成長，脫離『無知』的狀態，這個世界就會變的更好。為什麼會入地獄，因為大家都無知，都犯錯，所以最重要的是要懂，懂很多道理，知道什麼該做，什麼不要做，懂得放下慾望，懂得世間真正的道理，這叫做真理。懂得我們走在這個宇宙的路上，這是一條進化的路，我們只有越來越有智慧，脫離無知才能往上走。」

接著我向他闡述「提高振動頻率」的三要素：「我們永遠要往上走，永遠要提高自己的振動頻率，那麼靠哪三種東西？我把它歸成三種東西：**一種是『智慧』**，就是知識的累積，就是你要不斷的學習就會有知識，有了知識以後就會生出智慧，這個智慧就會讓你的振動頻率一直往上提，然後你就可以走這條進化的路。**第二種是你要有『愛』**，愛就不是你剛剛笑的，荒淫無道，男女隨便做愛的這種愛，跟那個完全沒有關係，這裡講的是一種無條件的愛。『愛』就是我為對方的成長著想，跟我的利益沒有關係，是一種無條件的愛。比如說，如果我愛你的話，通常我們的理解是我喜歡你，所以我對你好，這個是我對你有愛。但是我講的這個『愛』呢，是沒有條件的愛，不需要你回報。而如果說，我對你好，你要對我一樣好，那個就不是這裡說的『愛』。這裡說的『愛』是『大愛』，我就是對你好，沒有期望你回報我一些東西。但是人間很多人，是我對你好，希望你也可以給我一些東西，像做生意一樣，這不是我說的『大愛』。**第三種是要『管理自己的情緒』**。有的時候是我們有很多各種情緒，比如說生氣，所以我上課的時候會跟他們說盡量不要生氣，生氣到最後就是恨嘛，恨是要下地獄的。所以我們要懂得控制自己的情緒，不生氣。」

從小事開始，察覺起心動念，管理情緒

我說：「不生氣要從小事開始，比如拿你剛剛的例子，你剛剛說看到大帥，要他頭不要抬得那麼高，這種就是早期的生氣。當時的你當然不是生氣，但是這個生氣通常都是從最初的看不順眼開始。」

「當我們看不順眼的時候，我們可以用『愛』來代替這種看不順眼。比如看不順眼時，你心裡就希望他有一天變謙虛，這樣就好了。」

「你剛說的很好，『我沒有資格去說人』、『我自己也很無知』，對的，這就是很初期的好的念頭，也叫『善念』，我還是管管我自己吧，我沒資格去批評人家，你現在就把自己這種好的善念，起初的善念，把它換成，喔，就在心裡面想著『我希望他有一天能夠學到怎麼樣變謙虛』，就這樣就好了，而不是『你能不能不要那麼囂張』、『你能不能不要那

麼驕傲』。」

如何培養大愛？

我問黑衣權杖人他想聽什麼課？

他說：「第一個我想聽什麼是無條件的愛，第二個是要如何去實踐、培養慈悲心，然後什麼行為是慈悲心。譬如您剛剛說我懺悔就是有慈悲心，我不知道原來懺悔就是慈悲心的一種。」

我說：「這是初期的表現。」

他問：「那什麼樣的行為是慈悲心的一種呈現？」

我說：「比如說你喜歡這些花草，像你剛剛用的字眼說你會『尊重』他們，這個就是我說的愛了。不但不傷害，也尊重他們，就像你剛剛說的你們活著的那個時代很尊重花草之類的。還有你說的，不嘲笑、不看不起。」

他說要想一想，學習這些。

我告訴他：「慢慢的，也許你會有看不順眼的事情，但你能夠不嘲笑，不看不起，就是像我剛剛講的例子，不會看不順眼，那個時候就是有大愛了。」

我進一步說：「一般人只是很自私的從自己的觀點來看事情，但是大愛到最後就是，我可以從對方的角度去考慮對他最好的事情，那種出來的喜歡或感情就是愛。」

他說，要從對方的角度來思考，他必須要做很多的練習。

我便說：「好，那我們再換一種方式說好了，就是我也能夠容忍他一些缺點。比如說我們剛剛講的那個看不順眼帥哥這個事情，等有一天你有大愛的時候，就能容忍他的缺點，因為這就是他的缺點。」

我進一步解釋：「我愛他這個人的話，我明白他的缺點，但是我不為所動，知道的同時，我希望他能夠，這個缺點，能夠被他自己挖掘出來然後把它改掉，所以我說我們就在心裡面，希望他能夠改掉這個缺點，你懂我的意思嗎？」

他有些理解：「是不是像我在帶士兵一樣，我帶他們就像帶我兄弟一樣，他們做錯事情我也不生氣，我只是『教』然後等他『改』，他要怎麼表現是他的事情。當我有資格教他時也許我教他，我沒有資格教他時，我就是接受、等待。」

我說：「對，接受、等待，然後心裡同時發出意念希望他能夠改變，那這就是愛了，就是大愛了。」

我也對他說：「你太了不起了，你現在就是心中充滿著愛，因為你想去補償你的手下、你認識的人。你還會想到說幫助另外一批人，那這個就是大愛啦。」

他說，他以為這個叫「責任」。

我說：「它是責任，但也可以是『愛』，兩種並不衝突。當你認真、主動去做，去負你的責任的時候，那個時候你就知道那是愛，因為『愛』跟純粹『履行責任』兩種是不一樣的感覺。你有『愛』的時候心裡會很快樂，那個快樂會讓你的振動頻率提的更高，就是我們所謂正面的能量，兩種不衝突，就是你負責任，跟你對人有愛，你可以兩種都有。」

我說明：「那什麼樣的情況會被誤解成愛呢？像你剛剛講大師的情況，如果我希望他改，同時我嘴巴也說『你把那個改掉』，這就不是愛了，摻了其他的進去了，這就不是純粹的愛。但是如果像你說的，現在我沒有資格去講人家，就在心裡面默默的發出意念：我希望他改變，這樣就是符合愛的資格的。我們不要看不順眼就罵，這叫生氣，它會離愛越來越遠。那如果看不順眼時，我連話都不要說，你剛說的很好，我看不順眼我就默默的擺在心裡面，不是把看不順眼的生氣擺在心裡面，而是你把看不順眼、生氣的念頭，把它轉成『我希望他有一天能夠學習到把錯改掉多好』，這個就是愛了。」

我最後說：「當你以後有更多愛的能力之後，那個時候，你會達到大愛的，那時你已經很高了，到那個時候你不需要只是在心裡默默的期望，你自然會有你的方式引導別人，教他們怎麼得到知識，那時候就不會是現在你這個狀態。你現在這個狀態沒有力量幫助別人脫離他目前的狀態。不過你剛剛說葛瑞絲無知，我想她一點都不會生氣的，是因為她有愛。所以面對別人批評我時，假如你有愛，你也不會生氣。所以愛跟情緒管理也有關係的，當你有了愛時，當是別人缺點好了，別人再怎麼罵你、批評你，你都不會生氣的，這三個都是相關的。」

第七節　黑衣權杖人對神族原諒與悲憫

在一個多月來的學習中，黑衣權杖人不僅開始發心教導他的部下，也提到未來上升之後，願意下來教導下界存有的念頭。但對他最重要的課題是，要如何面對他之前如此怨恨的神族，這是他成長的關鍵。

十月三十一日

這幾天恩利爾時不時會出現在空中與我短暫交談，但並未久待。黑衣權杖人說，他看到恩利爾覺得他好可憐，是仍有一點恨，但覺得他太可憐了。他認為宇宙會處理這些事情，而他就顧好自己跟他的士兵就好。

我告訴他：「要心裡希望著所有的惡人，不管是你恨還是不恨的，希望他們這些做惡的人，都有機會學到一些東西，能夠提升自己。這就是我說心裡懷著好的念頭。對，就是懷著愛，你剛剛說的話，已經證實你有很多的愛，而且你智慧已開始生出來了。」

十一月七日

這一陣子來了許多以恩基為首的神族成員，我問他對新來的那批神族有什麼看法。

他回答：「我蠻心痛的。以前我覺得他們高高在上，現在看他們這麼慘，比我們還慘，我很心疼。我也不知道該怎麼幫他們，我沒想到他們會過這種生活。很可憐，太可憐了。」

我告訴他：「你不需要做什麼。就像我上次告訴你，你看不順眼的時候就在心裡默默的祝福他，希望他更好，希望他有機會跟你一樣，一起成長。這樣就夠了。」

他希望他們有機會不要這麼固執，也疑惑他們為什麼會變成這樣子，像著魔一般。

我說：「很多人都著魔呀，就是因為意識不正確，很多錯誤的觀念。像我剛剛講的三個東西，一個是『愛』、一個是『情緒管理』、一個是『智慧』，這三個都沒有，人就會著魔。所以我們時時刻刻要記得。」

「要對很多事情有愛。像他們就沒有愛，他們很多事情都是用自私的角度來考慮。愛的相反就是沒有愛，沒有愛就是自私。」

他回答：「我現在懂了，以前為什麼我的感覺很差，我當時不知道他們自私沒有愛，我根本不知道那是什麼意思；每次跟神族相處的時候，我就是覺得不開心、不舒服。我想是因為沒有愛的感受，沒有被照顧的感受，可能是這個讓我覺得不舒服，只是當時我不懂。」

我說：「有愛的人在旁邊，你就會覺得很舒服，很溫暖，很順暢。我也需要你的祝福，還有你的士兵的祝福，但更希望你們也在心裡默默的祝福這些神族的人，這些曾經對你們不好的人。」

他肯定的說：「會，我們會祝福他們，想著給他們光，給他們愛。」

不久，葛瑞絲發現黑衣權杖人所在的區域能量有些低沉，那是黑衣權杖人在為恩基傷心。

我告訴他：「我想恩基他學得很快，今天才跟他講一下，他身上有蟲，就像你以前一樣掉出來了，所以你不要傷心，心裡也祝福他，你這樣的起心動念也會幫助他們（神族）早點覺悟，早點理解他們所做的錯事。另外，你現在看得很清楚了，我上次跟你說恩基會在地獄的時候，只是猜測，就光看他當時的行為一定會下地獄的。而你那時候，你說這個恩基是個好人，對的，沒錯，但下地獄跟他好不好一點關係都沒有，你做的事情只要不是對的，是有傷害性的，像他這種慾望很強，他沒有辦法克制的時候，就是一件錯事，所以他就一定會下地獄的，而今天他就是這樣。」

他告訴士兵們，恩基就是他們的王，他們都很傷心。

我對士兵們說：「提升三條件的其中一個條件是『智慧』，就是你們要多點知識。像我剛剛說的，不是一日為王就永遠為王，就像恩基一樣。我理解你們很傷心，但是我跟你們不一樣的，因為我知道這是真理，就是所有現象都是暫時的，所以恩基那個時候當你們的王，但不會是永久的，就看他在做王的時候，有沒有符合這三個條件。如果他沒有符合這三個條件，那麼他死的時候就很容易下地獄。所以，不是一日為王就終生為王，你看他今天是在那個地方；你們也一樣，不是一日為士兵，就永遠是士兵。所以，你們原來是無知的，但你是要學這個知識，學了知識之後，你就可以往上走，往上走的之後，可能就超過當時你們認為是王的恩基。所以沒有一件事是永久的，永遠在變換，這個變換是真理，是整個宇宙的一個現象。」

十一月十四日，黑衣權杖人看到恩利爾而生氣

恩利爾已正式在我家社區門口的區域「待下來」，不過他只能待在偏遠地區，無法進入黑衣權杖人的中心區，這一天，我們開車前往探望恩利爾的路上，經過黑衣權杖人所在的區域，我問了一聲：「你還好吧？」顯然他仍然無法對恩利爾釋懷，但他在學習了，他心裡兀自氣著，但嘴巴唸著：「不動氣、不動氣。」

我告訴他：「要想清楚這一點，不要氣，我知道很難，但是，假如你想振動頻率提升的話，這是首要條件，慢慢的，當你瞭解之後，就不會氣了。」

他有些氣急敗壞：「瞭解什麼？我瞭解他對我們不好。」

我說：「別氣喔，你看看他今天也在地獄，如果你想報復的話，這個上天已經幫你報復到了，所以你不需要報復了，但是如果你心裡氣的話，你就再報復，注意這點哦。」

聽我這麼說，他心裡是氣著，但是有個警惕，什麼壞念頭都不敢說出來（只要他一有壞念頭，立刻顯現在畫面上被葛瑞絲看到，她立刻會告訴我）。

我便告訴他：「是，不要說，連那壞念頭也慢慢把它消掉。」

氣憤難平，既不能說，又不能想，他只能嘆氣，最後在地上打滾：「好難哦，到底

要怎麼做？」他終於自覺，他的振動頻率還有待提升，也沒資格說別人了。氣一上來，連自己的士兵都顧不上。他開始深呼吸。

我說：「對，多幾次，至少三次深呼吸，這會讓你冷靜。每吸一次，深深地吸到你的小腹，因為小腹是你的潛意識的大本營，我們很多潛意識裡面包含很多很多髒東西，就是報復的念頭啊、嫉妒啊、要名利權情這種念頭啊，貪念啊等等，我們叫做貪、嗔、癡，無知就是癡，貪就是貪心，嗔就是生氣，這些東西都藏在潛意識裡面，在身體是在哪一個部位？大概就是在我們的下腹部，所以你呼吸，把氣吸到小腹，然後再輕鬆的吐出來，不要強迫吐出來，輕鬆的吐出來。每次一開始生氣，就深呼吸，吸很長，吸很多進小腹，然後輕鬆的吐出來，所以我剛聽到你那聲嘆息，那就表示你已經開始在做這個事情了。」

他試著飛到空中看著地獄的恩利爾，試圖讓自己清醒，理解我所說的話，甚至生出同情心。

我最後告訴他：「看著他就好，看著他，你就知道這就是宇宙的一個現象，就是他如果做了這麼惡的事，宇宙絕對會幫你報復，幫每一個人報復，我們自己不需要報復，我們就是用一個『不動心、不動氣、不動情』的觀點去看任何事情，就這樣就好了。」

他漸漸接受了。我們看到對所怨恨者不動氣是多麼難的一件事，而他已有所警惕，在學習了。

第八節　黑衣權杖人的上升

十一月二十日下午，是我所開三天課程的第一天，當時我在解釋振動頻率，黑衣權杖人說了一句他的理解：「愛就是包容與接受嗎？能量越高，就代表越合一。那越合一，就越沒有分別心，越沒有分別心，就是增進愛每一個人，包括敵人、愛我的人、恨我的人嗎？」

說出這一段話之後，他就瞬間回到他當初打仗的沙漠戰場上。他望著一切，這個他發出恨意的地方，他對著沙漠，九十度的深深鞠躬，包含了他對一切的理解與懺悔。就在他懺悔的那一刻，原本黑色的衣服，瞬間變成白色的；原本非常粗獷的戰士模樣，變得比較中性、俊秀、比較美，而頭髮也變長了，是黑色的長髮。

他跪在地上、趴地敬禮，這是他對宇宙行禮，感謝宇宙給他的一切。也對著恩利爾和恩基感謝，因為明白一切是他所造，不是他人。他看著他們，感謝他們陪伴他，配合他在巴比倫的時候，演了一場人生的真實秀。他對他曾經的敵人說：「謝謝你們偉大的奉獻。」原本的恨意轉化成理解，理解這一切不在他人的問題，而要歸因於自己。

他感謝他們並說：「此刻我明白，至青老師和葛瑞絲對我說『終有一天，我會感謝我的敵人』，原來是這種心情。」

他在講這段話的此刻，天空中出現了一位打坐的金身阿彌陀佛。

他對著我鞠躬說：「感謝。」也對著葛瑞絲說：「感謝。」然後給了葛瑞絲一個擁抱。

他告訴葛瑞絲：「妳做的很好，很抱歉我笑妳無知，其實，妳比我有知太多了。在巴比倫時，謝謝妳的溫柔，讓我相信世人是有愛的。今天很感恩，至青和妳讓我理解了，原來我就是愛的本身。」

他又說：「我現在要走了，我相信士兵們會在此好好學習的。」他要離開這個維度上升了。

最後他說：「我必須要離開這裡，上去學習。我不敢以至青為目標，要像葛瑞絲一樣，做出真正能幫助『人』的事，我理解必須要當『人』才有機會幫助人的。但在那之前，我要上去學習，原來我來自更高的地方，如今我要回去繼續修行，我會一直與你們同在。托特會教導我們的。這段期間謝謝你們的陪伴與照顧。」他還感謝了許多人。

他說：「再見了，我們永遠不分離，謝謝每一個人給我的愛。」他上升了，心中充滿喜悅與愛，身後出現了一條青色的龍，然後就離開了，而阿彌陀佛也離開了。

他一離開，之前他所恨的王——恩利爾，就出現了。恩利爾看著他說：「兄弟，你走了，那我怎麼辦？你在巴比倫的時候，不是說要跟我做兄弟嗎？你現在上升了，應該一起帶我走。」說是這麼說，還得看恩利爾自身的造化了，真所謂，王，不會是永遠是王；敵人不會永遠是敵人，而兄弟似乎也不一定永遠是如此，特別是遲來的兄弟。

第九節　結語

黑衣權杖人從遠古時代，帶著極大的怨恨以及沉重的殺業下墮到地獄受苦。他抱著強烈的出離心與我們結緣，在一番心靈的交流下，進行了徹底的懺悔淨化，揭去無明的盔甲而洞澈錯誤的本質。在自心之內修習，讓意識慣性轉向，提升振動頻率，在智慧、慈悲與護持心念上實踐，又恰逢當年怨深似海的神族同在當下作為試煉。有了知，發了心，悲升起，因緣俱，一舉放下千年古恨，所以上升了。

這是一個心理轉折的模型，暫且不論他屬於不同的維度、沒有肉身、承載不同的文化內涵，若抽離這些，純粹從意識的轉換過程來看，同樣適用於我們現世的人生。就靈的學習與成長角度，黑衣權杖人的故事模型是普世的，是超越維度與領域的。任何一個存有都有他與生俱來的意義，在我們人類，叫做「人生目的」；對黑衣權杖人來說，也有他存在的目的，而這個目的具有超越與昇華的格局。

其實，提升與追求本源，古往今來，一直都是所有宗教、哲學所思索、追求的一個理想——祂可以是「上帝」，可以是「道」，可以是「覺」。而從這個絕對的純真、純善、純美的境界，反照下來的，就是一種「提升」的生活實踐，而我們在黑衣權杖人的故事中所強調的就是這個實踐面向：逆轉命運的懺悔、提升振動頻率的智慧、慈悲與心念。

就像觀世音菩薩在《楞嚴經．耳根圓通章》所說的：「生滅既滅，寂滅現前。忽然超越世出世間，十方圓明，獲二殊勝：一者，上合十方諸佛本妙覺心，與佛如來同一慈力；二者，下合十方一切六道眾生，與諸眾生同一悲仰。」

智慧的極致，自然生出大悲，二者似二實一。覺的終極，就是諸佛本妙覺心；而上升的渴望，就是眾生共同的悲仰，其實就是「人生目的」。「智慧」與「慈悲」兩者在成道的觀世音菩薩身上體現了合一，成為人間的實踐典範。這樣的慈悲，不需道德、不需教條、不需刻意，自然湧生。

這些內涵，就是在這一章一開始所說的：藉黑衣權杖人的故事，演繹本書所討論的主題，進一步歸納出那些不受存在範疇所侷限而適用於不同存有的核心內涵。

因為，靈，本身就是不受維度所限的；靈的學習目標，其實就是智慧與慈悲的合一，沒有智慧的慈悲，不久；沒有慈悲的智慧，不真。而我們這裡講的，就是從智慧與慈悲的角度，來看一個靈的學習與成長的故事。

回顧本書的內容，前半段講人生生世世的存在意義，核心就是「人生目的」，那是什麼？提升！而提升的內涵，正是智慧、慈悲與情緒的管理。本書後半段講的是死後的中陰過程，那其實是一種意識的歷險與考驗，所憑藉的是什麼？就是智慧的觀照、慈悲的對待與情緒的沉靜，一念貪嗔癡不生，可以化解多少惡業現行？難以計量。而這些不正是要由生前的學習、懺悔與提升來累積中陰歷險的功夫？

所以，以黑衣權杖人的故事作為這本書的結尾，就是要以這個案例來闡述本書的核心意趣，我想，也可以藉此對本書的撰寫因緣做個圓滿的了結。

後記

走筆至此，我回顧黑衣權杖人的成長，想到他在上升之前所講的一句話：「原來我就是愛的本身。」這是一個很重要的證悟，具有深刻的內涵：把自我消融於大悲之中。不是大悲因我而存在，而是我因大悲而存在，所以，我即是慈悲本身，捨此無他。

這其實可以解答他後來的提問，怎麼說呢？

事實上，他在上升的當天晚上，有回來一趟，談到他上去之後的種種。言談之中，我們知道，原來他來自於一個比當初的神族更高的地方，現在了結因緣之後，他得以回去，因為必須到更高的維度學習，才有資格或能力下來度化眾生。我從他的談話內容知道，他還沒有真正的透徹了悟，所以，確實還需要在更清淨的所在學習。這有一點像漢傳佛教淨土宗解脫的理論，就是在娑婆世界因種種業力無法「自力」究竟解脫，因此需要憑藉阿彌陀佛的廣大願力——自身以外的「他力」，到極樂世界再尋求解脫。

他說：「(在上面）我們要發願；發願之後，要有目標，要先想透徹才能夠下來實踐。因為我們沒有肉體跟形體，在這個轉換能量的過程裡面，對我們是極大的痛苦。所以，我們必須要非常的堅定。」

他這裡講的是「乘願再來」這個議題。他提到上面很無聊，靜止不動、寧靜的狀態，所以會很想下來，或不願再上去。當然，那晚和黑衣權杖人的談話是在一種輕鬆、半開玩笑的情況進行的，我想他說的大概是戲言，沒當真。因為真正的寂滅，是一念不生，是未創造的無限，連個靜的念頭都沒有，又何來無聊？無聊就是一種按捺不住的慾望，一種想動的念頭，這基本上還是慾望，連色界天都沒超越。這並不是乘願再來，而是欲界天的七仙女動了凡心，想要下凡。不是乘願再來。

真正的慈悲願力，就是我們在講佛的三身中的「化身佛」：化身是大悲的力用，能自在無礙地隨緣顯化。它有幾個要素：是以湛然法身為體，以大智為性，以大悲為願，當隨緣顯化時沒有絲毫勉強。為什麼？因為「我就是慈悲本身」，我不是自找，而是存在；而存在的主體，就是慈悲本願。是在無窮的自性本體中，忽爾生起慈悲願力，於是造就了存在，如此而已。根本沒有「我，乘願再來」這回事。

這就是觀世音菩薩所說的：「忽然超越世出世間，十方圓明，獲二殊勝：一者，上合十方諸佛本妙覺心，與佛如來同一慈力；二者，下合十方一切六道眾生，與諸眾生同一悲仰。」所以，觀世音菩薩才能現種種身，隨緣顯化，自在無礙。

也就是黑衣權杖人所說：「我就是愛的本身」這句話的詮釋，消融的，其實是「我」這個概念。

尾聲　縱觀生死，橫渡人生：我在・生生世世

在高維空間以及死後的異次元空間著墨許久，我想，是時候把焦點帶回人間了。

容我再一次強調，實踐人生目的的三大元素：智慧、慈悲及情緒管理，就是本書的核心內涵。

「我在・生生世世」的重心是我在，是生生世世中每一個現世的存在：把單一的現世拉高視野到連綿的生生世世，而認識到每一個現世的個別我在，其實是那生生世世無所不在的自性本體的投射，如此，就構成了我在的永恆性。

我的前一本書《還我本來面目》是從構成「我在」的縱軸去認識「我」的面目；而這本書《我在・生生世世》是從無始以來輪迴轉換的橫軸，去展示「我在」的靈性劇本，從而發現「人生目的」的實踐，是驅動輪迴的根本動力，而在業的表象下，其實有著回歸自性本體的靈性本懷。

但對絕大多數人來說，包括我自己，自性本體是一個遙不可及的理想，回歸自性本體可能是一趟永遠完成不了的旅程，我們所能做的，就是在自性本體之光的覺照下，走上回歸的道路。目標只是一個超越的理想，有如一盞指引的明燈；而真正實踐的其實是道路。本書就是在闡述這條實踐的道路—也就是「智慧、慈悲及情緒管理」。

流行至今的新時代運動，現在也開始興起對「靈性逃避」的反思，針貶那些高談玄理、昧於因果、不直面問題本身的迴避態度，有的人空談「一、空無、自性、超越」等等，成為人生苦痛的避風港，靈修與生活實踐判若兩個異質世界，有的人甚至未得說得、未證說證，用自性來包裝自我，他們不是把自我融入宇宙中，反而把自我膨脹得與宇宙一樣大。這些都是「靈性逃避」的種種徵象，歸根結柢就是忽略了「生活實踐」才是根本之道。

本書說的不動心、不動氣、不動情，並不是要大家不用心、不用腦、不用功；所謂懺悔，也不是一句「都是我的錯」，把原諒掛在嘴上，而不正視問題的本質；對於苦痛，需要的不是心靈麻藥，而是以智慧的態度、慈悲的心，深入苦痛而徹底度過苦痛。靈性的基礎在於人性，這才是人身難得的本意。孔夫子說：「未知生，焉知死」，講的就是直面生活的態度。

本書講了許多有關不同次元維度、多生多世的輪迴觀點，但世界上許多其他的哲學、宗教與生命觀點，不見得都能接受這個「生生世世」的觀點，那麼，這許多不同的觀點是否有交集？交集又會在哪裡呢？我認為，答案就是現世的存在價值。所謂「向死而生」，主題還是在「生的實踐」，是從「對死的認識」指引「生的實踐」之道。我們從輪迴的鎖鏈發現，把狹隘的「自我」擴展成涵容一切「自他」的大我，可以是瞭解所有苦痛的鑰匙。

而從這樣子的認知所推論出來的人生價值，就能自然地與「他者」、「集體來生」這些倫理與生命哲學的價值觀，在「人生實踐」上會合。就本書而言，這種認知在個人修持上的實踐之道，可以總結為：「智慧、慈悲與情緒管理」三個要素。

無量光

無盡愛

祝福大家

（全文完）

國家圖書館出版品預行編目資料

我在・生生世世：超越輪迴的靈性劇本，回歸自性本體以實踐人生目的 / 吳至青著. -- 初版. -- 臺北市：商周出版：英屬蓋曼群島商家庭傳媒股份有限公司城邦分公司發行，2021.01
面；　公分. -- (Open mind ; 72)
ISBN 978-986-477-967-3 (平裝)

1. 輪迴 2. 生死觀 3. 死亡

216.9　　　　　　109019866

Open mind 72

我在・生生世世——超越輪迴的靈性劇本，回歸自性本體以實踐人生目的

作　　者 / 吳至青　博士
企劃選書 / 黃靖卉
責任編輯 / 黃靖卉

版　　權 / 吳亭儀、江欣瑜
行銷業務 / 周佑潔、林詩富、賴玉嵐、賴正祐
總 編 輯 / 黃靖卉
總 經 理 / 彭之琬
事業群總經理 / 黃淑貞
發 行 人 / 何飛鵬
法律顧問 / 元禾法律事務所 王子文律師
出　　版 / 商周出版
115 台北市南港區昆陽街 16 號 4 樓
電話：(02) 25007008　傳眞：(02)25007759
E-mail：bwp.service@cite.com.tw
Blog：http: / / bwp25007008.pixnet.net / blog
發　　行 / 英屬蓋曼群島商家庭傳媒股份有限公司城邦分公司
115 台北市南港區昆陽街 16 號 8 樓
書虫客服服務專線：(02)25007718；(02)25007719
服務時間：週一至週五上午09:30-12:00；下午13:30-17:00
24小時傳眞專線：(02)25001990；(02)25001991
劃撥帳號：19863813；戶名：書虫股份有限公司
讀者服務信箱：service@readingclub.com.tw
城邦讀書花園：www.cite.com.tw
香港發行所 / 城邦（香港）出版集團有限公司
香港九龍土瓜灣土瓜灣道 86 號順聯工業大廈 6 樓 A 室
E-mail：hkcite@biznetvigator.com
電話：(852) 25086231 傳眞：(852) 25789337
馬新發行所 / 城邦（馬新）出版集團【Cite (M) Sdn. Bhd.】
41, Jalan Radin Anum, Bandar Baru Sri Petaling,
57000 Kuala Lumpur, Malaysia.
Tel: (603) 90563833　Fax: (603) 90576622
Email: services@cite.my

封面設計 / 張燕儀
排　　版 / 極翔企業有限公司
印　　刷 / 中原造像股份有限公司
經 銷 商 / 聯合發行股份有限公司
電話：(02) 2917-8022 Fax: (02) 2911-0053
地址：新北市 231 新店區寶橋路 235 巷 6 弄 6 號 2 樓

■ 2021 年 1 月 21 日一版一刷
■ 2024 年 4 月 24 日一版 5 刷
定價 480 元

Printed in Taiwan

城邦讀書花園
www.cite.com.tw

 ISBN 978-986-477-967-3

線上版讀者回函卡